改訂3版

グロービス
# MBA
アカウンティング
ACCOUNTING

西山 茂 [監修]
グロービス経営大学院 [編著]

ダイヤモンド社

## ●監修者まえがき

「経営の視点から書かれた、財務会計と管理会計を網羅しているわかりやすいアカウンティング(会計)の教科書はないのですか」。1996年に上梓した旧版『MBAアカウンティング』は、多くの人から寄せられたこうした質問に応えるべく、監修者を中心に、グロービス・マネジメント・スクールのアカウンティング研究会メンバーの力を借りて作った書籍である。

当時、アカウンティングの本というと、経理部あるいは財務部に所属している専門性の高い人たち向けの専門書がほとんどであり、経営の視点から書かれた本は非常に少なかった。だったらいっそのこと、経営者あるいは経営管理者を目指す方々向けの、読みやすくて実践的な会計の本を自分たちで作ってしまおう──旧版『MBAアカウンティング』は、まさにこうした考えからスタートした。

さて、一般に経営学といっても、その中身は経営戦略、マーケティング、人的資源管理、ファイナンス、アカウンティングなどいくつかの分野から構成されている。このうち、経営戦略やマーケティングについては「ルール」の比重が相対的に低く、各企業あるいは担当者の判断や考え方によって差異が出る部分が大きいため、「正解」と考えられる選択肢の幅も広くなる。それに対し、会計はルールで拘束されている部分の比重が高く、企業の選択肢も限定されがちである。多くの人が会計を敬遠しがちなのは、こうした「窮屈かつ形式張った」イメージが原因なのではないだろうか。実際、営業部門や製造部門の人で、会計といえば経理部の仕事と決めつけている人、あるいは伝票を書き、細かい数字データを集計していく、後ろ向きの仕事だと決めつけている人はけっして少なくないはずである。しかし、こうした見方は、会計のある一面しかとらえていない、誤った見方と言わざるをえない。

たとえば、企業は、ある会社を買収すべきか否か、あるいは設備を購入するかリースにするかなど、絶えずさまざまな意思決定に迫られている。こうした場合、正しい意思決定を行うには、勘や経験に頼るだけではなく、定量的なシミュレーションが不可欠である。会計の考え方は、こうした局面において非常に大きな力を発揮する。また、企業

が経営戦略を効果的に実行に移していく際には、人をはじめとした経営資源を上手にコントロールしていくことが不可欠であるが、そのコントロールにも会計の考え方が利用できる。さらに、正しい意思決定やコントロールを行うためには、競争相手あるいは取引先企業の実態を見抜くことも不可欠であるが、それを見抜く能力も会計を学ぶことによって得られる。

このように、会計は経営のいろいろな側面を支える基礎となっており、ビジネスを行ううえでの共通言語という意味で「ビジネス・ランゲージ」とも言われている。ビジネスに勝ち残っていくためには、財務会計を身につけ、管理会計を掌中に収めることが不可欠である——旧版『MBAアカウンティング』は、まさにこうした考えの下に作られた。

こうした我々の狙いは一般の読者にも受け入れられ、同書、そして2004年に上梓した『[新版] MBAアカウンティング』(旧版出版時以降の会計ルールの変更を反映させるとともに、EVAやバランスト・スコアカードなど、旧版出版当時はまだ導入期であったため触れずにいたテーマについて新たに解説を加えた)は、累計で30刷を超えるまでとなり、当初考えていた以上に多くの皆様に利用していただいている。

本書は、『[新版] MBAアカウンティング』をベースに、2006年5月の会社法施行に伴う会計ルールの変更を反映させることを第一の目的として作業を行った。これまで慣れ親しんできた貸借対照表の「資本の部」がおおむね「純資産の部」になるなど、重要な変更点も多くあったため、改訂には慎重を期した。また、ここ数年、急激に注目を浴びるようになった内部統制などの概念についても新たに加筆し、用いている財務データなども適宜アップデートしている。

各節は、通常のグロービスMBAシリーズの構成に倣い、ポイントとケースと本文から構成されている。ポイントには、各節の内容をコンパクトにまとめてある。各節の概要として、また読み終えたあとの確認として利用していただきたい。ケースは、ビジネスの現場で実際に遭遇するかもしれないシーンを描いた。各節で解説している内容がどのような場面で活かせるか、そのヒントとしていただければ幸いである。本文については、極力図表や具体例を入れることによってわかりやすくしたつもりである。

本書は経営管理者の視点でアカウンティングを学ぶことを目的として作られているた

め、限られたページ数の中で、詳細まで十分に解説できていない部分もあるかと考えられる。各章・各節の内容について詳しく学ばれたい方は、それぞれの専門書を読まれることをお勧めする。また、会計ルールは不変ではなく、経済社会の動きに合わせて変わっていくものでもあるので、ルールの最新情報については常日頃注意を払われるとよいだろう。

　本書の上梓にあたっては、その企画段階から校正に至るまで、一貫してグロービスの嶋田毅氏、青山剛氏、そして『DIAMONDハーバード・ビジネス・レビュー』編集部の方々から多くのアドバイスや多大なご協力をいただいた。この場をお借りして感謝申し上げる。また旧版、新版の執筆にご協力いただいた方々にも改めてお礼申し上げる。この本が経営という視点からアカウンティングを学ぼうとする方々の一助となれば幸いである。

西山　茂

## ◉目次

監修者まえがき

# 第1部 財務会計

## 第1章 財務会計と会社を見る目 5

第1章のはじめに［財務諸表で会社を読もう］

**1 会社の実態を見抜く** 8
   1 貸借対照表の成り立ち　10
   2 損益計算書の成り立ち　11
   3 キャッシュフロー計算書の成り立ち　13
   4 貸借対照表を読む　13
   5 損益計算書を読む　21
   6 キャッシュフロー計算書を読む　24
  補　連結と単体　26
  補　国際会計基準　32

**2 経営の実態を見抜く** 38
   1 比率分析の体系　40
   2 総合力を見抜く　43
   3 収益性を見抜く　47
   4 効率性を見抜く　49
   5 安全性を見抜く　52
   6 成長性を見抜く　56
   7 比率分析の限界と留意点　57

**3 業界の実態を見抜く——業種の特殊性** 59
   1 事例研究　61

**4 良い会社とは** 70
   1 比較分析　72
   2 立場による「良い会社」の違い　80

# 第2章 財務会計と経営方針 83

第2章のはじめに［会社の経営状態は財務諸表の細部に表れる］

## 1 経営戦略と会計方針 86

1 たな卸資産の評価基準および評価方法 88
2 固定資産の会計処理 89
3 引当金の計上方法 98
4 収益の計上基準 98
5 費用の計上基準 99
6 その他の会計処理方法 100
7 会計方針の変更と継続性の原則 105
8 最後に 106

補 日米の会計方針の違い 107
補 内部統制 109

## 第2部 管理会計

## 第3章 意思決定の管理会計　113

第3章のはじめに［経験と勘だけに頼った意思決定はゴミ箱に］

### 1　さまざまな費用　116
　1　固定費と変動費　118
　2　直接費と間接費　120
　3　製品原価と期間原価　121

### 2　損益分岐点分析　124
　1　損益分岐点の意味　128
　2　損益分岐点の求め方　128
　3　損益分岐点分析の活用　133
　4　景気の変動と損益分岐点　137
　5　経営環境の激しい変化の中での損益分岐点　138

### 3　ABC（活動基準原価計算）　140
　1　ABCとは何か　145
　2　ABCの実際　147
　3　ABCと価格設定　149
　4　ABMとABB　150

### 4　短期的意思決定　151
　1　差額原価収益分析　154
　2　付加価値分析　157
　3　5つの力　162
　4　価値連鎖（バリューチェーン）　164

### 5　長期的意思決定　168
　1　キャッシュフローをベースに考える　171
　2　利益をベースに考える　180

# 第4章 組織管理の管理会計 187

第4章のはじめに ［的確なコントロールなくして的確な組織運営なし］

## 1 予算管理とコントロール 190

1 予算管理の意義 192
2 予算の設定方法 194
3 予算のタイプ 195
4 予算差異分析 197

補 標準原価とコントロール 199

## 2 責任会計システム 208

1 組織の設計 210
2 コストセンターとプロフィットセンター 214
3 業績評価の手法 214
4 具体的な業績管理のシステム 218
5 業績評価のステップと留意事項 220

補 EVAとMVA 224
補 BSC（Balanced Scorecard：バランスト・スコアカード） 227

あとがき 238

参考文献 240
索引 241

グロービス
MBA アカウンティング

第1部

# 財務会計

# 第1章 財務会計と会社を見る目

## ● 第1章のはじめに
### ［財務諸表で会社を読もう］

●

　現代の経済社会は、多くの企業の活動によって成り立っている。これらの企業がさまざまな取引を行い、経済活動を推進している。たとえばＡ社が製造した製品をＢ社が部品として購入する。また、Ｃ社が新しいコンピュータ・システム導入による合理化を考え、ソフト会社であるＤ社にソフト開発を委託する。あるいは、多角化を考えているＥ社がＦ社を買収して株主になる。このように企業はさまざまな活動を通じて、互いに関係を持っている。

　ところで、すべての企業は、そのスタート時点では半永久的に存続し、繁栄することを目指しているはずだが、それを長期間にわたって実現しているところは驚くほど少ない。多くは経営環境の変化に対応できないために、あるいは経営戦略を誤る結果、成長が止まってしまう。最悪の場合には倒産、つまりその活動を停止することもある。

　単にその企業が活動を停止するだけならば、まだ被害は少ないのだが、多くの場合、その企業と関係を持っていた取引先は、売上代金が回収できない、ソフト開発が頓挫する、あるいは買収した会社の株式価値がなくなるなど、いろいろな形で損害を被ることになる。そして、そうした事態が発生した後で「もう少し前に気づいておけば」とホゾをかむことになるのである。はたして、こうした事態になる前に「会社の健康状態」を的確に知る方法はないのだろうか？

　じつは、会社の健康状態を数字で表したデータはちゃんとある。この「会社の診断表」にあたるデータこそが、貸借対照表と損益計算書、キャッシュフロー計算書を3本の柱として成り立つ財務諸表である。ここには会社の全体的な健康状態を示す数字が網羅されており、これを分析すれば会社の健康状態はある程度判断がつく。

　とはいうものの、これは人間の医療診断書と同様、素人が漫然と眺めただけでは意味のある情報を得られない。医師が糖尿病の疑いについて調べるときに血糖値を見るように、知りたい情報を得るためには「見るべき数字」をちゃんと見なくてはならないのだ。

　しかし、気後れする必要はまったくない。医師でなくとも、基本的な数値を押さえればおおよその健康状態がわかるのと同じで、会社の健康状態もポイントさえ押さえれば、

少なくとも取引を継続しても大丈夫かどうかぐらいは判断できるようになる。あとは、必要に応じて「会社を見る目」を養っていけばよい。
　第1章では、こうした会社の健康状態を見抜く方法について学んでいく。

# 1 ● 会社の実態を見抜く

**POINT**

本節では、会社の状況を映し出す鏡の役割を果たす、財務諸表の基礎的な読み方について学んでいく。財務諸表は、会社のある一時点での財産や債務などのストックの状況を示す貸借対照表と、ある一定期間の業績の状況を示す損益計算書、ある一定期間の現金の増減を活動ごとに示すキャッシュフロー計算書の3つが柱となっている。

－2代目経営者の課題－

OKボトリング
設立：1955年
資本金：3000万円
売上高：約80億円
従業員：400人
事業内容：飲料のOEMメーカー

　OKボトリングは、大山剛が始めた飲料のボトリング（瓶詰め）会社がその起源である。大山は着実に事業を拡大し、5カ所に生産施設を持つまでに会社を成長させた。2年前からは独自製品の開発も手がけている。とはいえ、全国展開するだけの体力がないため、現在は独自ブランドで市場展開するのではなく、中堅飲料会社向けのOEM生産を行っている。従業員満足の実現と、その結果としてのオペレーションミスの少なさが、これまでの成功を導いたと本人は自負している。

　そろそろ息子で専務の一郎にバトンタッチをしたいと思っているのだが、この息子が悩みの種だった。現場にはあまり顔を出さないくせに、経営効率化のために従業員を減らそう、独自ブランドをさらに積極的に展開しようなどと、流行のビジネス書から仕入れたらしい情報をもとに主張する息子とは、どうしても意見が食い違う。あとを任せるにあたっては、今後の経営方針などについて、腹を割って話し合わなければならないだろう。

とはいうものの、大山自身、これまでの自分のやり方には限界を感じていた。つい先日も、仕入先の製糖メーカーG社の社長が事業の行き詰まりから夜逃げし、予定していた仕入れができなくなってしまった。なんとか新しい仕入先を探して急場はしのいだが、なぜそれを事前に察知できなかったのだろうと、思い返すたびに腹が立つ。G社の担当は新人の小川君だが、彼がG社の経営状態をしっかりつかんでいれば、混乱は防げたはずだ。聞けば、G社は年々負債が増え、しかも利益は減少の一途だったという。財務諸表を読めない小川君は、その重要性に気づかなかったのだ。しかし、大山は小川君を責めることはできなかった。「勘と経験と度胸」を頼りに事業を伸ばしてきた大山は、新人研修では財務諸表の読み方を教えることよりも、現場での生産実習を優先してきたからである。

一方で、息子の大山一郎専務も、トップ・マネジメントとしてどうあるべきか悩んでいた。もちろん、父親である社長が先頭に立って生産現場第一主義を徹底してきたからこそ、従業員がモチベートされ、ユーザーからも評価されてきたことはわかっている。しかし、時代とともに経営環境は変わってきているのだ。最近はユーザーからの要求がますます厳しくなり、利幅がどんどん小さくなっている。このままでは赤字経営に転落しかねない。人間関係重視もいいが、もっと利幅の大きい独自製品を増やすべきではないか、規模の割に人件費が多いのではないかなど、課題は多い。彼は、何が重要な問題で、どこから手をつければよいのか、判断に困っていた。

大山一郎専務のように、ある程度の規模になった会社を引き継ぐ2代目には、創業者以上に判断力、先見力、説得力、情報収集力など、総合的な経営能力が求められる。創業者はカリスマ性だけでも従業員を引っ張っていけるが、2代目は経営者としての人格とマネジメント能力の両方を問われるからである。OKボトリングの2代目は、創業者の「現場第一主義」の精神を継承しながら、どのような経営戦略をとっていけばよいのだろうか。

ある日、彼はついに、次の考えに行き着いた。「まず会社の実態を把握し、競合他社と比較して自社の問題点、改善点を明確にしよう。自社の業績を整理し、他社の公表されている貸借対照表、損益計算書といった財務諸表と比較することで、現在の自社の状況が見えてくるはずだ。財務諸表の数字は経営活動の結果だ。つまり、財務諸表の数字を分析することは、その背景にある経営行動まで読み取ることを意味する。経営者であるならば、それぐらいの理解力は持っておきたい」

そして彼は、将来的にはナショナル・ブランドを展開する飲料メーカーになりたいと考えていたこともあり、比較すべき企業としてアサヒ飲料を選んだ。「アサヒ飲料はうちよりはるかに大きな会社だし、商品開発から広告宣伝まで手がける総合飲料メーカーだ。収益構造や財務構造が違うのはしょうがない。しかし、どうせ比べるのであれば、まず業界上位の会社と比較してみるのも悪くないだろう。飲料業界上位の中では、アサヒ飲料が我々の想定する将来の商品ラインアップに最も近い」。彼は早速アサヒ飲料の財務諸表を取り寄せ、それを机の上に広げて自社の財務諸表と見比べ始めた。

●

**財務諸表**——新聞の経済面をはじめ、企業についての記事で目にすることの多い言葉だ。これは会社の状況を数字で示したいくつかの表の総称で、貸借対照表、損益計算書、キャッシュフロー計算書がその中心となっている。

## 1● 貸借対照表の成り立ち

**貸借対照表**（Balance Sheet：B/S）とは、ある一時点（決算日）での会社の姿を数字で表したものであり、ストックの概念と言える。貸借対照表は3つの部分、つまり**資産**、**負債**、**純資産**から構成されており、資産の合計が負債と純資産の合計と常に一致しているため（資産＝負債＋純資産）、絶えずバランスしているという意味で、英語ではバランスシートと呼ばれている（**図表1-1**参照）。

**図表1-1　貸借対照表（B/S）**

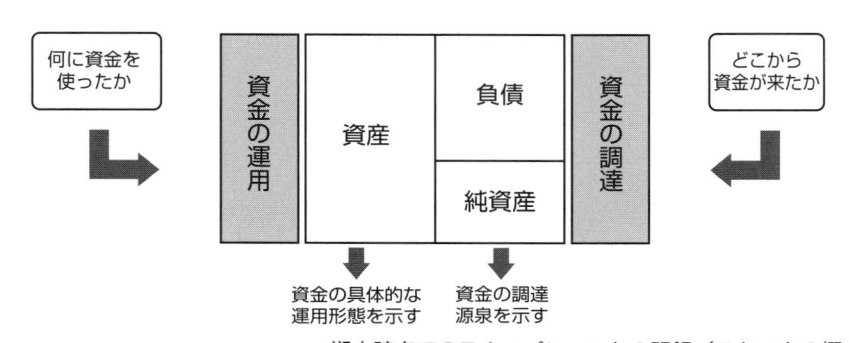

何に資金を使ったか → 資金の運用｜資産｜負債／純資産｜資金の調達 ← どこから資金が来たか

- 資産側：資金の具体的な運用形態を示す
- 負債・純資産側：資金の調達源泉を示す
- 期末時点でのスナップショットの記録（ストックの概念）

資産とは、会社がどういう形の財産を持っているかという「資金の運用形態」のことであり、現金、売掛金（売上代金のうち未回収のもの）、商品、不動産、のれんといった会社の財産で構成されている。負債は「資金の調達源泉」の1つとして、買掛金（商品や原材料の購入代金のうち未払いのもの）、借入金、社債といった株主以外からの資金の調達分で構成されている。純資産も「資金の調達源泉」の1つであり、株主からの出資分と、創業からの事業活動の結果である利益の累積分などの合計で構成されている。

## 2 ● 損益計算書の成り立ち

**損益計算書**（Profit and Loss Statement：P/L）とは、ある一定期間における会社の活動を数字で集計した結果であり、売上高などの収益から費用を差し引いて、会社がある一定期間にどれだけの儲け、つまり利益を生み出すことができたのかを表している。貸借対照表が一時点での状況を表すストックの概念であるのに対して、損益計算書は一定期間の会社の活動をすべて集計したフローの概念と言える。ふつう、この一定期間は1年であるが、決算期間を変更したり、合併したりしたような場合には1年以内の期間となることもある。英語では、一定期間に得られた利益を計算する表として、インカム・ステートメント（Income Statement：アメリカ的な呼び方）、あるいはプロフィット・アンド・ロス・ステートメント（イギリス系の国あるいは日本的な呼び方）と呼ばれている（**図表1-2**参照）。

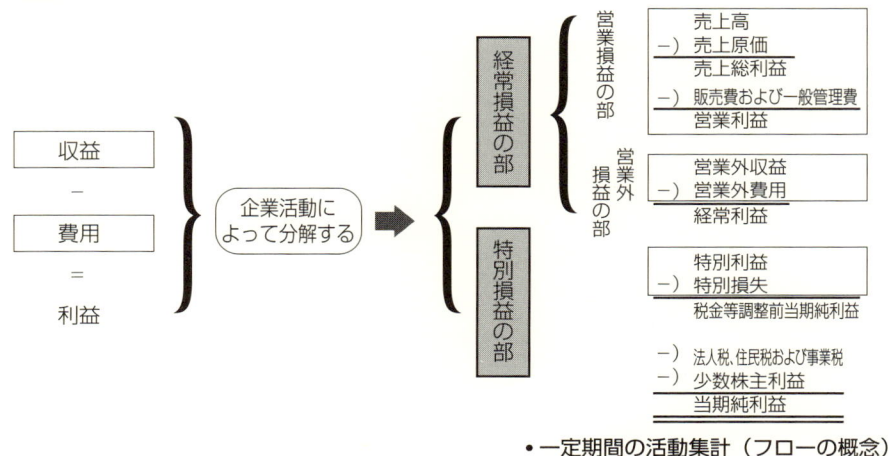

**図表1-2　損益計算書（P/L）**

```
                                        ┌  売上高
                              ┌ 営業   │ -) 売上原価
                              │ 損益   │  売上総利益
                              │ の部   │ -) 販売費および一般管理費
                     ┌ 経常   ┤        └  営業利益
収益                 │ 損益   │        ┌  営業外収益
 -           企業活動 │ の部   │ 営業外 │ -) 営業外費用
費用   ⟹  によって  ┤        └ 損益   └  経常利益
 =           分解する │          の部
利益                 │        ┌  特別利益
                     │ 特別   │ -) 特別損失
                     └ 損益   │  税金等調整前当期純利益
                       の部   │ -) 法人税,住民税および事業税
                              │ -) 少数株主利益
                              └  当期純利益
```

・一定期間の活動集計（フローの概念）

損益計算書は、**収益**を**売上高**、**営業外収益**、**特別利益**の3つに、**費用**を**売上原価**、**販売費および一般管理費**（販管費）、**営業外費用**、**特別損失**、**法人税、住民税および事業税**の5つに分類し、5段階の利益、つまり**売上総利益**、**営業利益**、**経常利益**、**税金等調整前当期純利益**、**当期純利益**を算出していくように構成されている。

このうち収益については、会社の本業からの収益を売上高、受取利息など財務活動を中心とした通常の状態で得られる本業以外の収益を営業外収益、工場の売却による利益など臨時あるいは異常な状態で発生する収益を特別利益としている。

費用については、売上げの直接的なコストである商品の仕入原価あるいは製品の製造原価を売上原価、営業担当者の給与や営業所の家賃などの販売あるいは一般的な管理のための費用を販売費および一般管理費、支払利息などの財務活動を中心とした通常の状態で発生する本業以外の費用を営業外費用、固定資産売却による損失など臨時あるいは異常な状態で発生する費用を特別損失、税金をまとめて法人税、住民税および事業税としている。

各利益の意味は下記のとおりである。

$$売上総利益 \ = \ 売上高 \ - \ 売上原価$$

売上総利益は粗利益とも言われ、会社の利益の源泉を示している。つまり、商品あるいは製品を販売することによって、人件費をはじめとする経費を支払う原資となる利益、つまりマージンがどれだけ得られたかを意味している。

$$営業利益 \ = \ 売上総利益 \ - \ 販売費および一般管理費$$

営業利益は会社本来の営業活動からもたらされた利益であり、本業の利益水準を示している。

$$経常利益 \ = \ 営業利益 \ + \ 営業外収益 \ - \ 営業外費用$$

経常利益は、営業活動に財務活動などを加えた通常の活動からもたらされる利益であり、会社としての総合的な利益水準を示している。

$$税金等調整前当期純利益 \ = \ 経常利益 \ + \ 特別利益 \ - \ 特別損失$$

税金等調整前当期純利益（慣例的に**税引前当期純利益**と呼ぶこともある）は、臨時あるいは異常な状況における損益まで含めた、会社のすべての活動からもたらされる利益であり、税金を控除する前の最終的な利益水準を示している。

当期純利益　=　税金等調整前当期純利益　−　法人税、住民税および事業税

　当期純利益は税金を控除した後の、会社の一定期間における最終利益を示している。なお、連結の損益計算書では、税金だけではなく、**少数株主利益**（23ページ参照）を差し引いて当期純利益を求める。

　このように損益計算書では、一定期間に会社が活動した結果を、売上総利益、営業利益、経常利益、税金等調整前当期純利益という4段階の利益として算出しながら、最終利益である当期純利益を示している。当期純利益は剰余金の一部として、貸借対照表の純資産をその金額だけ増加させることになる。つまり、当期純利益を通して、貸借対照表と損益計算書は結びついている。

## 3●キャッシュフロー計算書の成り立ち

　損益計算書は、実際の現金の動き（現金主義）ではなく、商品や製品が販売された、あるいは費用が発生したというように、実態に基づく発生主義／実現主義（99ページ参照）で会社の事業活動を表そうとしているため、必ずしも利益（損失）と現金の増減が一致しない。しかし企業活動を安定的に続けていくためには、事業活動と現金収支の関係を明確にし、現金の増減の状況を把握しておく必要がある。そこで、会社の活動を営業活動、投資活動、財務活動の3つに分け、それぞれについて各期の現金の増減に対する影響を整理して示すキャッシュフロー計算書（**図表1-3**参照）の作成が義務づけられている。

　**営業活動によるキャッシュフロー**とは、本業の営業活動でキャッシュ（現金）をいくら稼いだかを示すもので、最も重視されるキャッシュフローである。これに対し、**投資活動によるキャッシュフロー**は、設備投資に伴う固定資産の取得・売却、あるいは株式など有価証券の売買などによるキャッシュフロー、**財務活動によるキャッシュフロー**は、銀行からの借り入れによる現金増（借入金返済による現金減）、増資による資金調達などによるキャッシュフローであり、いずれも本業の営業活動を支援する活動から生まれるキャッシュフローである。

## 4●貸借対照表を読む

　それでは、アサヒ飲料の2006年（平成18年）12月期の貸借対照表と損益計算書、キャッシュフロー計算書から、財務諸表にどのような情報が盛り込まれているかを見て

**図表1-3　キャッシュフロー計算書**

（単位：百万円）

| | | |
|---|---|---:|
| Ⅰ | 営業活動によるキャッシュフロー | |
| | 税金等調整前当期純利益 | ＊＊＊＊＊ |
| | 減価償却費 | ＊＊＊＊＊ |
| | 貸倒引当金の増加額 | ＊＊＊＊＊ |
| | 受取利息及び受取配当金 | ＊＊＊＊＊ |
| | 支払利息 | △＊＊＊＊＊ |
| | 有形固定資産売却益 | ＊＊＊＊＊ |
| | 売上債権の増加額 | ＊＊＊＊＊ |
| | たな卸資産の減少額 | △＊＊＊＊＊ |
| | 仕入債務の減少額 | △＊＊＊＊＊ |
| | 小計 | ＊＊＊＊＊ |
| | 利息及び配当金の受取額 | ＊＊＊＊＊ |
| | 利息の支払額 | △＊＊＊＊＊ |
| | 法人税等の支払額 | △＊＊＊＊＊ |
| | 営業活動によるキャッシュフロー | ＊＊＊＊＊ |
| Ⅱ | 投資活動によるキャッシュフロー | |
| | 有価証券の取得による支出 | △＊＊＊＊＊ |
| | 有価証券の売却による収入 | ＊＊＊＊＊ |
| | 有形固定資産の取得による支出 | △＊＊＊＊＊ |
| | 有形固定資産の売却による収入 | ＊＊＊＊＊ |
| | 投資有価証券の取得による支出 | △＊＊＊＊＊ |
| | 投資有価証券の売却による収入 | ＊＊＊＊＊ |
| | 貸付けによる支出 | △＊＊＊＊＊ |
| | 貸付金の回収による収入 | ＊＊＊＊＊ |
| | 投資活動によるキャッシュフロー | ＊＊＊＊＊ |
| Ⅲ | 財務活動によるキャッシュフロー | |
| | 短期借入れによる収入 | ＊＊＊＊＊ |
| | 短期借入金の返済による支出 | △＊＊＊＊＊ |
| | 長期借入れによる収入 | ＊＊＊＊＊ |
| | 長期借入金の返済による支出 | △＊＊＊＊＊ |
| | 社債の発行による収入 | ＊＊＊＊＊ |
| | 社債の償還による支出 | △＊＊＊＊＊ |
| | 株式の発行による収入 | ＊＊＊＊＊ |
| | 自己株式の取得による支出 | △＊＊＊＊＊ |
| | 親会社による配当金の支払額 | △＊＊＊＊＊ |
| | 財務活動によるキャッシュフロー | ＊＊＊＊＊ |
| Ⅳ | 現金及び現金同等物に係る換算差額 | ＊＊＊＊＊ |
| Ⅴ | 現金及び現金同等物の増加額 | ＊＊＊＊＊ |
| Ⅵ | 現金及び現金同等物期首残高 | ＊＊＊＊＊ |
| Ⅶ | 現金及び現金同等物期末残高 | ＊＊＊＊＊ |

注）有価証券報告書などでの表記は「キャッシュ・フロー」だが、本書では「キャッシュフロー」で統一した。また、上記キャッシュフロー計算書の小項目は典型例を示したものである。

みよう（**図表1-4**参照）。なお、これらの財務諸表はすべて、グループ会社を含めた連結ベースのものであることに注意されたい（連結ベースの財務諸表を用いた理由については26ページ「補　連結と単体」を参照）。

**図表1-4　アサヒ飲料の連結貸借対照表**

| 区　分 | 注記記号 | 前連結会計年度<br>（2005年12月31日現在）<br>金　額（百万円） | 構成比（％） | 当連結会計年度<br>（2006年12月31日現在）<br>金　額（百万円） | 構成比（％） |
|---|---|---|---|---|---|
| 【資産の部】 | | | | | |
| Ⅰ　流　動　資　産 | | | | | |
| 　1．現　金　及　び　預　金 | | 1,350 | | 1,010 | |
| 　2．受　取　手　形　及　び　売　掛　金 | ※4 | 32,767 | | 36,096 | |
| 　3．た　な　卸　資　産 | | 7,653 | | 9,283 | |
| 　4．未　　収　　入　　金 | | 6,265 | | 7,223 | |
| 　5．短　期　貸　付　金 | ※5 | 5,999 | | 8,199 | |
| 　6．繰　延　税　金　資　産 | | 1,829 | | 2,013 | |
| 　7．そ　　の　　他 | | 1,892 | | 1,763 | |
| 　　　貸　倒　引　当　金 | | △　111 | | △　158 | |
| 　　　流　動　資　産　合　計 | | 57,647 | 52.0 | 65,433 | 55.6 |
| Ⅱ　固　定　資　産 | | | | | |
| 　1．有　形　固　定　資　産 | | | | | |
| 　　(1) 建物及び構築物 | ※1 | 19,582 | | 20,139 | |
| 　　　　減価償却累計額 | | 9,260　10,322 | | 10,078　10,060 | |
| 　　(2) 機械装置及び運搬具 | | 29,974 | | 30,650 | |
| 　　　　減価償却累計額 | | 19,414　10,560 | | 21,388　9,262 | |
| 　　(3) 土　　　　地 | ※1 | 21,336 | | 21,336 | |
| 　　(4) 建　設　仮　勘　定 | | 26 | | 26 | |
| 　　(5) そ　　の　　他 | | 2,102 | | 2,146 | |
| 　　　　減価償却累計額 | | 1,632　　470 | | 1,727　　419 | |
| 　　　有形固定資産合計 | | 42,716 | 38.5 | 41,104 | 34.9 |
| 　2．無　形　固　定　資　産 | | 3,123 | 2.8 | 2,889 | 2.5 |
| 　3．投資その他の資産 | | | | | |
| 　　(1) 投　資　有　価　証　券 | | 1,290 | | 1,156 | |
| 　　(2) 繰　延　税　金　資　産 | | 3,169 | | 4,290 | |
| 　　(3) そ　　の　　他 | | 3,028 | | 2,899 | |
| 　　　貸倒引当金 | | △　68 | | △　94 | |
| 　　投資その他の資産合計 | | 7,420 | 6.7 | 8,251 | 7.0 |
| 　　固　定　資　産　合　計 | | 53,259 | 48.0 | 52,245 | 44.4 |
| 　　資　　産　　合　　計 | | 110,906 | 100.0 | 117,678 | 100.0 |

| | | | | | | |
|---|---|---|---|---|---|---|
| 【負債の部】 | | | | | | |
| Ⅰ 流　動　負　債 | | | | | | |
| 　1. 支払手形及び買掛金 | ※4 | 22,308 | | 23,929 | | |
| 　2. 短　期　借　入　金 | | 500 | | － | | |
| 　3. 1年以内返済予定長期借入金 | ※1 | 791 | | 6,491 | | |
| 　4. 未　　払　　金 | | 25,360 | | 25,769 | | |
| 　5. 未 払 法 人 税 等 | | 3,341 | | 2,636 | | |
| 　6. 未　　払　　費　　用 | | － | | 5,991 | | |
| 　7. 賞 与 引 当 金 | | 548 | | 570 | | |
| 　8. 役員賞与引当金 | | － | | 33 | | |
| 　9. そ　　の　　他 | ※4 | 5,693 | | 1,572 | | |
| 　　　流　動　負　債　合　計 | | 58,543 | 52.8 | 66,993 | 56.9 | |
| Ⅱ 固　定　負　債 | | | | | | |
| 　1. 長　期　借　入　金 | ※1 | 14,245 | | 8,754 | | |
| 　2. 退 職 給 付 引 当 金 | | 8,465 | | 9,008 | | |
| 　3. 役員退職慰労引当金 | | 63 | | 76 | | |
| 　4. そ　　の　　他 | | 1,211 | | 1,285 | | |
| 　　　固　定　負　債　合　計 | | 23,984 | 21.6 | 19,123 | 16.3 | |
| 　　　負　債　合　計 | | 82,527 | 74.4 | 86,116 | 73.2 | |
| 【資本の部】 | | | | | | |
| Ⅰ 資　　本　　金 | ※2 | 11,081 | 10.0 | | | |
| Ⅱ 資　本　剰　余　金 | | 9,307 | 8.4 | － | － | |
| Ⅲ 利　益　剰　余　金 | | 7,833 | 7.1 | － | － | |
| Ⅳ その他有価証券評価差額金 | | 158 | 0.1 | | | |
| Ⅵ 自己株式 | ※3 | △ 2 | △0.0 | － | － | |
| 　　　資　本　合　計 | | 28,378 | 25.6 | － | － | |
| 　　　負債及び資本合計 | | 110,906 | 100.0 | － | － | |
| 【純資産の部】 | | | | | | |
| Ⅰ 株　主　資　本 | | | | | | |
| 　1. 資　　本　　金 | | － | － | 11,081 | 9.4 | |
| 　2. 資　本　剰　余　金 | | － | － | 9,307 | 7.9 | |
| 　3. 利　益　剰　余　金 | | － | － | 11,113 | 9.4 | |
| 　4. 自　　己　　株　　式 | | － | － | △ 4 | △0.0 | |
| 　　　株　主　資　本　合　計 | | － | － | 31,498 | 26.7 | |
| Ⅱ 評価・換算差額等 | | | | | | |
| 　1. その他有価証券評価差額金 | | － | － | 62 | 0.1 | |
| 　　　評価・換算差額等合計 | | － | － | 62 | 0.1 | |
| 　　　純　資　産　合　計 | | － | － | 31,561 | 26.8 | |
| 　　　負債・純資産合計 | | － | － | 117,678 | 100.0 | |

注1）注記事項は省略した。
注2）会社法施行の過渡期のため、前年度は「純資産」の部ではなく「資本」の部となっていることに注意。

まず、連結貸借対照表の上部に「2006年12月31日現在」と書かれている。これは、この連結貸借対照表は2006年12月31日時点（平成18年12月31日時点）での同社の状況を表すことを示している。

　次に、会社の財産である資産がリストされている「資産の部」があり、大きく**流動資産**（Current Assets）と**固定資産**（Fixed Assets）に分かれている。流動資産とは、会社の本業である営業サイクルの中にある資産、もしくは決算日つまり2006年12月31日から1年以内に現金化される予定の資産のことである。一方、固定資産とは、会社の本業である営業サイクルの中に入らない資産で、かつ決算日から1年以内に現金化される予定のない資産のことである。

　アサヒ飲料の場合には、原材料等の仕入れから販売、そして代金回収までの営業サイクルの中で出てくるたな卸資産（棚卸資産と表記することも多い。商品、貯蔵品など）、受取手形、売掛金などの資産、および1年以内に現金化する予定の資産である未収入金などが流動資産となる。また、決算日から1年以内に費用となる前払費用や繰延税金資産（103ページ参照）、1年以内に商品などの資産となる前渡金についても、流動資産に含められる。

> **用語解説**
>
> ● **短期と長期**：会計では、短期とは1年以内に回収あるいは支払いを行う予定のものを意味し、長期とは1年以上経ってから回収あるいは支払いを行うものである。

　一方、建物や土地などの形のある**有形固定資産**や、のれんやソフトウエアのような無形の財産を表す**無形固定資産**は、営業サイクルの中で表れてくる資産ではなく、店舗設備やノウハウを管理・維持するために営業サイクルをサポートする資産であり、また決算日から1年以内に現金化することを予定していないため、固定資産に含まれる（なお、飲料の製造販売が本業であるアサヒ飲料が所有する土地や自動車は有形固定資産に含まれるが、同じ自動車であっても、トヨタ自動車がディーラーに出荷する前に所有しているものは、営業サイクル上の製品であるため流動資産となる）。

　また、決算日から1年以上所有することを予定している株式などの有価証券（投資有価証券）や、回収が決算日から1年以上かかる長期貸付金、決算日から1年以上先に発生する費用の前払分である長期前払費用、決算日から1年以上先まで賃借する予定のオフィスの保証金である長期差入保証金などは、いずれも営業サイクルに関係なく、また決算日から1年以内には現金化されないため、「投資その他の資産」として固定資産となる。

次に「負債の部」がある。これも資産の部と同じく**流動負債**（Current Liabilities）と**固定負債**（Fixed Liabilities）に分かれている。流動負債とは、会社の本業である営業サイクルの中にある負債、もしくは決算日から1年以内に現金で支払われる予定の負債のことであり、固定負債とは会社の本業である営業サイクルの中に入らない負債で、かつ決算日から1年以内に支払われる予定のない負債のことを指す。アサヒ飲料の場合には、仕入れた原材料等の代金で支払いが済んでいないものを意味する支払手形、買掛金といった営業サイクルの中で出てくる負債と、決算日から1年以内に支払う予定である短期借入金、未払金、未払法人税などが流動負債となる。

一方、支払いが決算日から1年以上経ってから行われる長期借入金、退職給付引当金などは、営業サイクルの中で表れてくる負債ではなく、また決算日から1年以内に支払うことを予定していないため、固定負債に含まれる。

---

**用語解説**

- **正常営業循環基準および1年基準**：営業サイクルの中にあるか否かで資産あるいは負債を区分する基準のことを**正常営業循環基準**、決算日から1年以内に現金になるか否かで区分する基準のことを**1年基準（ワンイヤー・ルール）**と言っており、この2つの基準によって流動資産と固定資産、流動負債と固定負債が区分されている。

---

次に「純資産の部」を見てみよう。連結貸借対照表における純資産の部の表示は、株主資本、評価・換算差額等、新株予約権、少数株主持分の4区分となる。ここでは、より細かく項目が示してある2006年（平成18年）12月期の単体の貸借対照表で説明しよう。29～31ページの**図表1-8**を見ていただきたい。最初、株主資本の中に**資本金**と**資本剰余金**が並んでいるが、この2つが株主からの出資分である。その次の**利益剰余金**は、スタートからの事業活動の結果である利益の累積分の合計を意味しており、アサヒ飲料では内訳が示されていないが、主に**利益準備金**と**その他利益剰余金**から成る。利益準備金は、配当や役員賞与を会社が支払うたびに、その10分の1を資本準備金と利益準備金の合計額が資本金の4分の1に達するまで徐々に積み立てなければいけないという会社法等のルールによって設定されているものである。その他利益剰余金は、過去からの利益の累積分から利益準備金を除いた残りで、将来使用するための備えである**任意積立金**と、まだ使用目的が決まっていない**繰越利益剰余金**から構成されている。こうした利益の累積分が多い会社ほど健全であり、過去において高い業績を上げてきていることを意味している。

**評価・換算差額等**は土地を時価で再評価した場合や、投資その他の資産に計上された有価証券を時価評価した場合に、その評価損益を売却するまで内部留保するために計上しておく項目である。
　**新株予約権**（アサヒ飲料では該当するものがないため、示されていない）は、会社に対して株式を特定の価格で購入できる権利を言う。新株予約権は将来、権利行使され払込資本となる場合と、失効して払込資本とはならない場合の双方が考えられるが、いずれの場合も会社にとっては返済義務はなく負債とは言えない項目のため、純資産の部に表示される。

　このほかに、連結の貸借対照表には**少数株主持分**という区分がある（アサヒ飲料では該当するものがないため、示されていない）。これは、グループ会社の純資産のうち、親会社以外の外部の株主（主導権を握っていないという意味で、少数株主と言う）の持分である。
　なお、2006年に会社法と関連する会計基準が施行されるまでは、純資産の部は「資本の部」と「小数株主持分の部」とに分かれ、「資本の部」は資本金、資本剰余金、利益剰余金、その他有価証券評価差額金、為替換算調整勘定、自己株式といった分類となっていた（図表1-8参照）。会社法施行以前の財務諸表を読む機会も多いと思われるので、強く留意しておく必要がある。

---

### 流動性配列法と固定性配列法

　流動資産と固定資産、流動負債と固定負債では、なぜ流動資産や流動負債が最初に記載されているのだろうか。それは、日本の会計ルールが、現金化しやすいものから順番に並べていく**流動性配列法**を採用しているからである。
　このルールによると、資産では、最初に流動資産、次に固定資産を並べ、流動資産の中でも、現金および預金をスタートとして現金化しやすい順番に、販売代金の未回収分のうち法的拘束力の強い受取手形、次に一般的な販売代金の未回収分である売掛金、たな卸資産、と並べていく。
　固定資産についてはその性質によって、形のある有形固定資産、形のない権利を表す無形固定資産、それ以外の投資その他の資産の3つにグループ分けし、この順番でグループごとにまとめて並べていく。
　このうち有形固定資産の場合には建物、構築物、機械装置……、無形固定資産の場合にはのれん、商標権……といったように、各グループの中で並べる順序についても通常、並べる順は決まっている。また、投資その他の資産については、流動性

配列法に従って、流動資産と同じく現金化しやすい順に、株式など決算日から1年以上所有する予定の有価証券（つまり投資を目的とした投資有価証券）、長期貸付金……という順序で並べていく。

負債についても資産と同じく、流動性配列法に従って流動負債、固定負債の順に並べる。流動負債の中では、法的拘束力の強い支払手形をスタートとして、買掛金、短期借入金、未払金、未払法人税等……と並べていく。

固定負債についても、法的拘束力の強い順に、長期借入金、将来の退職金や年金の支払いに備えた退職給付引当金、将来の役員の退職金支払いに備えた役員退職慰労引当金……と並べていく。

日本ではこのような流動性配列法が原則となっているが、KDDIなどの通信会社は、設備投資額が大きく、固定資産が財産の大部分を占め、かつ重要度が高いことから、固定資産を最初に並べる**固定性配列法**を採用している。

### ● 取得原価主義

次に、貸借対照表上の数値の意味について考えてみよう。貸借対照表上の多くの項目の金額は、それを購入したときの金額を表しており、決算日の時価ではない。このように、購入した金額、つまり取得したときの金額をもとにして財務諸表に金額を記載していく考え方を**取得原価主義**と言う。

ここで、土地などのように時価があり、またその変動が比較的激しいものについては、貸借対照表に記載されている金額（購入あるいは取得時点の金額）と決算日の本当の価値である時価との間に大きな差が生じることがあり、その意味で貸借対照表が会社の実態を表していない場合があることに注意しなくてはならない。特に歴史のある企業の場合には、1坪の時価が1000万円もするような都心の土地が、貸借対照表の上では1坪1万円で記載されている可能性もある。

この時価と貸借対照表上の金額との差を**含み益**あるいは**含み損**と言い、この差を利用して**益出し**と呼ばれる利益調整が行われることがある。つまり上記の土地の例で1坪の土地を売却すると、時価1000万円から貸借対照表に記載された金額である1万円を差し引いた999万円の利益が出る。本業の業績が悪い決算期には、たとえば100坪の土地を売却するだけで約10億円（9億9900万円）の利益をかさ上げすることができるのである。

このように、取得原価主義では、時価と貸借対照表上の金額に差がある場合には実態を表さないといった問題点があったため、有価証券と投資有価証券のうち時価がわかる

ものについては2001年3月期にルールが変更され、決算日の時価で評価することになった。土地については、2002年3月期までの間に1度だけ時価評価を行うことを任意で認められていたため、一部の企業が時価評価を行った。

### ◉ 貸借対照表に記載されないもの

貸借対照表には会社の財産のすべてが記載されているわけではない。取得するのに金額がかかるものについては貸借対照表にすべて記載されるが、金額がかからないもの、あるいは金額で換算することが難しいものについては、貸借対照表に記載されない。たとえば、自社開発した技術や、販売方法などのノウハウ、自社開発したブランド（他社から買収したブランドについては、買い取った金額をベースにして貸借対照表に記載される）、会社の活力、経営者や従業員の能力などについては貸借対照表に記載されていない。貸借対照表を見るときにはこの点にも注意する必要がある。

## 5 ◉ 損益計算書を読む

次に、アサヒ飲料の損益計算書を見てみよう（図表1-5参照）。

まず売上高がある。これは本業からの収益を表し、2316億円と相当の金額にのぼっている。

次に売上原価がある。これは、アサヒ飲料をはじめとするメーカーの場合は、販売した製品の製造原価になり、外部から仕入れた原材料の仕入原価だけではなく、製造ラインの従業員の人件費である労務費や、機械の減価償却費、水道光熱費などが含まれている。イトーヨーカ堂のような小売業の場合には、販売した商品の仕入原価になる。

この段階で売上高から売上原価を差し引いて、アサヒ飲料の本業のマージンである売上総利益が算出される。

次に販売費および一般管理費がある。これは、営業担当者の人件費や広告宣伝費などの販売費と、本社あるいは店舗の建物の減価償却費や地代家賃といった一般管理費から構成されている。

この段階で売上総利益から販売費および一般管理費を差し引いて、アサヒ飲料の本業の利益水準を示す営業利益が算出される。

次に営業外収益と営業外費用がある。営業外収益には、受取利息、受取配当金、投資有価証券売却益といった、主に財務活動からの収益が含まれる。アサヒ飲料の場合は財務収益の中に受取配当金1500万円が含まれているが、売上高と比較すると無視しうる程度の額である。これはまた、配当の受け取りによって収益を得ることがアサヒ飲料の

**図表1-5　アサヒ飲料の連結損益計算書**

| 区分 | 注記番号 | 前連結会計年度<br>(自 2005年1月1日)<br>(至 2005年12月31日)<br>金額(百万円) | 構成比(%) | 当連結会計年度<br>(自 2006年1月1日)<br>(至 2006年12月31日)<br>金額(百万円) | 構成比(%) |
|---|---|---|---|---|---|
| Ⅰ 売上高 | | 225,146 | 100.0 | 231,567 | 100.0 |
| Ⅱ 売上原価 | | 94,416 | 41.9 | 95,442 | 41.2 |
| 売上総利益 | ※1、3 | 130,730 | 58.1 | 136,124 | 58.8 |
| Ⅲ 販売費及び一般管理費 | | 121,178 | 53.9 | 126,053 | 54.5 |
| 営業利益 | | 9,551 | 4.2 | 10,070 | 4.3 |
| Ⅳ 営業外収益 | | | | | |
| 1. 受取利息 | | 2 | | 4 | |
| 2. 受取配当金 | | 12 | | 15 | |
| 3. 投資有価証券売却益 | | − | | 2 | |
| 4. 受取賃貸料 | | 37 | | 38 | |
| 5. 受入技術支援料 | | 22 | | 19 | |
| 6. 保証金取崩益 | | 51 | | 0 | |
| 7. 支払手数料返戻金 | | − | | 13 | |
| 8. 雑収入 | | 38 | 165 | 30 | 125 | 0.1 (前)/0.1 (当) |
| Ⅴ 営業外費用 | | | | | |
| 1. 支払利息 | | 170 | | 163 | |
| 2. たな卸資産廃棄損 | | 499 | | 519 | |
| 3. 雑支出 | | 109 | 779 | 128 | 811 |
| 経常利益 | | | 8,937 | | 9,384 |
| Ⅵ 特別損失 | | | | | |
| 1. 固定資産売却除去損 | ※2 | 138 | | 192 | |
| 2. 生産体制再編費用 | ※4 | − | | 1,776 | |
| 3. その他特別損失 | | | 138 | 8 | 1,978 |
| 税金等調整前当期純利益 | | | 8,798 | | 7,406 |
| 法人税、住民税及び事業税 | | 4,150 | | 4,623 | |
| 法人税等調整額 | | △358 | 3,791 | △1,240 | 3,383 |
| 当期純利益 | | | 5,006 | | 4,022 |

構成比（経常利益）: 4.0 / 4.1
構成比（特別損失計）: 0.1 / 0.9
構成比（税引前）: 3.9 / 3.2
構成比（法人税等計）: 1.7 / 1.5
構成比（当期純利益）: 2.2 / 1.7

注1) 注記事項は省略した。
注2) 販売費及び一般管理費の主要な費目及び金額

| | 前連結会計年度 | 当連結会計年度 | | 前連結会計年度 | 当連結会計年度 |
|---|---|---|---|---|---|
| 販売促進費 | 56,640 百万円 | 61,242 百万円 | 従業員賞与 | 2,412 百万円 | 2,519 百万円 |
| 運搬費 | 13,034 | 13,339 | 賞与引当金繰入額 | 471 | 487 |
| 販売器具費 | 14,737 | 14,117 | 退職給付費用 | 593 | 570 |
| 広告宣伝費 | 11,123 | 11,177 | 減価償却費 | 343 | 202 |
| 従業員給料手当 | 8,115 | 8,505 | 研究開発費 | 991 | 915 |

本業ではないことを示している。営業外費用としては、支払利息やたな卸資産廃棄損が含まれる。アサヒ飲料は時価の変動により利益を得ることを目的とした有価証券（売買目的有価証券）を保有していないので図表1-5には示されていないが、売買目的有価証券の評価損益が発生する場合がある。この有価証券評価損益も営業外収益もしくは営業外費用に含める。

　人によっては、会社の総合力を営業外収益と営業外費用で見るという。つまり、銀行借り入れや社債などの調達資金の利率は、資本市場における企業評価の結果から得られるものであり、また受取配当金が多いことは、投資先の業績が好調であることを意味していると考えられるからである。アサヒ飲料の場合には、営業外費用は8.1億円となっており、営業外収益の1.3億円のおよそ6.5倍にのぼっている。

　この段階で営業利益に営業外収益を加え、営業外費用を差し引いて、アサヒ飲料の財務活動等を含めた通常の活動からの利益水準を示す経常利益が算出される。しかし、前述したように有価証券評価損益が営業外収益や営業外費用に含まれるため、結果として経常利益が大きく変化していることもある。したがって、企業の本業をもとにした実力を知るためには、有価証券評価損益を控除した経常利益を見なくてはならない。

　次に特別利益と特別損失がある。これらは臨時的あるいは異常な状況の下で発生する利益または損失である。具体例としては、投資有価証券の売却損益、通常は長期間所有する固定資産を売却あるいは廃棄した場合の固定資産売却損益あるいは固定資産廃棄損、早期退職優遇制度の実行などに伴って発生する特別退職割増金などが挙げられる。

　アサヒ飲料のケースでは、固定資産の売却損と廃棄損が合わせて1.9億円にのぼっている。また、前期には見られなかった生産体制再編費用17.8億円が注目される。

　この段階で経常利益に特別利益を加え、特別損失を差し引いて、アサヒ飲料の2006年度1年間のすべての活動からの利益水準を示す税金等調整前当期純利益が算出される。しかし、税金等調整前当期純利益については特別損益が最終利益の調整弁として使われることが多いため、企業の本当の最終利益を知るには、土地などの売却益を控除した税金等調整前当期純利益を見る必要がある。

　次に法人税、住民税および事業税、そして**少数株主利益**（アサヒ飲料にはなし）がある。少数株主利益（少数株主持分損益）とは、連結対象となるグループ会社の今期の損益のうち、少数株主の持分に対応するものであり、単体の損益計算書にはこの項目はない。

　この段階で税金等調整前当期純利益から法人税、住民税および事業税、少数株主利益を差し引いて、2006年度1年間の最終利益である当期純利益を算出する。

　株主への配当はもともと利益剰余金を原資に年2回を限度に実施されていたが、

2002年から資本剰余金を原資にした配当が可能となり、さらに会社法の施行により配当実施の回数制限がなくなった。

このように利益処分の制限が緩和されていく流れに合わせて、利益の処分に焦点を絞った報告書である利益処分計算書（旧商法では利益処分案）は剰余金計算書へと改正された。さらに会社法施行とともに、剰余金処分に限らず株主資本の増減のすべてを網羅する株主資本等変動計算書の作成が義務づけられるなど、報告書の改正が行われている。

会社法施行前は、単体の損益計算書では当期純利益に、配当や役員賞与などの利益処分を行った後の前期からの繰越利益を加え、中間配当額とそれに伴う利益準備金の設定額を差し引いて当期未処分利益が算出されていた。

## 6 ● キャッシュフロー計算書を読む

キャッシュフロー計算書は、営業活動によるキャッシュフロー、投資活動によるキャッシュフロー、財務活動によるキャッシュフローの3つのパートから成る。

### ● ──── 営業活動によるキャッシュフロー

税金等調整前当期純利益からスタートして、営業活動による現金の動きを把握するために修正を加える。まず、現金が出ていかない費用である**減価償却費**や**償却費**（Depreciation and Amortization）などを加える。次に、運転資本（運転資金とも言う）の増減による現金の増減を修正する（運転資本についての詳細は172ページを参照）。

具体的には貸借対照表上の流動資産、つまり売掛金やたな卸資産などが前事業年度末と比較して増加していればその分運転資本が増加するため、現金は減少する。一方、流動負債、つまり買掛金などが前事業年度末と比較して増加していれば、支払いを待ってもらっているものが多くなるので現金は増加する。こうした調整を加えた後、最後に法人税等の支払額を差し引いて営業活動によるキャッシュフローを算出する。アサヒ飲料の場合には、87億円の現金が営業活動から生まれている（**図表1-6**参照）。

### ● ──── 投資活動によるキャッシュフロー

これは会社の投資活動に伴う現金の増減を示している。具体的には、設備投資の実施、廃棄、売却、あるいはそれ以外の投資等に伴う現金の増減である。そして、設備投資をはじめとする投資を行った場合には現金が減少し、有形固定資産などを売却した場合には現金が増加する。アサヒ飲料では、こうした投資活動によるキャッシュフローのマイナスが58億円にのぼっている。特に、設備投資に伴う有形固定資産の取得による支出

**図表1-6 アサヒ飲料の連結キャッシュフロー計算書**

| 区　分 | 注記番号 | 前連結会計年度<br>(自 2005年1月1日)<br>(至 2005年12月31日)<br>金　額（百万円） | 当連結会計年度<br>(自 2006年1月1日)<br>(至 2006年12月31日)<br>金　額（百万円） |
|---|---|---|---|
| Ⅰ 営業活動によるキャッシュフロー | | | |
| 　　税金等調整前当期純利益 | | 8,798 | 7,406 |
| 　　減価償却費 | | 4,443 | 4,388 |
| 　　貸倒引当金の増加額 | | 19 | 73 |
| 　　賞与引当金の増加額 | | 74 | 21 |
| 　　役員賞与引当金の増加額 | | － | 33 |
| 　　退職給付引当金の増加額 | | 510 | 543 |
| 　　役員退職慰労引当金の増加額 | | 0 | 12 |
| 　　受取利息及び受取配当金 | | △14 | △20 |
| 　　支払利息 | | 170 | 163 |
| 　　固定資産売却除却損 | | 138 | 193 |
| 　　売上債権の増加額 | | △2,067 | △3,353 |
| 　　たな卸資産の減少額（△増加額） | | 478 | △1,629 |
| 　　仕入債務の増加額 | | 844 | 1,621 |
| 　　未払金の増加額 | | 1,267 | 2,527 |
| 　　その他流動資産の増加額 | | △1,483 | △903 |
| 　　その他流動負債の増加額 | | 8 | 2,033 |
| 　　その他固定負債の増加額（△減少額） | | △0 | 73 |
| 　　役員賞与の支払額 | | △19 | △33 |
| 　　その他 | | 592 | 917 |
| 　　（小　計） | | 13,760 | 14,068 |
| 　　利息及び配当金の受取額 | | 14 | 19 |
| 　　利息の支払額 | | △163 | △166 |
| 　　法人税等の支払額 | | △3,022 | △5,250 |
| 　　営業活動によるキャッシュフロー | | 10,588 | 8,671 |
| Ⅱ 投資活動によるキャッシュフロー | | | |
| 　　有形固定資産の取得による支出 | | △2,731 | △4,306 |
| 　　無形固定資産の取得による支出 | | △307 | △782 |
| 　　投資有価証券の取得による支出 | | △27 | △29 |
| 　　長期前払費用の取得による支出 | | △858 | △1,206 |
| 　　その他 | | △24 | 514 |
| 　　投資活動によるキャッシュフロー | | △3,948 | △5,810 |
| Ⅲ 財務活動によるキャッシュフロー | | | |
| 　　短期借入金の純減少額 | | △2,800 | △500 |
| 　　長期借入金の借入れによる収入 | | 6,000 | 1,000 |
| 　　長期借入金の返済による支出 | | △2,591 | △791 |
| 　　配当金の支払額 | | △706 | △708 |
| 　　その他 | | △1 | △1 |
| 　　財務活動によるキャッシュフロー | | △98 | △1,001 |
| Ⅳ 現金及び現金同等物に係る換算差額 | | － | － |
| Ⅴ 現金及び現金同等物の増加額 | | 6,540 | 1,860 |
| Ⅵ 現金及び現金同等物の期首残高 | | 809 | 7,349 |
| Ⅶ 現金及び現金同等物の期末残高 | ※ | 7,349 | 9,209 |

注）注記事項は省略した。

が43億円もある点が注目される。

### ● 財務活動によるキャッシュフロー

　これは会社の財務活動に伴う現金の増減を示している。具体的には、銀行借り入れ、社債発行や株式発行による資金調達やその返済、配当支払いや減資等による現金の増減である。そして、社債や株式を発行したり、借り入れをした場合に現金は増加し、社債や借入金を返済（償還）したり減資をした場合に現金は減少する。アサヒ飲料では、短期借入金が減少したことなどもあって、財務活動によるキャッシュフローは10億円のマイナスとなっている。

　これらをまとめると、2006年度にアサヒ飲料は58億円の投資を行ったが、その資金は営業活動によって得られた87億円でカバーしており、さらに借入金の返済まで行ったことがわかる。そしてその結果として、1年前よりも現金が約19億円増加し、現金および現金同等物の期末残高は73億円から92億円へと増えている。

　アメリカでは企業の活動を、実際にどの程度のキャッシュが得られたのかによって分析・評価することが多い。これは、利益はあくまでも会計というルールに従って算出されるものであり、ある仮定の上で企業の活動がうまくいっているかどうかを測定しているにすぎない。企業にとっていちばん重要なのは、キャッシュがどれだけ得られたかということであり、利益はある意味でキャッシュの増加の速報予想値にすぎない、という考えに基づく。

　アメリカではまた、設備投資の有効性をはじめ、営業活動の成果についても、キャッシュをベースにして考えることが多い。わが国でも財務諸表に占めるキャッシュフロー計算書の比重は、従来より高くなってきていると言えよう。

## 補 ● 連結と単体

### ● 連結で財務諸表を作る意味

　日本では1999年まで、財務諸表は単体ベースが基本であり、連結ベースのものは作成されないか、作成されたとしても補助的な位置づけにすぎなかった。しかし、これにはいくつか不都合な点があった。

　たとえば、グループ内に販売子会社を持っているメーカーの場合を考えてみよう。単

体を重視する会計ルールでは、製品の売れ行きが落ちていても作ったものをどんどん販売子会社へ売ることによって、メーカー単体の利益を上げて業績を良くすることができる。

ところが、連結の場合はメーカーと販売子会社の間の取引はグループ内取引であり、グループ内で商品を所有する会社が変化しただけなので、連結財務諸表では売上高も利益も変わらないことになる。一般に、親会社では戦略策定、企画、R&D、資金調達等を行い、生産・販売部門は子会社にしている企業グループもある。したがって、ある会社の事業全体についての成功・不成功、あるいはその評価は、グループ全体で考えたほうが正確な場合が多く、連結のほうが実態を正しく表すことになると言えよう。欧米諸国ではこうした考えから、日本に先駆けて連結財務諸表重視の方針を取り入れていた。たとえばアメリカでは、単体の財務諸表は公表されておらず、あくまで会社の業績をはじめとする状況はグループ単位で示すべきとの考えが徹底しており、連結財務諸表のみが公表されている。

こうした意見や、国際会計基準（33ページ参照）の随時導入といった潮流を反映して、日本でも2000年3月期から連結財務諸表が企業業績表示の中心として位置づけられるようになり、単体の財務諸表はそれをサポートするものという位置づけになった。

## ● 連結決算対象

連結財務諸表の作成にあたってグループ会社を含める方法には、以下の2通りの考え方がある。

- **連結法**（Consolidation）：親会社が、子会社などを通じて間接的に50％を超える株式を所有しているなど議決権の所有や役員の派遣等を通じて実質的に経営を支配している会社（つまり子会社）に適用される方法である（**支配力基準**）。連結法では、親会社とグループ会社の貸借対照表と損益計算書を合計し、資産、負債、純資産、利益、費用等のすべてを合算する。ただし、親会社とグループ会社間での取引から発生する売上げと仕入れ、売掛金と買掛金、株式と資本金などはそれぞれ相殺する。

- **持分法**（Equity Method）：親会社が、子会社などを通じて間接的に20％から50％までの株式を所有しているなど議決権の所有や役員の派遣等を通じて財務および営業の方針に重要な影響を与えることができる会社、あるいは規模が小さいなどの理由で連結しなかった子会社に対して適用される方法である（**影響力基準**）。持分法では、損益計算書の利益に、グループ会社が獲得した利益のうち、親会社の持株割合に対応する金額を加えることによってグループ会社の損益のみを取り込み、親

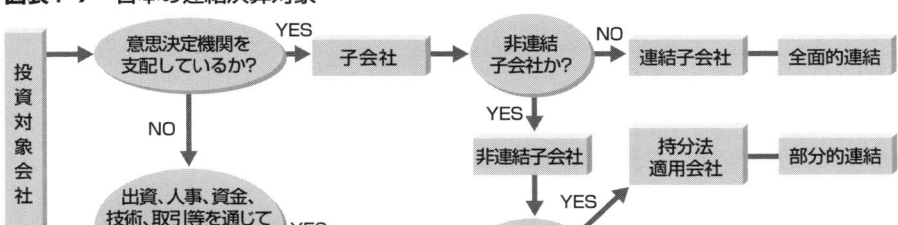

**図表1-7 日本の連結決算対象**

［図：投資対象会社の判定フローチャート。意思決定機関を支配しているか？YESなら子会社、非連結子会社か？NOなら連結子会社（全面的連結）、YESなら非連結子会社。持分法を適用するか？YESなら持分法適用会社（部分的連結）、NOなら持分法適用除外会社。出資、人事、資金、技術、取引等を通じて方針決定に影響を与えられるか？YESなら関連会社、NOなら子会社でも関連会社でもない。］

※1　非連結子会社の条件
　　①支配が一時的、または連結をすることで利害関係者の判断を著しく誤らせるおそれのある会社
　　②資産、売上等から見て重要性の乏しい子会社
※2　持分法適用除外会社の条件
　　①影響が一時的、または持分法を適用することで利害関係者の判断を著しく誤らせるおそれのある会社
　　②持分法の適用により連結財務諸表に与える影響の重要性が乏しい会社

会社の貸借対照表の「投資その他の資産」の中で「関係会社株式」として記載されているグループ会社の株式の金額を増加させる。したがって、親会社と子会社の貸借対照表と損益計算書そのものを合体させるのではなく、持分割合に見合う利益の純額だけを反映させることになる。

なお、連結決算は、「グループ全体の連結利益が親会社単独の利益を超えているかどうか（**連単倍率**が1以上かどうか）」で評価することもできる。連単倍率が1より大きいときは、親会社以外のグループ企業の全体としての業績がプラス、つまり黒字であったことを意味し、逆に連単倍率が1より小さいときは、親会社以外のグループ企業の全体としての業績がマイナス、つまり赤字であったことを意味している。

### ●── 連結財務諸表と個別財務諸表の違い

連結財務諸表は、その内容・構成については単体の財務諸表（個別財務諸表）とほぼ同じであるが、以下の点については単体と異なっており、注意する必要がある。

まず第1点は、全体として連結財務諸表のほうが、単体の財務諸表に比較してある程度項目をまとめて表示していることである。例として、流動資産の項目について、アサヒ飲料の**個別貸借対照表**（図表1-8）を**連結貸借対照表**（図表1-4）と比較してみよう。

**図表1-8 アサヒ飲料の個別貸借対照表**

| 区分 | 注記番号 | 前事業年度(2005年12月31日現在) 金額(百万円) | 構成比(%) | 当事業年度(2006年12月31日現在) 金額(百万円) | 構成比(%) |
|---|---|---|---|---|---|
| 【資産の部】 | | | | | |
| Ⅰ 流動資産 | | | | | |
| 1. 現金及び預金 | | 1,252 | | 576 | |
| 2. 受 取 手 形 | ※5 | 155 | | 183 | |
| 3. 売 掛 金 | ※4 | 33,652 | | 36,986 | |
| 4. 商 品 | | 35 | | 32 | |
| 5. 製 品 | | 4,597 | | 6,171 | |
| 6. 原 材 料 | | 1,718 | | 1,663 | |
| 7. 貯 蔵 品 | | 463 | | 577 | |
| 8. 短 期 貸 付 金 | ※6 | 5,999 | | 8,199 | |
| 9. 前 払 費 用 | | 1,344 | | 1,528 | |
| 10. 未 収 入 金 | | 6,852 | | 7,590 | |
| 11. 繰 延 税 金 資 産 | | 1,632 | | 1,800 | |
| 12. そ の 他 | | 323 | | 104 | |
| 貸 倒 引 当 金 | | △ 111 | | △ 154 | |
| 流 動 資 産 合 計 | | 57,916 | 51.7 | 65,261 | 55.2 |
| Ⅱ 固定資産 | | | | | |
| 1. 有 形 固 定 資 産 | | | | | |
| (1) 建 物 | ※1 | 16,899 | | 17,315 | |
| 減価償却累計額 | | 7,894 | 9,005 | 8,580 | 8,734 |
| (2) 構 築 物 | | 2,682 | | 2,823 | |
| 減価償却累計額 | | 1,365 | 1,316 | 1,497 | 1,325 |
| (3) 機械及び装置 | | 29,961 | | 30,638 | |
| 減価償却累計額 | | 19,401 | 10,559 | 21,376 | 9,261 |
| (4) 車 輌 運 搬 具 | | 13 | | 12 | |
| 減価償却累計額 | | 12 | 0 | 12 | 0 |
| (5) 工具器具備品 | | 2,093 | | 2,133 | |
| 減価償却累計額 | | 1,629 | 463 | 1,721 | 412 |
| (6) 土 地 | ※1 | 21,336 | | 21,336 | |
| (7) 建 設 仮 勘 定 | | 26 | | 26 | |
| 有形固定資産合計 | | 42,708 | 38.2 | 41,097 | 34.8 |
| 2. 無 形 固 定 資 産 | | | | | |
| (1) 商 標 権 | | 133 | | ─ | |
| (2) ソフトウェア | | 2,925 | | 2,827 | |
| (3) 施 設 利 用 権 | | 64 | | 61 | |
| 無形固定資産合計 | | 3,123 | 2.8 | 2,889 | 2.4 |
| 3. 投資その他の資産 | | | | | |
| (1) 投 資 有 価 証 券 | | 1,290 | | 1,156 | |
| (2) 関 係 会 社 株 式 | | 827 | | 827 | |
| (3) 従業員長期貸付金 | | 0 | | 0 | |
| (4) 破産債権・更生債権その他これらに準ずる債権 | | 66 | | 87 | |
| (5) 長 期 前 払 費 用 | | 1,227 | | 1,235 | |
| (6) 敷 金 ・ 保 証 金 | | 1,324 | | ─ | |
| (7) 繰 延 税 金 資 産 | | 3,169 | | 4,290 | |

| | | | | | | |
|---|---|---|---|---|---|---|
| (8) その他 | | 367 | | | 1,487 | |
| 貸倒引当金 | | △ 68 | | | △ 90 | |
| 投資その他の資産合計 | | 8,205 | 7.3 | | 8,994 | 7.6 |
| 固定資産合計 | | 54,037 | 48.3 | | 52,981 | 44.8 |
| 資産合計 | | 111,953 | 100.0 | | 118,243 | 100.0 |

【負債の部】
Ⅰ 流動負債

| | | | | | | |
|---|---|---|---|---|---|---|
| 1. 支払手形 | ※5 | 420 | | | 405 | |
| 2. 買掛金 | | 21,885 | | | 23,513 | |
| 3. 短期借入金 | | 500 | | | — | |
| 4. 1年以内返済予定長期借入金 | ※1 | 791 | | | 6,491 | |
| 5. 未払金 | ※4 | 24,874 | | | 25,249 | |
| 6. 未払法人税等 | | 3,314 | | | 2,619 | |
| 7. 未払消費税等 | | 203 | | | 405 | |
| 8. 未払費用 | | 3,863 | | | 5,936 | |
| 9. 預り金 | ※4 | 2,267 | | | 1,275 | |
| 10. 賞与引当金 | | 544 | | | 561 | |
| 11. 役員賞与引当金 | | — | | | 33 | |
| 12. 設備関係支払手形 | ※5 | 367 | | | 128 | |
| 13. その他 | | 117 | | | 86 | |
| 流動負債合計 | | 59,150 | 52.9 | | 66,705 | 56.4 |

Ⅱ 固定負債

| | | | | | | |
|---|---|---|---|---|---|---|
| 1. 長期借入金 | ※1 | 14,245 | | | 8,754 | |
| 2. 退職給付引当金 | | 8,463 | | | 9,003 | |
| 3. 役員退職慰労引当金 | | 63 | | | 76 | |
| 4. 長期預り保証金 | | 1,210 | | | 1,285 | |
| 5. その他 | | 0 | | | — | |
| 固定負債合計 | | 23,983 | 21.4 | | 19,118 | 16.2 |
| 負債合計 | | 83,133 | 74.3 | | 85,824 | 72.6 |

【資本の部】

| | | | | | | |
|---|---|---|---|---|---|---|
| Ⅰ 資本金 | ※2 | | 11,081 | 9.9 | — | |
| Ⅱ 資本剰余金 | | | | | | |
| 1. 資本準備金 | | 9,307 | | | — | |
| 資本剰余金合計 | | | 9,307 | 8.3 | — | |
| Ⅲ 利益剰余金 | | | | | | |
| 1. 任意積立金 | | | | | | |
| (1) 固定資産圧縮積立金 | | 214 | | | — | |
| (2) 別途積立金 | | 1,000 | 1,214 | | — | |
| 2. 当期未処分利益 | | | 7,059 | | — | |
| 利益剰余金合計 | | | 8,274 | 7.4 | — | |
| Ⅳ その他有価証券評価差額金 | | | 158 | 0.1 | — | |
| Ⅴ 自己株式 | ※3 | | △ 2 | △ 0.0 | — | |
| 資本合計 | | | 28,819 | 25.7 | — | |
| 負債・資本合計 | | | 111,953 | 100.0 | — | |

【純資産の部】
Ⅰ 株主資本

| | | | | | | |
|---|---|---|---|---|---|---|
| 1. 資本金 | | | — | | 11,081 | 9.4 |

| | | | | | |
|---|---|---|---|---|---|
| 2. 資本剰余金 | | | | | |
| (1) 資本準備金 | － | － | 9,307 | | |
| 資本剰余金合計 | | | | 9,307 | 7.9 |
| 3. 利益剰余金 | | | | | |
| (1) その他利益剰余金 | | | | | |
| 固定資産圧縮積立金 | － | － | 188 | | |
| 別途積立金 | － | － | 6,000 | | |
| 繰越利益剰余金 | － | － | 5,782 | | |
| 利益剰余金合計 | | | | 11,970 | 10.1 |
| 4. 自己株式 | － | － | | △ 4 | △ 0.0 |
| 株主資本合計 | － | － | | 32,355 | 27.4 |
| Ⅱ 評価・換算差額等 | | | | | |
| 1. その他有価証券評価差額金 | － | － | | 62 | 0.0 |
| 評価・換算差額等合計 | － | － | | 62 | 0.0 |
| 純資産合計 | － | － | | 32,418 | 27.4 |
| 負債・純資産合計 | － | － | | 118,243 | 100.0 |

注1）注記事項は省略した。
注2）会社法施行の過渡期のため、前年度は「純資産」の部ではなく「資本」の部となっていることに注意。

　アサヒ飲料単体の貸借対照表には、現金および預金から貸倒引当金まで13項目が並んでいるが、連結の貸借対照表には現金および預金から貸倒引当金までの7項目しか記載されていない。これは連結財務諸表では金額が大きくなるうえに、同じ取引についても会社によって処理が若干異なる場合もあるため、わかりやすくなるようにルールが決められているからである。たとえば、単体ではそれぞれ1つの項目として記載されている商品と製品、原材料、貯蔵品は、すべて在庫であることから、連結ではたな卸資産として1つの項目にまとめられている（ただし、一部の項目については、その詳しい説明を「注記」に記載している場合もある）。

　第2点は、単体の財務諸表にはないが、連結法や持分法を適用する結果、新たに連結財務諸表に出てくる項目があることである。少数株主持分（19ページ参照）や持分法による投資利益、少数株主利益（23ページ参照）などがこれに該当する。

## ●─── 日米における連結貸借対照表と連結損益計算書の差異

　日本のルールに従って作成されている連結財務諸表と、アメリカのルールに従って作成されている連結財務諸表では、若干の差異がある。

　まず連結貸借対照表の構成であるが、基本的に日米の違いはないものの、全体としてアメリカのほうが項目をまとめて表示する傾向が強い。これは、アメリカのアニュアル・リポートでは、貸借対照表は必要最小限のシンプルな構成にして、詳しい内容については**注記**（Footnote）に記載しようとしているためである。したがって、両者を詳

しく比較する場合には、注記まで含めて分析する必要がある。

次に連結損益計算書であるが、これも大きな違いはないものの、以下の2点については注意する必要がある。第1に、アメリカの連結損益計算書のほうが項目数が少ない。第2に、アメリカの連結損益計算書には日本における経常利益に対応する利益がない。つまり、アメリカでは、**営業利益**（Operating Income）から日本における営業外損益と特別損益の一部だけを差し引いて**税引前利益**（Income Before Income Taxes）を算出している。

これは日本の損益計算書における特別損益が、アメリカの"Extraordinary Item"とは違うことを意味している。具体的にはアメリカのほうが"Extraordinary"つまり臨時・異常な範囲がより厳密になっており、たとえば日本では特別損益になる、営業サイクルの中で発生する固定資産売却損益は、アメリカでは"Extraordinary Item"にはならずに、"Other Income"や"Other Expenses"に含まれて税引前利益の計算に反映される。また、災害による損失や前期損益修正損益、あるいはある事業を止めたことによる損失は、日本では特別損益とされるが、アメリカでは税引前利益から税金を差し引いた後に計上し、それらの金額を加減して**当期純利益**（Net Income）を計算する。

## 補 ● 国際会計基準

グローバル化が進む現在、国ごとに会計ルールが異なっていると、企業業績を正確に把握したり、比較したりすることが難しくなってくる。たとえば、トヨタとGMの業績を比較しようとしても、それぞれの財務諸表を作るときの前提となっている会計ルールが違っていれば、正しい比較を行うことができない。そこで、国ごとに異なる会計基準を統一して世界共通の基準を作成しようという目的で、国際会計基準の整備が進められている。

**国際会計基準**（IAS）は、1973年の**国際会計基準委員会**（IASC：International Accounting Standards Committee）の設立以来、段階的に作成され、その後、設定主体を**国際会計基準審議会**（IASB：International Accounting Standards Board）に移し、現在に至っている。

近年ではIASBによる**国際財務報告基準**（IFRS：International Financial Reporting Standards）と**アメリカ財務会計基準審議会**（FASB：Financial Accounting Standards Board）の設定したアメリカの会計基準との一本化（「コンバージェンス」と呼ばれる）に向けた動きが活発になっている。2002年9月のFASB

とIASBとの共同会議でのノーフォーク合意に始まる会計基準のコンバージェンスの動きは、投資家にとってのメリットとともに資本市場間の国際競争にも大きな影響をもたらすものとして注目されている。わが国の企業会計基準委員会も2005年3月からIASBと、2006年5月からFASBと協議を開始し、コンバージェンスを進めている。

◉──── 日本の以前の会計ルールと国際会計基準との違い

## （1）基本的な考え方の違い

国際会計基準を、大規模な改正を行った2000年以前の日本の会計ルールと比較すると、基本的な考え方に以下の大きな3つの違いがある。

### ❶投資家に対する情報提供の徹底

国際会計基準は、財務諸表に企業の状況をできるだけ正しく表そうという視点で一貫して作られている。これは、社債や株式などを購入することで市場を通じて企業に資金を提供している投資家、その中でも株式を購入する投資家に、企業の状況を表す情報を的確に伝えていくことが最も重要だと考えているからである。つまり、企業を支配する立場にはあるが、業績の変動により企業が破綻した場合には、法律的に最も弱い立場（資金回収の順位は最後）になるといった高いリスクを取っている投資家を重視しているのである。

一方で、伝統的な日本の会計ルールは、投資家向けに適切な情報を提供するといった証券取引法のルール以外に、正しい税金の計算を行うといった法人税法のルール、また債権者の保護を重視する商法のルールの3つが混合してできあがっていた。3つの目的を1つの財務諸表で満たそうとしたために、投資家に対する情報提供が必ずしも徹底されていなかったとも言える。

### ❷ストック重視－貸借対照表の重視

国際会計基準は、時価主義の考え方をかなり取り入れている。貸借対照表の項目を時価を使って実態に近い数字に直し、利益については、毎年の貸借対照表に記載されている資本の部の増減分で計算していこうという考え方が強い。一方、伝統的な日本の会計ルールは取得原価主義がベースになっており、1年間の活動の結果を表す損益計算書をもとに利益を計算していくという考え方が強い。つまり、ストックを重視するのが国際会計基準であり、フローを重視するのが伝統的な日本の会計ルールであったと言える。

### ❸純利益重視

国際会計基準では、株式投資家へ適切な情報を提供するという観点から、**税効果会計**

の導入をはじめとして、当期純利益をできるだけ正しく計算していこうという観点が強くなっている。伝統的な日本の会計ルールでは、借入金や社債などのコストである金利を差し引いた後にどれだけ利益が残ったのかを表す経常利益を正しく計算しようという観点が強い。これは、投資家に対する情報提供と同様、国際会計基準が株主、あるいは株式を購入する投資家を強く意識している結果と考えられる。

## （2）具体的なルールの違い

国際会計基準の具体的なルールと以前の日本の会計ルールを比較したとき、大きな相違点として、時価主義、業績の適時開示、連結決算重視の3つを挙げることができる。

### ❶時価主義

国際会計基準では、貸借対照表を中心としてできるだけ正しい業績を表していこうというスタンスをとるため、貸借対照表に記載されている項目について時価主義の考え方を採用している。

具体的には、金融商品（有価証券など）の時価評価、企業年金への時価の考え方の導入、外貨建て債権・債務の決算日レートでの換算などが時価主義を反映している。このうち金融商品については、時価のある有価証券は原則としてすべて貸借対照表上は時価評価し、損益計算書には、すぐ売却する可能性がある売却目的有価証券の評価損益だけを反映するルールである。また企業年金についても、時価評価した年金資産と、将来の年金支払予想額を現在価値に割り引いて計算した決算期末時点で準備しておくべき年金債務とを比較して、不足しているのであれば不足額を負債に計上するルールになってい

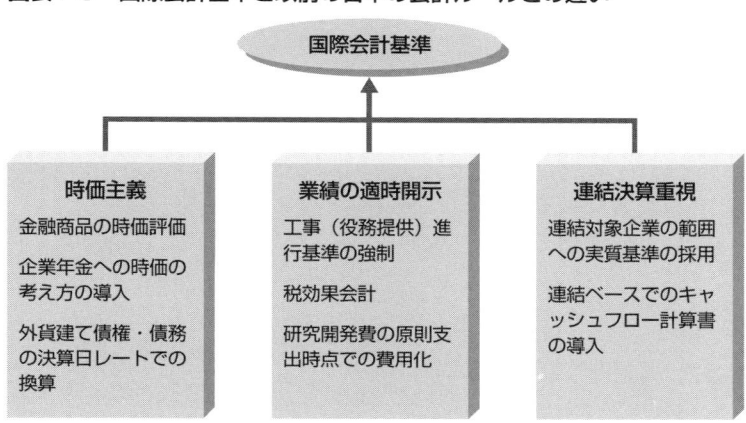

**図表1-9　国際会計基準と以前の日本の会計ルールとの違い**

```
                    ┌─────────────┐
                    │ 国際会計基準 │
                    └──────┬──────┘
          ┌────────────────┼────────────────┐
          │                │                │
   ┌──────┴──────┐  ┌──────┴──────┐  ┌──────┴──────┐
   │  時価主義   │  │業績の適時開示│  │連結決算重視 │
   │             │  │             │  │             │
   │金融商品の時 │  │工事（役務提 │  │連結対象企業 │
   │価評価       │  │供）進行基準 │  │の範囲への実 │
   │             │  │の強制       │  │質基準の採用 │
   │企業年金への │  │             │  │             │
   │時価の考え方 │  │税効果会計   │  │連結ベースで │
   │の導入       │  │             │  │のキャッシュ │
   │             │  │研究開発費の │  │フロー計算書 │
   │外貨建て債権 │  │原則支出時点 │  │の導入       │
   │・債務の決算 │  │での費用化   │  │             │
   │日レートでの │  │             │  │             │
   │換算         │  │             │  │             │
   └─────────────┘  └─────────────┘  └─────────────┘
```

る。外貨建て債権・債務の決算日レート法は、債権・債務については長期・短期を問わず、すべて決算日の為替レートを使って換算するというルールである。

なお、土地については、現在のところ日本のルールと同じく、時価評価は可能であるが、原則として取得原価によって評価することになっている。土地の時価は立場や利用目的によって差が出ることがあり、公正価値（時価）を算定することが難しい点などがその理由と考えられる。

❷業績の適時開示

国際会計基準では、企業の業績をタイムリーに財務諸表に反映させていこうという考え方が採用されている。これは、投資家をはじめとする財務諸表の利用者が、企業の状況を正しくタイムリーに把握して適切な意思決定を行っていくために、非常に重要な点である。具体的には、工事契約や役務（サービス）収益の計上基準（99ページ参照）についての、工事（役務提供）進行基準の強制、税効果会計、研究開発費の原則支出時点での費用化などが業績の適時開示を反映している。

進行基準については、工事や役務提供の進行度合いに応じて収益を計上していく方法が強制されている。また、税効果会計では、税引前利益から、それに対して支払うことになる理論上の税金を差し引いて当期純利益を計算するルールとなっている。研究開発費については、将来効果がどの程度あるのかはっきりしない研究開発費を、使ったときに全額費用として考えるというルールである。

❸連結決算重視

国際会計基準では、企業の法律的な枠に関係なく、実質的に1つの企業と考えられるような企業グループとしての財務情報が重要であると考え、連結財務諸表を企業の財務諸表として位置づけている。連結するグループ企業の範囲を決める際の実質基準、連結ベースでのキャッシュフロー計算書の導入などが、連結決算重視を反映している。

連結の範囲についての実質基準についても、連結については50％超という持株比率にこだわらない支配力基準、持分法については20％以上という持株比率にこだわらない影響力基準が採用されている。

## （3）国際会計基準へ向けた日本の会計ルールの変更の概要と影響

日本では、1996年11月の橋本龍太郎内閣のときに決定された金融ビッグバンの改革の中に会計ルールの変更が含められたため、その方針に沿って、伝統的な日本の会計ルールが国際会計基準へ向けて変更されることになった。その結果として実施された、国際会計基準へ向けた日本の会計ルール変更の概要を以下に示す。

## ❶2000年3月期より導入されたもの

### ・連結財務諸表を中心とした情報開示
　1つの企業についての単体の財務諸表を中心に据えるそれまでのルールに代えて、企業グループ全体の状況を表す連結財務諸表を中心に情報開示をしていくことになった。これに合わせて、連結の範囲に実質基準が加えられ、27ページで説明したように、連結の対象となる企業については「支配力基準」が、持分法の対象となる企業については「影響力基準」が導入された。

### ・キャッシュフロー計算書の作成義務づけ
　内容はすでに述べたとおりであるが、連結ベース（連結財務諸表を作成しない場合には単体ベース）で作成することが義務づけられた。

### ・税効果会計の強制
　連結財務諸表、個別財務諸表ともに、税効果会計を採用することが強制された（税効果会計については102ページを参照）。

### ・研究開発費の原則支出時点での費用計上
　研究開発費については、支出時点ですべて費用にすることが強制され、繰延資産の1つである試験研究費として5年間で徐々に費用化することができなくなった。

## ❷2001年3月期から2002年3月期にかけて導入されたもの

### ・金融商品の時価評価
　基本的に国際会計基準と同じルールである。時価のある有価証券については、貸借対照表上はすべて時価評価する。ただし利益については、運用目的で所有する有価証券の時価の上下だけを反映させる。
　オプション、フューチャー、スワップ等の金融派生商品（デリバティブ）についても、企業の抱える潜在的なリスクに大きな影響を与えるため、2001年から決算日に原則として時価評価を行い、財務諸表に記載することとなった。

### ・企業年金への時価の考え方の導入
　決算期末時点で時価評価した年金資産と、決算期末時点で将来の支給額を予測してそれを現在価値に直した年金債務の時価を比較して、足りなければ企業の貸借対照表に負債（退職給付引当金）として計上する（詳細は98ページを参照）。

### ・外貨建て取引の換算基準
　基本的に外貨建ての債権・債務については、決算日の為替レートで換算することにな

った。

### ❸2003年3月期以降に導入されたもの

・**四半期開示**
　これまで半期報告書と四半期開示の並行運用であった制度を、連結ベースの四半期開示に一本化（半期報告は第2四半期の開示として吸収）し、監査法人等による監査が義務づけられることとなった（2008年以降開始の事業年度より適用）。

・**企業結合会計**
　合併や他の会社の支配の獲得を含む企業結合全般について、包括的に規定し、被支配企業の資産負債を時価評価するパーチェス法による処理を原則的な処理として位置づけ、「のれん」の処理についても規則償却を原則とすることを明確に規定した（2006年以降開始の事業年度より適用）。

・**リース会計**
　特に「所有権移転外ファイナンス・リース」と呼ばれる契約形態に関して、従来容認されてきた賃貸借取引に準じた処理を廃止し、売買取引に準じた方法によりリース対象資産およびリース債務を貸借対照表に計上する会計処理を義務づけた（2008年4月以降開始の事業年度より適用）。

---

**用語解説**

・**デリバティブ**：今日の金融の世界で日増しに質量ともに重要性を増しているのがオプション、フューチャー、スワップ等の金融派生商品、つまり**デリバティブ**と呼ばれるものである。例として、オプション取引について簡単に説明しよう。
　オプションとは、たとえば90日後に日経平均を1万円で買う権利のことである。これはあくまでも権利であるため、放棄（権利行使しない）しても違反ではない。一方、オプション取引には必ず相手（オプションの売り手）がおり、売り手はオプションを売った代金（オプション料）を得る代わりに、買い手が権利を行使した場合には必ず応じなければならない。たとえば日経平均が1万5000円になっても1万円で売らなければならず、この場合には結果的に5000円の損が発生することになる。

## 2 ● 経営の実態を見抜く

**POINT**

　比率分析（指標分析）は、会社の経営の実態を見抜き、それをさまざまな意思決定に反映させるうえで非常に有効なツールである。ただし、このツールを使う場合には、一面的な分析にならないよう、さまざまな視点から行う必要がある。また、比率分析を行うにあたっては、用いる指標の意味を十分理解することはもちろん、その限界や留意点についてもしっかり認識しておかなくてはならない。

●

　**図表1-10**の連結貸借対照表と連結損益計算書は、OKボトリングの大山一郎専務が取り寄せた飲料メーカーの財務諸表のうち、彼が特に興味を持ったアサヒ飲料とヤクルト本社のものから抜粋したものである。彼はこれらの財務諸表を徹底的に調べることで、飲料事業の経営に関し、何らかのヒントを得ようとしたのである。

●

　「同じ業界ではあるけど、フルライン志向が強いアサヒ飲料と、もともと乳酸菌飲料からスタートしていまでもその比率の高いヤクルト本社では、ずいぶん数字が違うものだな。自分が予想していたことが、数字でもほぼ裏づけられている」
　一郎専務は、アサヒ飲料のほうが販売促進活動に力を入れているため販管費が多く、それが同社の営業利益率に反映されていること、一方、ヤクルトはヤクルトレディによる直販を重視し、広告宣伝等の販売活動を抑えているため販管費の比率が小さいと想像していたのだが、まったくそのとおりであることにある種の感銘を受けていた。
　「それにしても、親父はやっぱり古い。こうした分析に全然興味がないんだから。業界の主要企業の財務諸表をちょっと加工するだけで、いろんな情報を得られるというのに」

### 図表1-10　アサヒ飲料とヤクルト本社のB/S、P/L（簡易版）

| 連結貸借対照表 | アサヒ飲料 2006年12月 (百万円) | ヤクルト本社 2007年3月 (百万円) |
|---|---|---|
| 【資産】 | | |
| 流動資産合計 | 65,433 | 165,580 |
| 当座資産 | 52,370 | 124,769 |
| 現金及び預金 | 1,010 | 77,109 |
| 受取手形及び売掛金 | 36,096 | 48,426 |
| 有価証券 | − | 257 |
| 未収入金 | 7,223 | − |
| 短期貸付金 | 8,199 | − |
| 貸倒引当金 | △158 | △1,023 |
| たな卸資産 | 9,283 | 30,548 |
| その他の流動資産 | 3,776 | 10,261 |
| 繰延税金資産 | 2,013 | 4,254 |
| 固定資産合計 | 52,245 | 188,958 |
| 有形固定資産 | 41,104 | 101,590 |
| 建物及び構築物 | 10,060 | 34,513 |
| 機械装置及び運搬具 | 9,262 | 23,994 |
| 土地 | 21,336 | 32,889 |
| 建設仮勘定 | 26 | 7,292 |
| その他の有形固定資産 | 419 | 2,899 |
| 無形固定資産 | 2,889 | 5,101 |
| 投資その他の資産 | 8,251 | 82,266 |
| 投資有価証券 | 1,156 | 70,053 |
| 長期貸付金 | − | 875 |
| 賃貸資産 | − | 1,277 |
| 繰延税金資産 | 4,290 | 4,347 |
| その他の投資その他の資産 | 2,805 | 5,713 |
| 資産合計（総資産） | 117,678 | 354,539 |
| 【負債】 | | |
| 流動負債合計 | 66,993 | 67,773 |
| 支払手形及び買掛金 | 23,929 | 26,183 |
| 短期借入金 | − | 9,026 |
| 1年以内返済予定長期借入金 | 6,491 | − |
| 未払金・未払費用 | 31,760 | − |
| 未払法人税等 | 2,636 | 4,310 |
| 繰延税金負債 | − | 695 |
| その他の流動負債 | 2,175 | 27,556 |
| 固定負債合計 | 19,123 | 25,560 |
| 長期借入金 | 8,754 | 1,673 |
| 繰延税金負債 | − | 2,156 |
| 退職給付引当金 | 9,008 | 16,457 |
| その他の固定負債 | 1,361 | 5,273 |
| 負債合計 | 86,116 | 93,334 |
| 【純資産】 | | |
| 自己資本 | 31,561 | 236,287 |
| 株主資本 | 31,498 | 227,381 |
| 資本金 | 11,081 | 31,117 |
| 資本剰余金 | 9,307 | 40,955 |
| 利益剰余金 | 11,113 | 158,053 |
| 自己株式 | △4 | △2,744 |
| 評価・換算差額等 | 62 | 8,906 |
| その他有価証券評価差額金 | 62 | 5,969 |
| 為替換算調整勘定 | − | 2,936 |
| 少数株主持分 | − | 24,916 |
| 純資産合計 | 31,561 | 261,205 |
| 負債・純資産合計 | 117,678 | 354,539 |

| 連結損益計算書 | アサヒ飲料 2006年12月 (百万円) | ヤクルト本社 2007年3月 (百万円) |
|---|---|---|
| 売上高 | 231,567 | 273,099 |
| 売上原価 | 95,442 | 125,096 |
| 売上総利益 | 136,124 | 148,002 |
| 販売費及び一般管理費 | 126,053 | 124,109 |
| 販売促進費等 | 61,242 | 6,605 |
| 販売手数料 | − | 12,962 |
| 販売器具費 | 14,117 | − |
| 広告宣伝費等 | 11,177 | 13,383 |
| 運搬費・運送費 | 13,339 | 9,079 |
| 給料手当・賞与等 | 11,511 | 26,076 |
| 減価償却費 | 202 | 3,590 |
| 研究開発費 | 915 | 6,721 |
| その他の販管費 | 720 | 2,570 |
| 営業利益 | 10,070 | 23,893 |
| 営業外収益 | 125 | 11,643 |
| 受取利息 | 4 | 2,647 |
| 受取配当金 | 15 | 425 |
| 投資有価証券売却益 | 2 | − |
| 受取賃貸料 | 38 | 410 |
| 為替差益 | − | 880 |
| ロイヤリティ収入 | − | 2,696 |
| 持分法による投資利益 | − | 3,447 |
| その他の営業外収益 | 62 | 1,135 |
| 営業外費用 | 811 | 1,928 |
| 支払利息 | 163 | 122 |
| 賃貸資産費用 | − | 81 |
| たな卸資産廃棄損 | 519 | 560 |
| その他の営業外費用 | 128 | 1,164 |
| 経常利益 | 9,384 | 33,607 |
| 特別利益 | − | 1,901 |
| 固定資産売却益 | − | 1,072 |
| その他の特別利益 | − | 829 |
| 特別損失 | 1,978 | 3,832 |
| 固定資産売却除去損 | 192 | 917 |
| 生産体制再編費用等 | 1,776 | 1,310 |
| 減損損失 | − | 1,002 |
| その他特別損失 | 8 | 601 |
| 税金等調整前当期純利益 | 7,406 | 31,677 |
| 法人税、住民税及び事業税 | 4,623 | 11,256 |
| 法人税等調整額 | △1,240 | 1,933 |
| 少数株主利益 | − | 3,681 |
| 当期純利益 | 4,022 | 14,805 |

一郎専務はそうつぶやくと、電卓を片手に、ビジネス書で学んだ比率分析を再開した。

　まず、ケースに示した両社について考えてみよう。連結損益計算書によると、売上高はアサヒ飲料が2316億円、ヤクルトが2731億円と、ヤクルトのほうが約18％大きい。経常利益はアサヒ飲料の94億円に対してヤクルトは336億円、当期純利益はアサヒ飲料の40億円に対してヤクルトが148億円と、いずれもヤクルトのほうが3倍以上多くなっている。
　連結貸借対照表に目を移すと、総資産はアサヒ飲料が1177億円、ヤクルトが3545億円と、ヤクルトのほうが約3倍となっている。以上からは、ヤクルトは多くの資産を活用し、売上げと高い利益を上げている、儲かっている会社、そしてアサヒ飲料は少なめの資産で売上げを上げている、効率的な会社と、単純に言っていいように思われる。
　しかし、このような比較だけで両社の経営実態がわかるものだろうか。たとえば、ヤクルトの経常利益はアサヒ飲料の約3.6倍となっているが、その336億円の経常利益は、2731億円の売上高を上げた結果として（また3545億円の資産を使った結果として）獲得したものであり、単純に経常利益の金額をアサヒ飲料と比較するだけでは、どちらのほうが収益性が高いか、また効率的に収益を上げているかはわからない。さらに利益が出た理由についても、利益率の高い商品の売上高が大きかったからなのか、薄利多売戦略をとったからなのか、全体の売上高が伸びているからなのかはわからない。
　一面からの分析だけでは、えてして「本当の経営実態」を見誤るものである。したがって、会社の状況をより詳しく、また的確に把握し、本当の経営実態を分析するためには、貸借対照表、あるいは損益計算書の数字を使うことによって、たとえば収益性の高さを把握するために売上高経常利益率を算出する、あるいは効率的に資産を使っているかどうかを知るためにROAを算出するなど、多面的に比率分析を行う必要がある。多面的な比率分析を心がければ、規模が違う会社の経営実態を比較する場合、あるいは特定の会社の経営実態を期間比較する場合にも、より的確な情報が得られるようになる。

## 1 ● 比率分析の体系

　比率分析は、その目的によっていくつかに分類できる。本書では、指標を大きく5つのタイプ、すなわち総合力、収益性、効率性、安全性、成長性に分類している。
　この中でも最も基本となるのが総合力で、これは、会社に投入した資金がどの程度利益に結びついているのかを測定するものである。具体的には**ROE**（Return on Equity：**自己資本利益率**）と**ROA**（Return on Assets：**総資産利益率**）という指標

であり、これらが高い場合には総合的な収益力の高い会社ということになる。なお近年、**EVA**（Economy Value Added：**経済付加価値**）や**MVA**（Market Value Added：**市場付加価値**）といった、総合力を示す新しい指標も生まれている。これについては管理会計と関連させて第4章第2節の補論（224ページ）で解説する。

　収益性とは、会社の利益を生み出せる力を構造的な面から測定するものであり、具体的には**売上高総利益率**、**売上高営業利益率**、**売上高経常利益率**、**売上高当期純利益率**等の指標がある。
　効率性とは、同じ売上高を上げるために、拘束あるいは投入されている資金をどれだけ効率よく使っているのかを分析することで、資金の活用力を測定するものである。具体的には**総資産回転率**、**売上債権回転率**、**たな卸資産回転率**（**在庫回転率**）、**仕入債務回転率**等の比率がよく用いられる。
　安全性とは、負債あるいは資本の構成をある程度中心に、それが安定しているかどうかを分析することによって資金面の安定性、余裕度を測定するものである。具体的には**自己資本比率**、**流動比率**、**当座比率**、**固定比率**、**固定長期適合率**、**手元流動性**、**インタレスト・カバレッジ・レシオ**等の指標がある。
　成長性とは会社の売上高、総資産等の規模がどの程度変化しているのかを分析することで、会社の一定期間の規模の成長度合いを測定するものである。具体的には**売上高成長率**、**総資産成長率**がよく用いられる。

　以上に示したように、総合力を中心に、収益性、効率性、安全性、成長性の4つがこれを支えている。そして、安定して高い総合力を維持するためには、これらの比率がバランスしていることが必要となる。したがって、会社の総合力が低下してきた場合には、4つの側面から分析を行うことによってその原因を突き止めることが必要である。また、総合力が低下していなくても、これらの分析を行うことによって会社の弱点を発見し、それを向上させるためのヒントを得ることができる。
　さらに、比率分析は会社の財務状況を明らかにするだけでなく、その戦略をも浮き彫りにする。たとえば、「高い付加価値による差別化」をマーケティング戦略として採用すると、高級品はそれほど多くは売れないため、収益性が向上する一方で総資産回転率に代表される効率性は低下する。逆に、商品の差別化が難しいために低価格戦略を採用すると薄利多売となる結果、収益性は低下するが効率性は高まる。
　また、M&A（Merger and Acquisition：企業の合併・買収）をはじめ積極的な拡大戦略を採用している場合には、借入金等の負債や総資産が増加する傾向が強まる。さ

**図表1-11　重要な指標**

---

【総合力を見抜く】
ROA （総資産利益率）　　　　ROA ＝経常利益÷総資産
ROE （自己資本利益率）　　　ROE ＝当期純利益（税引後利益）÷自己資本

【収益性を見抜く】
売上高総利益率　　　　　　　売上高総利益率＝売上総利益÷売上高
売上高営業利益率　　　　　　売上高営業利益率＝営業利益÷売上高
売上高経常利益率　　　　　　売上高経常利益率＝経常利益÷売上高
売上高当期純利益率　　　　　売上高当期純利益率＝当期純利益÷売上高

【効率性を見抜く】
総資産回転率（回転期間）　　総資産回転率＝売上高÷総資産
　　　　　　　　　　　　　　総資産回転期間＝総資産÷（売上高÷365）
売上債権回転率（回転期間）　売上債権回転率＝売上高÷売上債権
　　　　　　　　　　　　　　売上債権回転期間＝売上債権÷（売上高÷365）
たな卸資産回転率（回転期間）たな卸資産回転率＝売上原価÷たな卸資産
　　　　　　　　　　　　　　たな卸資産回転期間＝たな卸資産÷（売上原価÷365）
仕入債務回転率（回転期間）　仕入債務回転率＝売上原価÷仕入債務
　　　　　　　　　　　　　　仕入債務回転期間＝仕入債務÷（売上原価÷365）

【安全性を見抜く】
自己資本比率　　　　　　　　自己資本比率＝自己資本÷（負債＋純資産）
流動比率　　　　　　　　　　流動比率＝流動資産÷流動負債
当座比率　　　　　　　　　　当座比率＝当座資産÷流動負債
　　　　　　　　　　　　　　（当座資産には、現金預金、受取手形、売掛金、有価証券等が含まれる）
固定比率　　　　　　　　　　固定比率＝固定資産÷純資産
固定長期適合率　　　　　　　固定長期適合率＝固定資産÷（固定負債＋純資産）
手元流動性　　　　　　　　　手元流動性＝現金預金＋短期所有の有価証券
　　　　　　　　　　　　　　手元流動性＝（現金預金＋短期有価証券）÷（売上高÷365）
インタレスト・カバレッジ・レシオ　インタレスト・カバレッジ・レシオ＝（営業利益＋金融収益）÷支払利息

【成長性を見抜く】
売上高成長率　　　　　　　　売上高成長率＝売上高増加額÷基準時点での売上高
総資産成長率　　　　　　　　総資産成長率＝総資産増加額÷基準時点での総資産残高

---

注）計算式中に貸借対照表の数値と損益計算書の数値が混在している場合、貸借対照表の数値については、（1）期末の数値を採用する、（2）期首と期末の平均値を採用する、の2つの方法が考えられる。
　　本書では（1）の方法を採用しているが、（2）の方法を用いている統計書も多い。
　　回転期間を求める計算式は、単位を〔日〕とした場合のものである。

らに、積極的なマーケティングや人の採用、研究開発を行うと、販売費および一般管理費が増加する。このように、経営戦略の違いによる特性も財務諸表上に表れてくる。

このように、比率分析をその目的に沿って適切に使い分けていくことで、内部者、外部者に限らず、会社の本当の経営実態をつかむことができる。

## 2 ◉ 総合力を見抜く

総合力とは、会社全体として利益を上げることのできる力、すなわち総合的な収益性のことを指す。具体的な指標としては、どれだけの資産を使ってどれだけの利益を上げているのかを示すROAと、株主からの出資分と過去からの利益の累積分の合計である自己資本がどれだけの利益を生み出しているかを示すROEがある。

まずROAであるが、これは利益を総資産で割って算出する。計算式中の分子の「利益」としては、会社の財務活動も含めた通常の活動から得られた利益を表す経常利益、もしくは財務活動を切り離した支払利息および税金控除前利益（EBIT：Earnings Before Interest and Tax）を使用する（支払利息および税金控除前利益を用いるのは、貸借対照表の上の「資金の調達源泉」については無視し、純粋にどれだけの資産を使ってどれだけの利益を生み出したかを把握するためである）。

なお日本では、同業種で規模、売上高、利益が同じである場合、歴史が古い会社のほうがROAが高くなる傾向がある。これは、土地などが貸借対照表上は取得金額で記載されていることが多いため、ROAの計算式の分母を過小評価することになるからである。

ROAは、以下のように2つの比率に分解することができる。

$$ROA = （利益÷売上高）×（売上高÷総資産）$$
$$= 売上高利益率 × 総資産回転率$$

ここから、ROAを上げるためには、売上高利益率あるいは総資産回転率を向上させる必要があることがわかる。ただし、一般的にはこの両者はトレードオフ（一方が向上すると、もう一方が低下する）の関係にあると言われており、どちらを重視するかの選択を慎重に行わなくてはならない。

### ◉――― 売上高利益率を上げる

売上高利益率を向上させるためには、費用を増加させずに売上高を増加させるか、売上高を一定に保ちながら費用を減らすことが必要となる。そのためには、商品構成を変える、仕入コストを低下させる、販売チャネルを再構成する、広告費を削減する、省力

化によって人件費を削減するなど、さまざまな戦略を複合的に実行する必要がある。

◉──── **総資産回転率を上げる**

　この比率は、企業の資産総額が1年に何回売上高という形で回転したのかを示しており、この数値が高いほど資産が効率的に売上げに結びついたことを意味している。これを向上させるには、現在の総資産を増やさずに積極的な販売戦略などによって売上高を増加させる、あるいは現在の売上高を維持しながら、不要な資産を処分あるいは圧縮することによって総資産を減少させることが必要になる。ただし、総資産回転率の変化については、会社が置かれている状況と結びつけて分析する必要がある。たとえば、将来に備えて大規模な設備投資を行えばこの比率は下がり、逆に、将来の見通しが厳しいため減量経営を行えばこの比率は上がるからである。

　アサヒ飲料とヤクルトのROAを比較してみると（**図表1-12**参照。なお、利益として

**図表1-12　アサヒ飲料とヤクルト本社の指標比較**

| | アサヒ飲料 2006年12月期 | ヤクルト本社 2007年3月期 |
|---|---|---|
| ROE：％ | 12.7 | 6.3 |
| 　売上高当期純利益率：％ | 1.7 | 5.4 |
| 　総資産回転率：回 | 1.97 | 0.77 |
| 　財務レバレッジ：倍 | 3.73 | 1.50 |
| | | |
| ROA：％ | 8.0 | 9.5 |
| 　売上高経常利益率：％ | 4.1 | 12.3 |
| 　総資産回転率：回 | 1.97 | 0.77 |
| | | |
| 売上高総利益率：％ | 58.8 | 54.2 |
| 売上高営業利益率：％ | 4.3 | 8.7 |
| 売上高経常利益率：％ | 4.1 | 12.3 |
| 売上高当期純利益率：％ | 1.7 | 5.4 |
| | | |
| 総資産回転期間：日 | 185.5 | 473.8 |
| 売上債権回転期間：日 | 56.9 | 64.7 |
| たな卸資産回転期間：日 | 35.5 | 89.1 |
| 仕入債務回転期間：日 | 91.5 | 76.4 |
| | | |
| 自己資本比率：％ | 26.8 | 66.6 |
| 流動比率：％ | 97.7 | 244.3 |
| 当座比率：％ | 78.2 | 184.1 |
| 固定比率：％ | 165.5 | 72.3 |
| 固定長期適合率：％ | 103.1 | 65.9 |
| 手元流動性：日 | 1.6 | 103.4 |
| インタレスト・カバレッジ・レシオ：倍 | 61.9 | 221.0 |
| | | |
| 売上高成長率（2001-2006年平均）：％ | 3.3 | 3.5 |
| 総資産成長率（2001-2006年平均）：％ | 4.5 | 5.7 |

注）アサヒ飲料の2001年の売上高および総資産は単体の数値（連結財務諸表を作成していなかったため）。ヤクルトの成長率は2002-2007年平均。

は経常利益を用いた)、アサヒ飲料：8.0%、ヤクルト：9.5%と、ヤクルトのほうが良いことがわかる。両社の差を、ROAの分解式を利用して分析してみよう。

アサヒ飲料： 　売上高経常利益率　　　　　　　4.1%
　　　　　　　 総資産回転率　　　　　　　　　1.97回

ヤクルト：　　 売上高経常利益率　　　　　　　12.3%
　　　　　　　 総資産回転率　　　　　　　　　0.77回

売上高経常利益率はヤクルトがアサヒ飲料の3倍、総資産回転率についてはアサヒ飲料がヤクルトの約2.6倍となっており、ヤクルトのROAがアサヒ飲料よりも高いのは、収益性の違いが効率性の違いを上回っていることによるものであることがわかる。これは、ヤクルトが利益率重視の戦略をとってきている一方で、アサヒ飲料は投下する資金の効率を重視している結果と考えられる。

次に、ROEを見てみよう。ROEは、株主の出資分と過去からの利益の累積分の合計(すなわち自己資本)と、それから生み出されるすべての活動を含んだ利益の比率である。自己資本の数値としては、株主資本に評価・換算価額等を加えたものを用いる(なお、会社法施行以前は、分母として「資本の部」全体の数値を用いることが多かった。また、「自己資本利益率」を「株主資本利益率」と呼ぶこともあった。過去との時系列比較を行う際には注意が必要である)。ROEは、成熟期に入った日本経済において、日本企業の目標が売上高至上主義から利益重視主義へと移行しつつある流れの中で、注目度を高めてきた。ただし、ROEは自社株買いや配当などによって自己資本が小さくなれば上昇するため、注意が必要である。

ROEは、以下のように3つの比率に分解することができる。

　ROE 　＝（当期純利益÷売上高）×（売上高÷総資産）×（総資産÷自己資本）
　　　　＝　売上高当期純利益率　×　総資産回転率　×　財務レバレッジ

したがってROEを上げるためには、売上高当期利益率、総資産回転率、あるいは財務レバレッジを向上させる必要があることがわかる。

◉──── **売上高当期純利益率を上げる**

前述のとおり、これを向上させるためには、売上高あるいはそのほかの収益を維持し

ながら、いろいろな費用を削減していく、もしくは費用を抑えながら売上げを増加させていく必要がある。

### ● 総資産回転率を上げる

これもROAの場合と同様である。

### ● 財務レバレッジを上げる

財務レバレッジとは、株主資本に対する総資産の倍率であり、負債をどの程度有効に活用しているかを表している。この比率は負債が多くなると高くなり、負債が少なくなると低くなる。そして財務レバレッジのインパクトは、事業の収益性と負債の利子率から決まってくる。

たとえばある会社が、投下した資産に対して10％の利益が上がるような収益性の高い事業チャンスを抱えている場合、その事業のための借入コスト（税金を考慮した実質的な金利コスト）を10％より低く抑えられるならば、その会社は借入金で資金を借り入れて、それをどんどんその事業に投入すれば、それだけ儲かることになる（すなわち負債が増加すればするほど儲かる）。逆に、借入金のコストが10％を上回ってしまう場合には、負債が増加すればするほど損をすることになる。つまり、借入金のコストよりも儲かる事業があるなら、借入金をテコ（レバレッジ）として使うことによって資金をどんどん投入し、できるだけ儲けるほうが有利だということである。

この比率を向上させるには、負債を増加させるか資本を減少させればよい。ただし、いずれの方法も会社の安定性を損なう危険性があるため、慎重に対応すべきである。特に、財務レバレッジを高くすると、利益がぶれやすくなり、ある意味でハイリスク・ハイリターンになってしまうことを念頭に置く必要がある。

アサヒ飲料とヤクルトのROEを比較してみると（**図表1-12**参照）、アサヒ飲料：12.7％、ヤクルト：6.3％と、アサヒ飲料のほうがかなり良いことがわかる。その差を、ROEの分解式を利用して分析してみよう。

| | | |
|---|---|---|
| アサヒ飲料： | 売上高当期純利益率 | 1.7％ |
| | 総資産回転率 | 1.97回 |
| | 財務レバレッジ | 3.73倍 |
| ヤクルト： | 売上高当期純利益率 | 5.4％ |

|  |  |
|---|---|
| 総資産回転率 | 0.77回 |
| 財務レバレッジ | 1.50倍 |

　総資産回転率と財務レバレッジはアサヒ飲料が高くなっているが、売上高当期純利益率はヤクルトのほうが高く、アサヒ飲料の約3.2倍となっている。にもかかわらず、ヤクルトよりもアサヒ飲料のほうがROEが高いのは、アサヒ飲料は借入金をはじめとする負債をテコとして積極的に活用するとともに、調達した資金を効率的に使って売上げを上げているからである。

## 3 収益性を見抜く

　収益性を見抜くとは、会社が利益を上げることのできる力を、構造的な面から見抜いていくことである。
　収益性を分析する方法としては、売上高に対してどのくらいの利益を獲得することができたのかを示す売上高利益率を用いるのが一般的である。これはさらに、どのような利益を用いるかによって、売上高総利益率、売上高営業利益率、売上高経常利益率、売上高当期純利益率の4つに大別される。以下、それぞれについて見ていこう。

**❶売上高総利益率**　　売上高総利益率　＝　売上総利益　÷　売上高

　この比率は、販売している商品の利益率、つまりマージン率が高いかどうかを示している。一般に景気が良いときは上昇し、不景気になると下落する。業種によって大きな差があり、2006年度の業種別平均（2006年4月から2007年3月の間に決算を迎える）によると製造業では20～30％の業種が多く、小売業は33％、いちばん高かったのは通信業で91％、いちばん低かった石油業は6％となっている。この比率は販売戦略の相違によっても影響を受ける。たとえば販売会社を経由して販売する場合には、粗利益を販売会社と分け合う形になるため、この比率が低くなる。
　売上高総利益率が高いということは、営業力の強さ、あるいは商品の品質の良さを意味している。したがって、この比率が低下したときには、原価率のアップや商品力の低下といった原因が考えられ、経営者は何らかの対策を講じなければならない。売上高総利益率を向上させるためには、取引先の見直し（大口取引先を増やさず、大口割引を減少させる等）、商品構成の見直し（利益率の高い商品へのシフト）、仕入コストや生産コストの削減などが有効と考えられる。

❷売上高営業利益率　　売上高営業利益率　＝　営業利益　÷　売上高

　これは本来の営業活動による利益率であり、本業の収益性が高いかどうかを示している。この比率を同業他社と比較することによって、販売活動や管理活動の効率性を知ることができる。また販売費の内容、たとえば広告宣伝費や販売手数料（リベート）などの金額を分析することによって、マーケティング戦略の違いなども把握することができる。

❸売上高経常利益率　　売上高経常利益率　＝　経常利益　÷　売上高

　これは財務活動なども含めた通常の企業活動における利益率であり、金融収支の良し悪しや資金調達力の違いなどの財務体質も含めた総合的な収益性が反映される。この比率が下がっている場合には、リストラ等の合理化手段が必要になる。ただし、企業によっては有価証券評価損益が営業外収益や営業外費用に含まれるため、結果として経常利益が大きく変化していることもある。したがって、本業をもとにした実力を知るためには、有価証券評価損益を控除した経常利益を用いる必要がある。

❹売上高当期純利益率　　売上高当期純利益率　＝　当期純利益　÷　売上高

　会社のすべての活動の結果として得られる利益率であり、最終的な利益の比率として、会社の活動が、株主の配当原資や純資産の増加にどの程度結びついたかを示している。ただし、含み益のある投資有価証券（関係会社株式、関係会社社債も含む）や土地などを売却して売却益を出し、当期純利益を増加させるなどの操作が行われることがあるので注意が必要である。

　それではアサヒ飲料とヤクルトの収益性を比較してみよう（**図表1-12**参照）。

❶売上高総利益率　　（アサヒ飲料：58.8％、ヤクルト：54.2％）

　アサヒ飲料のほうが4.6ポイント高くなっている。売上高全体に占める飲料の割合は、アサヒ飲料が98.8％、ヤクルトが57.7％となっている。また、ヤクルトは医薬品製造販売やその他事業（合計で売上高全体の14.6％）も行っており、アサヒ飲料は飲料に特化している分、効率化が進んでいること、一方、ヤクルトは積極的な設備投資により、償却費負担がかさんでおり、それが原価率を押し上げているのではないかと推測される。さらに、ヤクルトは商品の仕入れ・販売（つまり、自社生産していない）による売上高が約3分の1を占めている。このことも、売上原価率がアサヒ飲料より高い原因となっている。

### ❷売上高営業利益率　（アサヒ飲料：4.4％、ヤクルト：8.8％）

　総利益率とは逆転し、ヤクルトのほうが4.4ポイント高くなっている。売上高に対する販売費および一般管理費の割合は、アサヒ飲料が54.4％、ヤクルトが45.4％と9ポイントの差がある。
　販売費および一般管理費の内容を売上高に対する比率で見てみると、ヤクルトは販売手数料が4.7％、広告宣伝費と放送宣伝費が4.9％であるのに対し、アサヒ飲料は販売促進費が24.5％、広告宣伝費は4.8％と、かなり拡販に力を入れていることがわかる。また、運送費はアサヒ飲料が5.6％、ヤクルトは3.3％で、これもアサヒ飲料が上回っている。あとで見る在庫回転期間はアサヒ飲料のほうが短いことから、アサヒ飲料は在庫を圧縮し、こまめに配送を行っているのではないかと推測される。こうした販売戦略がアサヒ飲料の販管費を膨らませている。

### ❸売上高経常利益率　（アサヒ飲料：4.1％、ヤクルト：12.3％）

　アサヒ飲料は営業利益率から若干下がっているが、ヤクルトは3.5ポイントも上がっている。これはヤクルトの営業外損益が大きくプラスとなっているためである。営業外損益の内容を見ると、支払利息はアサヒ飲料が1.6億円、ヤクルトが1.2億円とほぼ同水準であるが、受取利息・配当金はアサヒ飲料が1900万円、ヤクルトが30.7億円であり、両社の財務体質の差が出ている。また、両社とも目立っているのはたな卸資産の廃棄損であり、アサヒ飲料が5.2億円、ヤクルトが5.6億円にのぼっている。

### ❹売上高当期純利益率　（アサヒ飲料：1.7％、ヤクルト：5.4％）

　これもヤクルトのほうが高い。特別損益の内容を見ると、アサヒ飲料は固定資産売却除却損1.9億円のほかに生産体制再編費用17.8億円を計上しており、これが特別損益を大きく悪化させている。一方、ヤクルトは工場再編損失引当金繰入額13.1億円と減損損失10億円が特別損益を大きく減じている。

## 4 ● 効率性を見抜く

　効率的な経営とは、どのようなことを意味しているのだろうか。
　トヨタ自動車ではかんばん方式（ジャスト・イン・タイム・システム）、つまり必要なときに必要なだけ部品や原材料を仕入れるシステムをつくり、たな卸資産を極力少なくする努力をしている。これは、たな卸資産という形で拘束される資金を減らし、その

分を他に振り向けることによって、資金活用上の無駄を排除することが目的である。このように、不要な資産を減らすなど、資金面での無駄をできるだけ減らして経営を行うことが効率的な経営と言えよう。

効率性を分析する方法としては、売上高あるいは売上原価に対して、どのくらいの資産や負債があるのかを示す回転率（あるいは回転期間）を用いることが多い。その中でも代表的なものとして総資産回転率、売上債権回転率、たな卸資産回転率、仕入債務回転率の4つがある。それらの回転率について期間比較や他社比較を行うことによって、会社の経営がどの程度効率的に行われているかを把握できる。以下、詳細を見ていこう。

**❶総資産回転率（回転期間）**　　総資産回転率　＝　売上高　÷　総資産
　　　　　　　　　　　　　　　　総資産回転期間　＝　総資産　÷（売上高÷365）

総資産回転率は企業の資産をどの程度効率的に使って売上げを達成したかの比率であり、この数値が高いほど資産が効率的に売上げに結びついたことを意味している。これを向上させるには、現在の総資産を増やさずに積極的な販売戦略などによって売上高を増加させる、あるいは、現在の売上高を維持しながら、不要な資産を処分あるいは圧縮して総資産を減少させることが必要となる。

なお、総資産回転期間は、総資産が売上高の何日分あるかを示しており、総資産回転率を期間で表したものである（なお、回転期間の意味は以下の指標についても同様であるため、以後説明は省略する）。

**❷売上債権回転率（回転期間）**　　売上債権回転率　＝　売上高　÷　売上債権

これは会社の売上債権の回収がどの程度効率的に行われているかを示す比率である。売上債権としては、ふつう受取手形、売掛金、そして受取手形を手形期日よりも早く現金化したことを意味する割引手形が含まれる。なお、割引手形は銀行などに持ち込んだ時点で受取手形から差し引かれ、有価証券報告書をはじめとする決算書の上では、注記欄に受取手形割引高として記載される。したがって、この金額を貸借対照表上の受取手形と売掛金の金額に加えて、売上債権を計算する。

売上債権回転率は、これが低いほど（すなわち売上債権回転期間が長いほど）、債権回収に時間がかかることを意味しており、売上げが発生した直後から売上債権として資金が拘束される期間が長いことを意味している。店頭での現金販売を原則としているファストフード店のような場合には、この比率は限りなく高くなり、事業の構造上、資金的に効率的であると言える。新たに事業のシステムを作るときには、代金を事前に受け取る前受金のシステムを取り入れるなど、資金的に効率的なシステムを構築することが

重要である。

**❸たな卸資産回転率（回転期間）**　　たな卸資産回転率　＝　売上原価　÷　たな卸資産

　たな卸資産回転率は、会社がたな卸資産をどの程度のレベルまで効率的に減少させているかを示す比率である（たな卸資産としては、商品、製品、原材料、仕掛品、貯蔵品などが含まれる）。トヨタ自動車のように、かんばん方式で部品や原材料の在庫を減らしている会社では、この比率は高くなる。

**❹仕入債務回転率（回転期間）**　　仕入債務回転率　＝　売上原価　÷　仕入債務

　仕入債務回転率は、会社の仕入債務の支払いをどの程度効率的に行っているかを示す比率である（仕入債務には支払手形と買掛金、決算書注記欄の受取手形譲渡高が含まれる）。

　この比率が低いほど支払いに時間をかけていることを意味している。これが低下しているようであれば、支払条件が悪化している、あるいは資金不足のために支払いを延ばしていることが予想されるため、注意が必要である。

　なお、従来は卸売業のように売上金の回収をできるだけ早く行い、一方で支払いはできるだけ延ばすことが有利だと考えられることもあったが、現在は支払いを早く行って仕入金額を値引きしてもらう、またそれによって総資産を減少させることを重視する会社が増えている。

　それではアサヒ飲料とヤクルトの効率性を比較してみよう。ここではそれぞれ回転期間で比較を行った（**図表1-12**参照）。

**❶総資産回転期間**　　（アサヒ飲料：185.5日、ヤクルト：473.9日）

　ヤクルトの売上高はアサヒ飲料の約1.2倍だが、総資産は約3.0倍となっているため、回転期間に差が出ている。もう少し細かく見ると、ヤクルトの流動資産はアサヒ飲料の約2.5倍であるとともに固定資産は3.6倍もあり、流動資産・固定資産ともにかさんでいることが大きな要因になっている。ヤクルトの流動資産がかさんでいるのは、たな卸資産が多いだけでなく、多額の手元現金を保有していることによるものである。一方、固定資産がかさんでいるのは、ヤクルトが設備投資を積極的に行っていることもあるが、不動産投資や株式投資によって、有形固定資産や投資有価証券を大量に保有していることが主な理由と推測される。

### ❷売上債権回転期間　（アサヒ飲料：56.9日、ヤクルト：64.7日）

アサヒ飲料のほうが売上債権の回収を効率的に行っていることがわかる。これはアサヒ飲料の資金繰りの厳しさが原因の1つとなっていると推測される。

なお、販売チャネル別売上高構成を比較すると、アサヒ飲料は自販機36.6％、スーパー31.0％、コンビニエンス・ストア13.6％、その他18.8％であるのに対し、ヤクルトは単体ベースで見ると、乳製品がヤクルトレディ62.1％、店頭・自販機37.9％、ジュース・清涼飲料がヤクルトレディ43.4％、店頭・自販機56.6％となっており、ヤクルトレディと自販機の構成比からすると現金販売の比率はヤクルトのほうが高いと推測される。それにもかかわらず、上記の結果になるのは、海外売上げの約半分を占める台湾・韓国等の販売会社が関連会社であるため、それらの会社からの売上債権の回収、および化粧品・医薬品といった事業における売上債権の回収が遅めであることが原因と推定される。

### ❸たな卸資産回転期間　（アサヒ飲料：35.5日、ヤクルト：89.1日）

アサヒ飲料のほうが在庫圧縮は進んでおり、効率的である。アサヒ飲料は現状の生産体制における最適生産を実現することにより効率的な在庫管理を行うとともに、サプライチェーン・マネジメントの強化により、製品・原材料のロスを削減している。その結果が在庫回転期間の短さにつながっていると考えられる。

### ❹仕入債務回転期間　（アサヒ飲料：91.5日、ヤクルト：76.4日）

ヤクルトのほうが仕入債務を早めに支払っている。これはヤクルトのほうが財務体質が良く、手元流動性が高いためと推測される。あるいは、ヤクルトのほうが仕入先に対する交渉力が弱い、仕入先の保護のために支払期間を短くしているなどの可能性も考えられる。

## 5● 安全性を見抜く

よく、無借金経営の会社は安定していると言う。これは、将来の返済や支払いを予定していない安定した資金調達源である資本が多いため、資金的に余裕を持って経営を行えるからである。そうした意味で、安全性は収益性と並び、会社の経営実態を見抜く際の大きなポイントである。

安全性を分析する際には、貸借対照表の資金調達側である負債と純資産の構成が安定

しているのか、つまり財務体質が健全であるかが重要なチェック項目となる。代表的な指標として、自己資本比率、流動比率、当座比率、固定比率、手元流動性、インタレスト・カバレッジ・レシオ等がある。

**❶自己資本比率**　　自己資本比率　＝　自己資本　÷　（負債＋純資産）

　自己資本とは株主持分の総額、つまり株主の出資分と、会社の過去からの累積利益の合計である。総資産に占める自己資本の割合が高いほど返済する必要のない資金が多いことを意味し、業績が悪化しても債務超過（負債が資産を超えること）を避けるだけの抵抗力があると言える。自己資本を厚くするには増資を行ったり、利益を内部留保して過去からの累積分を増加させる必要がある。

　ただし、財務レバレッジで説明したように、収益性の観点からは、自己資本が多いほど良いとは限らない（自己資本比率が財務レバレッジの逆数となっていることに注目されたい）。借入金のコストよりも儲かる事業があるなら、借入金をテコとして使い、より多くの資金を投入することで利益を増やせるからである。しかし、企業の安全性という観点からは自己資本が多いに越したことはなく、リスクの高い投資が多い企業ほど自己資本による担保を厚くする必要がある。

　自己資本比率が高すぎる場合には、安定性はあるものの、消極的で機動力のない経営を行っていると言え、逆に低すぎる場合には、経営が安定性に欠けると言える。要は、適切なバランスをとることが大切である。

**❷流動比率**　　流動比率　＝　流動資産　÷　流動負債

　流動比率は会社の短期的な支払能力がどの程度あるかを表し、短期間（1年以内）に支払われる予定の流動負債が、同じく短期間（1年以内）に現金化される予定の流動資産でどの程度カバーされているかを示している。これを向上させるには、流動資産を増加させるか流動負債を減少させる必要がある。ただし、流動資産の中には長期間未回収となっている不良売掛金や不良在庫が含まれている場合もあるため、注意が必要である。また、現金預金が多すぎる場合には、積極的な投資をしていないとも言え、会社の経営環境と結びつけて分析する必要がある。流動比率は一般に120〜140％程度あればよいと言われている。

**❸当座比率**　　当座比率　＝　当座資産　÷　流動負債

　この比率は当座資産、つまり流動資産から現金化しにくいたな卸資産を除いたもので、現金預金、受取手形、売掛金、有価証券などの現金化しやすい資産が、流動負債をどの

程度カバーしているかを示したものである。当座比率は80〜100%程度が理想とされている。

**❹固定比率と固定長期適合率**　　固定比率　＝　固定資産　÷　純資産
　　　　　　　　　　　　　　　固定長期適合率　＝　固定資産　÷　（固定負債＋純資産）

　固定比率は、会社の固定資産に対する資金調達源の安定性を示す比率である。この比率は、長期間資金が拘束されてしまう固定資産に対する資金の調達が、どの程度安定的な資金源である純資産によってまかなわれているかを示しており、低いほど固定資産についての資金調達が安定していることになる（なお、固定比率と固定長期適合率については、少数株主持分なども長期の資金調達手段であるという観点から、自己資本ではなく、純資産の数字を用いるのが一般的である）。固定比率は100%以下となることが望ましいが、100%を大幅に下回っている場合でも、減価償却の進んだ古い設備が多ければ将来的な競争力について不安があるとも予想されるため、注意が必要である。

　固定長期適合率は、安定的な資金源をより広くとらえて、分母の純資産に、長期間支払う必要がない社債と長期借入金などの固定負債も加えて計算したものである。

**❺手元流動性**　　手元流動性　＝　現金預金　＋　短期所有の有価証券
　　　　　　　手元流動性比率　＝（現金預金＋短期所有の有価証券）÷（売上高÷365）

　この指標は、手元にあって何にでも使える流動的な資金がどの程度あるかを示すもので、資金の残高それ自体を指す場合と、それを1日当たりの売上げで割って計算する場合がある（手元にある流動資金としては、現金預金と短期的に所有している有価証券がある）。この比率は会社の厳密な意味での支払能力の余裕度を示すものであり、日本の上場企業の平均は42日程度である。

**❻インタレスト・カバレッジ・レシオ**　　＝（営業利益＋金融収益）÷　支払利息

　会社が通常の活動から生み出すことのできる利益、つまり営業利益と金融収益（受取利息と受取配当金を含めることが多い）が、支払利息をどの程度上回っているかを示しており、この比率が高いほど、財務的に余裕があることを意味している。

　ただし、大きく成長している会社では、借金を増やしてでも事業を拡大することがあるため、会社の成長ステージも考慮しなくてはならない。インタレスト・カバレッジ・レシオは、日本の上場企業の平均で約11倍と言われている。

　それでは、アサヒ飲料とヤクルトの安全性を比較してみよう（**図表1-12**参照）。

## ❶自己資本比率　（アサヒ飲料：26.8%、ヤクルト：66.7%）

　自己資本比率はヤクルトのほうが高く、安全性が高い。これは、アサヒ飲料は過去の業績低迷により利益の内部留保が薄く自己資本が増加していないことと、資金繰りを楽にするために、買掛金や未払金などの負債を積極的に活用してきたことが自己資本比率の低さの原因と考えられる。また、ヤクルトはアサヒ飲料に比べると株式による資金調達額自体も多いが、着実に内部留保を高めつつ、その範囲内で設備投資を行って成長してきたことが、自己資本比率の高さにつながっていると推定される。

## ❷流動比率　（アサヒ飲料：97.7%、ヤクルト：244.3%）

　ヤクルトは黄金比率と呼ばれる200%に達しており、安全性はかなり高い。一方、アサヒ飲料は100%を割っており、資金繰りが苦しいか、あるいは資金の長期の使い途を短期の資金の借り換えにより充当するような財務戦略をとっていることが推測される。

## ❸当座比率　（アサヒ飲料：78.2%、ヤクルト：184.1%）

　ヤクルトは100%を大きく上回っており、かなり支払能力が高い。ただ、必要以上に手元現金を持ちすぎていないかが懸念される。一方、アサヒ飲料は100%を割っているものの、日本の上場企業平均78.8%は上回っており、実質的に問題はないと思われる。

## ❹固定比率および固定長期適合率
## 　　（アサヒ飲料：165.5%、103.1%、ヤクルト：72.3%、65.9%）

　ヤクルトは固定比率が72.3%と、固定資産のための資金を純資産だけでまかないきれており、固定資産に関する資金調達の状況は安定していると言えよう。一方、アサヒ飲料は固定比率が100%を大幅に上回っているものの、固定長期適合率は100%に近い数値となっている。これは資金調達の安定を気にするとともに、できるだけ利息負担を減らしたいという意向の表れであると推測される。

## ❺手元流動性　（アサヒ飲料：1.6日、ヤクルト：103.4日）

　安全性はヤクルトのほうが格段に高いと言える。アサヒ飲料は資金的な効率性を重視する戦略を採用し、儲けを生まない手元現金は極力減らしている結果と推測される。ただ、ここまで少ないと、不測の支払いもしくは回収できない事態が生じたときに資金ショートを起こしてしまう危険性も高くなる。
　なお、ヤクルトは手元流動性の良さを利用して株主還元策（増配および自社株買い）

や借入金の早期返済を実施するというわけでもなく、安全性の高さを重視しているように思われる。

**❻インタレスト・カバレッジ・レシオ**
　　　　（アサヒ飲料：61.9倍、ヤクルト：221.0倍）

　アサヒ飲料のインタレスト・カバレッジ・レシオは低いわけではなく、むしろかなり高いほうであるが、ヤクルトが圧倒的に高く、利息の支払能力面での財務的な安全性が高い。これはヤクルトの営業損益における収益性と財務体質がアサヒ飲料よりも良いことに起因している。

## 6 ● 成長性を見抜く

　会社は利益を追求していくことを目的としている。そしてその方法としては、利益率を上げていく方法と、売上高をはじめとする規模を拡大させていく方法が考えられる。このうち規模の拡大は、市場シェアを上げて競争上の優位を得ようとする場合や、利益率の改善が限界まで行った場合には、利益成長に直結する。また、成長している会社は「攻め」の戦略をとるため、従業員の士気が上がり、会社内も活性化すると言われている。そうした意味からも、成長性分析は重要である。
　成長性を分析する指標の代表例としては、売上高成長率や総資産成長率がある。

**❶売上高成長率**　　売上高成長率　＝　売上高増加額　÷　基準時点の売上高

　売上高成長率は、会社の成長性を示す最も基本的な指標で、これが高いほど会社の規模が大きくなっていると言える。ただし、売上高成長率が高くても、それが市場の成長率や物価上昇率を下回っている場合には、実質的な売上高の減少が起きていることを意味するので、注意が必要である。また、急激な売上げ成長に伴って、借入金の増加による安全性の低下、債権回収やたな卸資産の管理が追いつかないなどの事態が生じることもあるため、「バランスのとれた成長」であるかどうかを見抜く必要がある。
　アサヒ飲料とヤクルトを比較してみると、

　　　　　アサヒ飲料　　　　2001年12月期～2006年12月期成長率　　17.5%
　　　　　　　　　　　　　　同　年間平均成長率　　　　　　　　　　3.3%
　　　　　ヤクルト　　　　　2002年3月期～2007年3月期成長率　　　18.9%
　　　　　　　　　　　　　　同　年間平均成長率　　　　　　　　　　3.5%

と両社とも3％台の売上げ成長となっているが、ヤクルトのほうが販売促進に比較的お金をかけずにこの売上げ成長を達成している。仮説として、アサヒ飲料は販促費を使い既存ブランドが成長したことが原因であると考えられる。一方、ヤクルトは新規事業である医薬品事業の伸びが貢献していると考えられる。

**❷総資産成長率**　　総資産成長率 ＝ 総資産増加額 ÷ 基準時点の総資産残高

　総資産成長率が高いほど、会社の財産的な規模が大きくなってきていることを意味する。ただし、総資産成長率が高くても、それが売上高や利益の増加を伴っていない場合には、総資産増加のメリットがないことになるため、総資産の成長が何によってもたらされたのかを知ると同時に、その他の比率の変化を分析し、バランスのとれた成長であるかどうかを見抜く必要がある。また、総資産の成長が設備投資によるものである場合には、利益、あるいは売上高の増加に結びつくまでに多少のタイムラグが発生することを念頭に置かなくてはならない。

　アサヒ飲料とヤクルトを比較してみると、

　　　アサヒ飲料　　　*2001年12月期〜2006年12月期成長率*　　*24.7%*
　　　　　　　　　　　*同　年間平均成長率*　　　　　　　　　　*4.5%*
　　　ヤクルト　　　　*2002年3月期〜2007年3月期成長率*　　　*31.8%*
　　　　　　　　　　　*同　年間平均成長率*　　　　　　　　　　*5.7%*

となっている。アサヒ飲料は2003年12月期に一度資産を減らしているが、その後また増加させてきている。一方、ヤクルトは2006年3月期以降、資産が大きく増加している。アサヒ飲料は売上高成長率の1.4倍、ヤクルトは1.6倍と、両社とも売上高成長率を上回る総資産成長率となっている。この差は、ヤクルトが積極的な設備投資を行っていることによるものと思われる。

## 7 ◉ 比率分析の限界と留意点

　比率分析の方法とその意味について見てきたが、比率分析だけでは会社の経営実態や戦略を十分に把握することはできない。注意しなければいけない点がいくつかある。ここでは、特に注意すべきポイントを5つ挙げる。
　1つは、第2章で解説する会計方針との関係である。これは、ある事象を会計という言葉で表現する際に、いくつかの認められた方法の中から企業が任意に選択することができる場合があり、どの方法を採用するかによって、利益をはじめとする財務諸表の数

値が大きく変化してしまうという問題である。貸借対照表あるいは損益計算書の金額がどのような方法（会計方針）に従って計算された結果なのかを考えずに、表面的な数字だけをもとに単純に比率分析を行うと、会社の実態を十分に分析できないことになってしまう。この点については第2章で詳しく説明する。

2つめは、取得原価主義との関係である。今日の会計は、先に説明したようにまだ取得原価主義に基づいている部分が残っている。したがって、時価があり、時価評価が強制されていないような資産、たとえば土地などについては、財務諸表上の数値と、実際の価値との間に大きな差が生じる。このような場合も、表面的な数字をもとにした比率分析は、会社の実態を十分に反映しないことになる。

3つめは、財務諸表に表れない項目の評価である。資本集約的な設備産業であれば、財務諸表を分析することで、その企業のことはほとんど把握できるかもしれない。しかし、ゲームソフト会社や音楽会社のように、「人とノウハウが資産」の場合、会計上の資産を分析するだけでは、その実態はなかなかつかめない。

4つめは、業界の特性による差異である。同じ製造業でも、売上原価の小さい製薬業と、売上原価の非常に大きい自動車メーカーを同列に比較することはできない。この点については次節で詳細に解説する。

5つめは、会社の成長ステージによる特性である。一般に、成長期にある会社では将来の売上高の増加に対応するために積極的な設備投資を行い、その資金を銀行などから負債として調達することも多いため、借入金をはじめとする負債と、有形固定資産をはじめとする固定資産が多くなる傾向にある。一方、安定期にある会社では、売上高の伸びも安定してくるために、業態の大幅な転換などの特別な場合を除いて、会社の規模と比較して極端に大規模な設備投資は行われず、財務レバレッジ等は低くなる。したがって、同じ業種に属する企業であっても、歴史の長い企業と新興企業を同列に比較することはできない。

このように、比率分析は万能なものではなく、その前提について十分に理解しておくことが必要である。また、比率分析はあくまで過去データに基づいたものであり、将来のことを語っているわけではないことにも注意すべきである。

## 3 ● 業界の実態を見抜く —— 業種の特殊性

**POINT**

　貸借対照表や損益計算書、あるいは比率分析指標には、業種や会社独自の特殊性が表れている。したがって、財務情報によって会社を比較分析する際には、単純に利益や総資産、あるいは比率分析の結果を比較するのではなく、業種による違いや会社の置かれている経営環境を考慮したうえで数値を読んでいく必要がある。逆に考えれば、財務諸表の内容、あるいは比率分析の結果から、その会社が属する業界の特性や、好況あるいは不況といった業界を取り巻く経営環境、またコストダウンの状況、マーケティングの積極性やその方法といった経営戦略の違いを読み取ることも可能である。

●

問１．下記の6つの財務情報（**図表1-13**）は、それぞれある有名企業のものである。それがどの企業のものかを、その理由とともに述べなさい。

1．ゴールドクレスト（マンション販売等）
2．イトーヨーカ堂（スーパー）
3．武田薬品工業（医薬品の製造販売）
4．トレンドマイクロ（コンピュータウイルス対策製品の開発・販売等）
5．オリエンタルランド（テーマパーク、複合型商業施設の運営等）
6．リコー（オフィス周辺機器の製造販売・サポート等）

**図表1-13**　業界の特殊性（百分率財務諸表）

| 企　業 | 1 | 2 | 3 | 4 | 5 | 6 |
|---|---|---|---|---|---|---|
| **貸借対照表** | | | | | | |
| 【資　産】 | | | | | | |
| 流動資産合計 | 76.7 | 14.8 | 90.2 | 45.3 | 53.5 | 81.6 |
| 　当座資産 | 67.1 | 11.7 | 24.4 | 33.2 | 42.4 | 73.3 |
| 　　現金及び預金 | 12.5 | 3.6 | 24.4 | 15.4 | 11.5 | 45.9 |
| 　　売上債権 | 8.5 | 1.7 | 0.0 | 6.9 | 23.0 | 12.3 |
| 　　有価証券 | 46.0 | 6.4 | — | — | 0.0 | 15.5 |
| 　　その他当座資産 | △ 0.0 | △ 0.0 | △ 0.0 | 10.9 | 7.9 | △ 0.4 |
| 　たな卸資産 | 3.4 | 1.3 | 65.0 | 8.2 | 8.2 | 0.4 |

次ページへ続く

| | | | | | | |
|---|---:|---:|---:|---:|---:|---:|
| その他流動資産 | 6.2 | 1.8 | 0.8 | 3.8 | 2.9 | 7.9 |
| 固定資産合計 | 23.3 | 85.2 | 9.8 | 54.7 | 46.5 | 26.7 |
| 　有形固定資産 | 7.8 | 75.2 | 9.5 | 25.6 | 11.8 | 2.1 |
| 　無形固定資産 | 0.4 | 2.0 | 0.0 | 0.9 | 6.9 | 3.7 |
| 　投資その他の資産 | 15.2 | 8.0 | 0.3 | 28.2 | 27.8 | 20.9 |
| 繰延資産 | — | — | — | — | — | — |
| 資産合計（総資産） | 100.0 | 100.0 | 100.0 | 100.0 | 100.0 | 100.0 |
| 【負　債】 | | | | | | |
| 流動負債 | 14.4 | 10.5 | 15.2 | 24.8 | 32.8 | 40.0 |
| 　仕入債務 | 2.5 | 2.2 | 9.3 | 7.7 | 16.4 | 0.9 |
| 固定負債 | 5.5 | 34.5 | 51.7 | 13.0 | 16.9 | 5.4 |
| 負債合計 | 19.9 | 45.0 | 66.9 | 37.8 | 49.7 | 45.5 |
| 【純　資　産】 | | | | | | |
| 株主資本 | 72.1 | 54.1 | 33.1 | 61.1 | 46.5 | 52.3 |
| 　資本金・資本剰余金 | 3.7 | 25.0 | 10.3 | 19.7 | 14.3 | 22.9 |
| 　利益剰余金 | 74.8 | 33.4 | 22.9 | 41.4 | 33.5 | 37.9 |
| 　自己株式 | △ 6.3 | △ 4.3 | △ 0.1 | — | △ 1.4 | △ 8.5 |
| 評価・換算差額等 | 6.6 | 0.9 | — | 0.5 | 1.2 | 2.2 |
| 新株予約権 | — | — | — | — | — | — |
| 少数株主持分 | 1.3 | 0.0 | — | 0.6 | 2.5 | 0.0 |
| 純資産合計 | 80.1 | 55.0 | 33.1 | 62.2 | 50.3 | 54.5 |
| 負債・純資産合計 | 100.0 | 100.0 | 100.0 | 100.0 | 100.0 | 100.0 |
| **損益計算書** | | | | | | |
| 売上高 | 100.0 | 100.0 | 100.0 | 100.0 | 100.0 | 100.0 |
| 　売上原価 | 21.4 | 80.5 | 68.3 | 71.4 | 58.3 | 18.6 |
| 売上総利益 | 78.6 | 19.5 | 31.7 | 28.6 | 41.7 | 81.4 |
| 　販売費及び一般管理費 | 43.4 | 9.6 | 7.3 | 27.3 | 33.3 | 49.8 |
| 営業利益 | 35.1 | 9.9 | 24.4 | 1.3 | 8.4 | 31.6 |
| 　営業外損益 | 9.7 | △ 1.1 | △ 1.4 | 0.4 | 0.0 | 2.9 |
| 　　受取利息及び受取配当金 | 4.3 | 0.1 | 0.0 | 0.1 | 0.3 | 2.1 |
| 　　支払利息 | 0.0 | 1.2 | 1.5 | 0.1 | 0.4 | 0.0 |
| 　　持分法による投資損益 | 5.1 | — | — | 0.1 | — | — |
| 　　その他の営業外損益 | 0.3 | △ 0.0 | 0.1 | 0.3 | — | 0.8 |
| 経常利益 | 44.8 | 8.8 | 23.0 | 1.4 | 8.4 | 34.5 |
| 　特別利益 | 3.1 | 0.1 | 0.0 | 0.2 | — | — |
| 　特別損失 | — | 0.4 | 0.0 | 0.3 | — | — |
| 税金等調整前当期純利益 | 47.9 | 8.4 | 23.0 | 1.3 | 8.4 | 34.5 |
| 法人税等 | 21.9 | 3.6 | 10.1 | 0.5 | 3.1 | 14.4 |
| 少数株主利益 | 0.3 | 0.0 | — | 0.0 | 0.3 | 0.0 |
| 持分法による投資損益 | #N/A | #N/A | #N/A | #N/A | 0.1 | 0.1 |
| 非継続事業に係る損益 | — | #N/A | #N/A | #N/A | 0.3 | — |
| 会計基準変更による累積的影響額 | — | #N/A | #N/A | #N/A | — | — |
| 当期純利益 | 25.7 | 4.7 | 13.0 | 0.7 | 5.4 | 20.1 |
| **指標比較** | | | | | | |
| ROE：％ | 13.9 | 4.2 | 16.2 | 1.8 | 10.4 | 18.9 |
| 　売上高当期純利益率：％ | 25.7 | 4.7 | 13.0 | 0.7 | 5.4 | 20.1 |
| 　総資産回転率：回 | 0.4 | 0.5 | 0.4 | 1.6 | 0.9 | 0.5 |
| 　財務レバレッジ：倍 | 1.3 | 1.8 | 3.0 | 1.6 | 2.1 | 1.8 |
| ROA：％ | 19.0 | 4.3 | 9.5 | 2.2 | 7.8 | 17.7 |
| 　売上高経常利益率：％ | 44.8 | 8.8 | 23.0 | 1.4 | 8.4 | 34.5 |
| 　総資産回転率：回 | 0.4 | 0.5 | 0.4 | 1.6 | 0.9 | 0.5 |
| 売上高総利益率：％ | 78.6 | 19.5 | 31.7 | 28.6 | 41.7 | 81.4 |
| 売上高営業利益率：％ | 35.1 | 9.9 | 24.4 | 1.3 | 8.4 | 31.6 |
| 売上高経常利益率：％ | 44.8 | 8.8 | 23.0 | 1.4 | 8.4 | 34.5 |
| 売上高当期純利益率：％ | 25.7 | 4.7 | 13.0 | 0.7 | 5.4 | 20.1 |
| 総資産回転期間：日 | 859.2 | 742.3 | 884.4 | 230.8 | 395.8 | 713.1 |
| 売上債権回転期間：日 | 73.3 | 13.0 | 0.1 | 16.0 | 91.2 | 88.0 |
| たな卸資産回転期間：日 | 137.4 | 11.8 | 841.8 | 26.7 | 55.8 | 15.8 |
| 仕入債務回転期間：日 | 101.1 | 20.3 | 120.6 | 24.8 | 111.1 | 36.1 |
| 自己資本比率：％ | 78.8 | 55.0 | 33.1 | 61.6 | 47.7 | 54.5 |
| 流動比率：％ | 532.9 | 141.1 | 592.8 | 182.3 | 163.1 | 203.7 |
| 当座比率：％ | 465.9 | 111.6 | 160.5 | 133.6 | 129.2 | 183.1 |
| 固定比率：％ | 29.0 | 154.8 | 29.7 | 88.0 | 92.5 | 49.0 |
| 固定長期適合率：％ | 27.2 | 95.2 | 11.6 | 72.8 | 69.2 | 44.5 |
| 手元流動性：日 | 137.9 | 20.3 | 59.1 | 9.7 | 12.4 | 119.9 |
| インタレスト・カバレッジ・レシオ：倍 | 2,084.0 | 8.0 | 15.9 | 14.0 | 24.5 | 1,469.2 |

3 業界の実態を見抜く　　　　　　　　　　　　　　　　　　　　　　　　　　　　　　61

　大学3年生でリクルート活動中の河井君は、今日は会計事務所系コンサルティング会社の採用試験に臨んでいる。そしていきなりぶつかったのが上記の問題である。日頃企業の財務内容にそれほど関心を持っていなかった河井君は、最初は「なんとかなるかな」と思ったものの、「その理由とともに」と言われるとやはり自信がない。
　しかし、どうしてこのコンサルティング会社は、こんな変な問題を出すのだろうか。個別の企業グループの財務諸表を当てたからといって、その学生が持っているどんな知識がわかるというのだろうか。それともコンサルティング会社で働くには、有名な企業の財務諸表の概要は頭に入れておかなくてはならないのだろうか？　しかし、いったい何のために？
　河井君はこうした疑問を抱きながらも、問題に取り組んだ。数分後、河井君は、得意のひらめきでなんとか6つの会社名を当てはめ、理由をひねり出して次の設問へと移った。

◉

　数時間後。採用担当の若手社員山口は採点をしながら、こうつぶやいた。「しかし、学生っていうのは本当に事業の特徴を知らないものだな。この河井という学生なんかはマンションデベロッパーのゴールドクレストとメーカーのリコーの区別もつかないんだから。いくら経営学が専攻じゃないからといって、そうした経営の基本も知らないようでは採用は難しいな」。しかし、山口は次の解答用紙に移りながらこう思い直した。「でも、俺だって大学で経済学をとっていたけど、そんなこと知らなかったからな。まったく、大学ってのは本当に必要なことは何も教えないところだ。やっぱりこの問題は学生には難しすぎたのかもしれないな。来年からはもっと簡単な問題にしておこう」

◉

　本節では、比率分析の結果や貸借対照表、損益計算書を見る際に業種による違いに注目することの重要性について、ケースに示した6つの企業の事例を用いながら学んでいく。なお、わが国の上場企業の2006年度の主要財務指標の平均値を**図表1-14**に示した。これとも対比させながら読み進めてほしい。

## 1 ◉ 事例研究

　ケースには、6つの会社の構成比率で表した貸借対照表と損益計算書、主要な比率分析の結果が挙げられている。これらはゴールドクレスト、イトーヨーカ堂、武田薬品工

**図表1-14 業種別財務指標平均値 【連結決算（日本基準）】2007年3月期**

| | 全産業 | 製造業 | 非製造業 |
|---|---|---|---|
| **指標比較** | | | |
| ROE（自己資本利益率）：% | 9.02 | 9.75 | 7.61 |
| 　売上高当期純利益率：% | 3.30 | 4.01 | 2.29 |
| 　総資産回転率：回 | 0.95 | 1.00 | 0.88 |
| 　財務レバレッジ：倍 | 2.89 | 2.43 | 3.78 |
| ROA（総資産経常利益率）：% | 5.65 | 6.81 | 4.21 |
| 　売上高経常利益率：% | 5.97 | 6.80 | 4.80 |
| 　総資産回転率：回 | 0.95 | 1.00 | 0.88 |
| 売上高総利益率：% | 23.26 | 24.81 | 21.08 |
| 売上高営業利益率：% | 6.00 | 6.73 | 4.98 |
| 売上高経常利益率：% | 5.97 | 6.80 | 4.80 |
| 売上高当期純利益率：% | 3.30 | 4.01 | 2.29 |
| 売上債権回転日数：日 | 66.12 | 69.13 | 61.88 |
| たな卸資産回転日数：日 | 37.69 | 43.47 | 29.56 |
| 仕入債務回転日数：日 | 48.59 | 47.95 | 49.50 |
| 自己資本比率：% | 34.80 | 41.26 | 26.70 |
| 流動比率：% | 126.80 | 134.92 | 116.16 |
| 当座比率：% | 78.80 | 82.39 | 74.10 |
| 固定比率：% | 158.45 | 124.42 | 224.28 |
| 固定長期適合率：% | 88.57 | 83.82 | 94.32 |
| 手元流動性比率：日 | 42.28 | 41.06 | 44.41 |
| インタレストカバレッジ：倍 | 11.18 | 18.85 | 6.30 |
| 売上高成長率（前年比）：% | 8.54 | 9.39 | 7.36 |
| 売上高成長率（5年間平均）：% | 4.87 | 6.01 | 3.38 |

注）計算にあたって貸借対照表の数値を用いる指標については、期首と期末の平均値を用いている。
　例：ROE＝当期純利益÷｛（期首自己資本＋期末自己資本）÷2｝

業、トレンドマイクロ、オリエンタルランド、リコーのいずれかのものである。

### ◉──── 1の企業

　この企業の財務諸表は日本基準で作成されたものである。特徴としては、以下の点が挙げられる。

**・流動資産の比率と自己資本比率が高い**

　流動資産が76.7％と圧倒的に多いのは、当座資産（現金預金、売上債権、有価証券）が67.1％と多くなっているためである。一方で自己資本比率が78.8％と高いのは、利益剰余金が74.8％と多いためであり、過去の高利益によって内部留保を高めてきた結果と思われる。これらの比率の高さを考慮すると、資金的には十分な余裕がある企業と言えよう。ただし、今後の成長の方向性が決まっていないために投資ができない、あるいは投資額に見合うリターンを得られる投資先が見つからないために、資金余剰に陥っている可能性も考えられる。

- **売上総利益をはじめとして、全般的に収益性が圧倒的に高い**

　この会社は売上高総利益率が78.6％と、マージンの圧倒的に高い製品を製造・販売している。またその結果、売上高当期純利益率25.7％、ROA19.0％、ROE13.9％と非常に収益性が高くなっている。
- **販管費が多い**

　販売促進費や広告宣伝費といったマーケティングのための費用が多いということも考えられるが、付加価値が高くマージンの大きな商品を販売していることを考慮すると、研究開発費が多いのではないかとも推測される。
- **持分法による投資利益が大きい**

　関連会社が多く、グループ全体の収益性が良いことがうかがえる。
- **総資産回転率が低い**

　これは業種に固有の特徴、もしくは自己資本や当座資産が多く、関係会社への投融資などを含む投資その他の資産も比較的多いことから考えて、利益を内部留保して調達した資金を資金運用と関係会社への投融資に回し、積極的な財務戦略を行った結果と考えられる。
- **たな卸資産回転期間と仕入債務回転期間が長い**

　総資産に占めるたな卸資産の比率は低いが、たな卸資産回転期間が137.4日と全産業平均の3.5倍以上あり、販売量との比較で考えると、在庫をかなり多く抱えていることがわかる。複数年度で確認しなければ確かなことは言えないが、安定供給が何よりも重視されるため、効率の優先順位が落ち、顧客ニーズへの対応が優先された結果と考えることもできる。また、仕入債務回転期間も101.1日とかなり長い。

　以上を総合すると、粗利をはじめとする利益率の高さ、当座比率と流動比率の高さ、そして自己資本比率の高さから、付加価値の高い製品の販売に支えられ、資金的に余裕のある安定優良企業の特徴が表れている。一方で、当座資産がかなり多いことから、資金を有効に活用できておらず、資金余剰となっている可能性もある。また持分法による投資損益も多いことから、関連会社も含めたグループ全体の業績が好調であることが推定される。

◉──── **2の企業**

　この企業の財務諸表は日本基準で作成されたものである。特徴としては、以下の点が挙げられる。

- **有形固定資産が圧倒的に高く、固定負債の比率も高い**

　有形固定資産が75.2％と高く、相当大きな設備投資をしている。その資金を自己資本ではまかないきれず、外部からの調達である固定負債に依存している。設備投資資金を負債に依存していることは、固定比率が154.8％と高いことにも表れている。

- **総資産回転率が低い**

　総資産回転率は0.49回と低く、資産が十分に売上高に結びついていないという推測も成り立つ。ただし、この会社の有形固定資産が圧倒的に大きいことから、大きな設備が必要とされる業種の特性であるとも考えられる。

- **売上債権回転期間、たな卸資産回転期間、仕入債務回転期間が短い**

　売上債権回転期間は13.0日と短くなっており、現金による販売が中心であることが推測される。また、たな卸資産回転期間が11.8日、仕入債務回転期間が20.3日と圧倒的に短くなっており、在庫圧縮や支払期間の短縮化といった面で効率性が追求されているか、あるいはこの企業の属する業種の特性として、物品の販売よりもサービスの提供がメインになっていることが考えられる。

- **売上総利益率が低い**

　売上総利益率は19.5％と、マージンのあまり高くない製品を販売、もしくはサービスを提供している。これは、有形固定資産が圧倒的に多いことから、設備の減価償却費が負担となっている可能性がある。

- **支払利息が多い**

　損益計算書では、営業利益までは比較的バランスよく利益を上げているが、支払利息が多くなっているために、売上高営業利益率が9.9％あるにもかかわらず、売上高経常利益率は8.8％に落ち込み、その結果売上高当期純利益率も4.7％にとどまっている。これは、固定負債をはじめとする負債にかかる支払利息が多かった結果である。

　以上、有形固定資産が圧倒的に多いこと、総資産回転率が低いこと、また売上債権回転期間が短いことなどから考えて、大きな設備投資が必要で、かつ売上高に比較して売上原価が相対的に高い、競争が厳しいサービス業的な業態であることが推定される。現金販売の比重が高いことが、この会社の属する業種の特徴と言える。一方、固定負債をはじめとする負債が多い点、また営業外費用が多い点は、設備産業であることから来る借金依存体質が表れているものと言える。

◉──── **3の企業**

　この企業の財務諸表は日本基準で作成されたものである。特徴としては、以下の点が

挙げられる。
- **流動資産は圧倒的に多いが、当座資産および有形固定資産や自己資本が少ない**

　これは、この会社が資産に比較して、65.0％とかなり大きなたな卸資産を抱えていること、また設備投資があまり必要なく、借金をすることによってそれを資金運用に回している可能性が高いことを示している。
- **流動比率が圧倒的に高く、たな卸資産回転期間も異常に長い**

　たな卸資産回転期間は、841.8日と在庫の滞留が2年以上となっている。そのため、流動資産という一見短期的に現金化される資産がかさんでいるにもかかわらず、そのための資金調達は短期の借り入れ等で行わず、固定負債などの長期的な資金でまかなわれていると考えられる。商品を完成させるのに非常に時間がかかることが、この会社の属する業種の特徴と言える。
- **販管費が非常に低い**

　販管費が7.3％と圧倒的に低く、売上げや製造コストに比べて相対的に販売活動や管理活動にあまりコストがかかっていない。これは広告宣伝などの販売活動に力を入れていないというよりも、商品を完成させるのに時間がかかっていることから、売価および売上原価が相当な金額となり、それと比較すると相対的に比率が低くなっているものと推測できる。
- **売上債権回転期間が圧倒的に短い**

　売上債権回転期間は0.1日と圧倒的に短い。これは、この会社の商品は販売されるとほとんど同時に、現金回収されているという業種の特性が表れているとも言える。

　以上、流動資産や固定負債が多いこと、流動比率は非常に高いが、たな卸資産回転期間が長く、また販管費が少ないことから、非常に高価な商品を扱っているが、その生産から販売までは時間がかかるので、資金が在庫として長期間寝てしまうため、資金調達も長期的な観点から行わなければならない業態であることが推定できる。また、高額な商品であるにもかかわらず、販売されさえすればすぐに現金として回収されるが、それまでの期間が長いため、手元の現金残高を多めに持たないと危険であることがわかる。

◉────── **4の企業**

　この企業の財務諸表は日本基準で作成されたものである。特徴としては、以下の点が挙げられる。
- **営業利益が低い**

　これは売上原価が71.4％、販管費が27.3％と付加価値があまり高くない商品を扱っ

ているが、その販売部門や管理部門の人件費、広告宣伝など販売促進の費用がかかることを示している。

- **純資産は多いが、当期純利益は低い**

利益剰余金が41.4%と純資産の大半を占めている。しかし、当期純利益は低く、毎年内部留保できる額は限られていることを考えると、現在の事業の成長は利益の範囲内での緩やかなものとなっているか、あるいは横ばいとなっており、過去に急激な成長があったとしても、内部留保を借入金の返済に回してきていることが推測される。

- **総資産回転率が高い**

総資産回転率は1.6回となっており、日本の上場企業の2006年度平均が0.95回であることから考えると、効率的に資産を活用して売上げを上げているか、もしくは業界特性を表していると言える。

- **売上債権回転期間とたな卸資産回転期間が短い**

売上債権回転期間は16.0日とかなり短くなっており、現金による販売が中心であることが推測される。

- **流動比率が高い**

流動比率は182.3%（2006年度の上場企業平均は126.8%）、当座比率は133.6%（同78.8%）と高い。これは、この会社が資金的に安定しており、短期的な支払能力が高いことを示している。一方、成長のための投資に資金をあまり回していないことも考えられる。

- **固定資産が多い**

この会社の有形固定資産は25.6%と、比較的大きな設備投資を行っている。また、投資その他の資産も28.2%と高いが、これは関係会社などへの投融資が多いか、一部の建物・設備や土地を賃借しているために敷金がかさんでいる、あるいはグループ会社の中にリース会社を持っていることが考えられる。しかし、それの資金は純資産でまかなえているので、安全性はかなり高い。

以上、総資産回転率が高いことと売上債権回転期間が短いことから、資産効率が比較的高く、現金販売を行う小売業的な業態であることが推測される。また投資その他の資産が比較的多いことから、自社所有の不動産を利用して店舗展開をするだけでなく、賃借を活用しているものと推測される。自己資本比率が高い点や、流動比率と当座比率が高い点は、財務体質の良さを表している。さらに、たな卸資産回転期間が短めである点に、できるだけ少ない資産でより大きな利益を上げていこうとする効率性追求の意思が表れている。

3 業界の実態を見抜く

◉――― 5の企業

　この企業の財務諸表はアメリカ基準で作成されたものである。特徴としては、以下の点が挙げられる。
- **投資その他の資産が多い**
　これは関係会社への投融資が多いか、自社使用の土地建物を賃借しているか、あるいはグループ会社の中にリース会社を持っている場合に、そのリース債権が膨らんでいる可能性がある。
- **収益性が高い**
　ROE10.4％、ROA7.8％と総合的な収益性が高い。損益計算書ではバランスよく利益を上げており、最終的な利益率である売上高当期純利益率も5.4％と、2006年度の上場企業の平均4.01％と比べると高い水準となっている。

　以上、業種を暗示させるような極端な特徴は表れていないものの、損益計算書の売上高総利益率をはじめとする売上高利益率、ROE、ROAが高いことから、この会社の本業自体が高い利益を上げていることがわかる。また安全性の指標も上場企業平均を上回っている。ただし、効率性の指標は上場企業平均より若干低めになっていることから、この会社は効率性よりもむしろ本業の収益性を高めることで業績を良くしていき、その収益性の高さを活かして利益を内部留保し、安全性も高めていこうとする意思があるとも考えられる。

◉――― 6の企業

　この企業の財務諸表は日本基準で作成されたものである。特徴としては、以下の点が挙げられる。
- **売上高総利益率が圧倒的に高い**
　売上高総利益率が81.4％と圧倒的に高く、原価があまりかかっていない。
- **販管費が多い**
　マーケティングや研究開発にコストがかかっていることと、売上原価の低さを合わせて考えると、従業員の多くが本社部門、販売部門、研究開発部門などに集中しており、人件費の多くが販管費として扱われているものと推測される。
- **流動資産が圧倒的に多く、自己資本比率も比較的高い**
　自己資本比率が54.5％と比較的高く、資金的に十分な余裕がある。
- **有形固定資産、たな卸資産がほとんどない**

有形固定資産が2.1％と少なく、設備投資をほとんど行っていない。また、たな卸資産も0.4％であり、原材料もほとんどいらず、生産コストがかからない業種と考えられる。そのため、流動比率や当座比率が高く、安全性が高い企業となっている。

- **総資産回転率が低い**

これは業種に固有の特徴、もしくは純資産が多く、資産としては現金預金、有価証券、投資その他の資産が多いことから考えて、純粋にキャッシュは豊富だが本業に関わる有効な投資先が少ない、もしくは増資あるいは過去からの利益で調達した資金を資金運用と関係会社への投融資に回して積極的な財務戦略を行ったために、本業のために使われている資産が少ない結果と考えられる。

| 注 |
| --- |
| 　図表1-13には示されていないが、6の企業の貸借対照表をもう少し細かく見ると、関係会社に対する投資は、資産合計の0.2％程度にすぎない。一方、かなりの資金余剰となっており、余剰資金をかなり証券投資（有価証券＋投資有価証券は24.9％）に回しても、現預金が45.9％と高くなっているという状況である。|

以上、有形固定資産が少なく、総資産回転率が圧倒的に低いこと、たな卸資産がほとんどないことから考えて、あまり設備投資の必要がなく、外部からの原材料などの購入も少なく、製品を一度開発すると、その再生産にはほとんどコストのかからないような業態であることが推測できる。ROEとROAという総合的な収益性を表す指標がきわめて高く、また安全性の比率も圧倒的に高くて財務的な安定性を表していることから、この会社は優良企業であると言える。

◉──── **まとめ**

1番目の会社は、付加価値の高い製品を製造・販売しており、財務体質が圧倒的に良く、資金的な余裕のある安定優良企業である。また、その付加価値の高い製品を開発するために研究開発活動に力を入れていると推測される。以上から、この会社は、医薬品メーカーである武田薬品工業と推測できる。

2番目の会社は、大きな設備投資が必要で、売上高に比較して売上原価が相対的に高い、競争が厳しいサービス業的な業態、しかも現金販売の比重が高い点が特徴として考えられる。また、設備産業であることから来る借金依存体質が、現在の財務体質の悪さという形で表れている。以上から、この会社は遊園地というサービスを提供し、現金販売あるいは入場券の前売りなどの前受金販売を前提とするオリエンタルランドと推測で

きる。

　3番目の会社は、生産を始めてから販売までに1年以上の時間がかかる高額な商品を扱っているが、販売すると代金がほぼ現金回収される業態である。会社自体の特徴としては、たな卸資産が流動資産をふくらませるが、1年以上在庫として滞留するため、資金調達は長期の資金で行わなければならない点が示されている。以上から、この会社は、マンションという、建築には時間がかかるものの、顧客がたいてい住宅ローンを組み、販売時点で住宅ローンが組まれた銀行から入金があるマンションデベロッパーのゴールドクレストと推測できる。

　4番目の会社は、資産効率が比較的高く、また現金販売を行うという小売業的な業態である。会社の特徴としては投資その他の資産も比較的多いことから、自社で所有している不動産だけでなく、グループ内で所有している不動産を利用した店舗展開の比重が高いと考えられる（ホールディングスの子会社となったためB/Sに表れなくなっている）。また、財務体質は非常に良く、安全性に優れた会社であると言える。以上から、この会社は老舗のスーパーを営んでいるイトーヨーカ堂と推測できる。

　5番目の会社は、業種の特徴が明確ではないものの、本業の収益性が高く、成長性を持った優良企業である。また、本業に力を入れていると推測されるにもかかわらず、投資その他の資産が多いのは、グループ内にリース会社を抱えているためと考えられる。以上から、この会社は、コピー機やプリンターの製造販売を行い、傘下にリース会社を抱えるリコーと推測できる。

　6番目の会社は、あまり原価がかかっておらず、大規模な生産設備も不要ということから、一度製品が確立されると、そのコピーを安く大量に販売できるような業態と考えられる。以上から、この会社はソフトウエア会社であるトレンドマイクロと推測できる。

# 4 ● 良い会社とは

**POINT**

　良い会社の条件は、各人の会社との関係の持ち方によって変化する。たとえば、株主は投資に対するリターン（配当およびキャピタル・ゲイン）が重要であるためROEをはじめ収益性や成長性を重視し、債権者は債権の回収が重要であるため、会社の安全性を重視する。ただし、これから魅力的な会社になろうとするのであれば、業績（利益）と投入した財産（総資産、自己資本）との比較であるROAやROEを重視する必要がある。なぜなら、これらの指標は会社の付加価値の高さをある意味で示しているからである。

－株式投資事始め－

　冬のボーナスでまとまったお金を手にした木村は、定期預金の利息もたかがしれていることだし、ここはひとつ株式投資でもしてみようと決意した。とはいうものの、これまでに株式投資の経験はなく、株についてはまったくの素人だ。そこで、とりあえず昼休みに会社近くの証券会社の店頭へと足を運ぶことにした。「株式に投資したいのですが、何か良い銘柄がありますか」。窓口にいた若い女性に尋ねたところ、「1部上場の化学会社N社がおすすめです。大量の買いが入るともっぱらの噂ですよ。1000株でしたら40万円程度の資金で買えます」。

　N社は1部上場企業とのことだが、木村にはまったく馴染みのない企業である。木村は不安に思い、ひとまず証券会社をあとにして、会社の資料室にある『会社四季報』を調べてみることにした。不安は的中した。N社はたしかに1部上場しているものの、最近の業績を見て木村は驚いた。過去3期、予想2期とも赤字だったのである。木村は、自分の昨年1年間の努力の成果をN社につぎ込む気にはとてもなれなかった。「バクチではなく、将来的に株価が値上がりしそうな優良企業に投資したい」。木村は、自分で「良い会社」を探してみようと決意した。

　経済誌を見ると、経常増益率ランキング、予想1株利益ランキング、分割余力ランキ

ング、配当性向ランキング等々、さまざまな指標による企業のランキングが掲載されている。木村はそうした指標の意味もよくわからないうえ、その種類の多さに頭を抱えた。困った木村は、大学時代のクラスメートでシンクタンクに勤めている福山に電話をかけてみた。一通りの説明を聞き終えると、福山は「ROEの高い銘柄の中から、君の気に入ったものを選べばいいよ」と助言した。

「あーるおーいー？」

木村は福山の助言の意味がつかめなかった。しかし、あまりに福山が当たり前のことのように言ったので、あらためて聞き直すのも気が引けた。木村は「そうしてみるよ」と告げ、電話を切った。そして、もう一度経済誌をめくってみた。

木村は気づかなかったが、たしかにROEはほとんどの経済誌に載っていた。そして「中長期的な観点に立った投資家にとって最も重要な尺度の1つ」との注釈が付いている。はたしてROEは、木村の探していた条件にピッタリの指標であった。木村は、「これはわかりやすいな。儲かったあかつきには、福山に何かおごってやろう」と考え、株式新聞に目を移した。

数十分後。「なるほど、ROEの高い会社というのは、どこも業績の良い会社だな」。いったんは納得しかけた木村であったが、ふと見たページに掲載されていたある企業に目が止まった。「そういえばこの会社にはおじさんが勤めていたはずだ。給料は安いし、仕事はきつい、しかも納入業者からは徹底して嫌われているって言ってたっけ。やっぱりROEも低いんだろうな。あれっ、でもこの会社のROEはすごくいいぞ。おじさんはひどい会社だと言っていたのに。いったいどういうわけだ。ROEの高い会社は良い会社のはずじゃなかったのか？」

◉

さて、あなたが木村氏の友人であったとしたら、迷える彼にどのような助言を与えるだろうか？

◉

良い会社とは、どのような会社のことであろうか。ひとくちに良い会社と言っても、従業員にとって良い会社、顧客にとって良い会社、株主にとって良い会社というように、会社にどのような形で関わっているかによってその条件は違ってくる。

たとえば、従業員にとって良い会社とは、給与が高い、企業風土が明るい、成長に合わせてポストがどんどん増え昇進する可能性が高い、職場環境が良い、などの条件を備

えている会社であろう。一方、株主にとって良い会社とは、配当が多い、将来成長して株価が上昇する可能性が高い、などの条件を備えている会社と考えられる。これらはまったく異なる条件である。従業員の給与が高く、売上高が伸びており、職場環境が良い会社であっても、将来への投資を優先させるために配当を抑制したり、あるいは利益が増加しないために株価が上昇しないなど、必ずしも株主にとっての良い会社の条件を満たしていないケースは思いのほか多い。

とはいうものの、やはり会社の本来の目的は利潤追求である。よって、ここでは「良い会社」の条件の中でも、特に財務的な面に注目することとし、資産を効率的に使うことによって利益を獲得している会社、つまり、総合的な収益力を表すROAとROEの高い会社を良い会社と考え、そのような会社の中から5社を選んで共通点を分析していく。

## 1 ● 比較分析

日本企業はバブル経済が崩壊し始めた1990年頃を境に業績が悪化し、長らく不況から脱しきれずにいた。今世紀に入ってからは、金融システムの立て直しや新興国の経済成長に伴う輸出の好調もあって明るい兆しが見え始めてきたものの、まだまだ予断を許さない状況である。2006年度の上場企業のROEの平均は9.02%となっている。ここでは、こうした中で数年来安定した業績を残し、なおかつ2006年度におけるROEが10%を超えているトヨタ自動車（以下トヨタ）、ファーストリテイリング、ヤフー、キーエンス、キヤノンの5社を選んだ。まず、各社の連結貸借対照表と連結損益計算書を見ながら、各社の代表的な比率分析指標を含めて、それぞれの特徴を分析してみよう。

**図表1-15　良い会社比較**

(単位：百万円)

|  | トヨタ自動車 2007/3 | ファーストリテイリング 2007/8 | ヤフー 2007/3 | キーエンス 2007/3 | キヤノン 2006/12 |
|---|---|---|---|---|---|
| **貸借対照表** |  |  |  |  |  |
| 【資産】 |  |  |  |  |  |
| 流動資産合計 | 11,784,123 | 217,978 | 115,320 | 251,080 | 2,782,349 |
| 　当座資産 | 8,908,902 | 134,904 | 106,583 | 233,792 | 1,928,018 |
| 　　現金及び預金 | 1,927,088 | 64,901 | 75,212 | 19,955 | 1,155,626 |
| 　　受取手形及び売掛金 | 2,048,600 | 9,849 | 30,244 | 65,733 | 775,796 |
| 　　有価証券 | 435,463 | 55,237 | ― | 148,389 | 10,445 |
| 　　その他金銭債権 | 4,522,533 | 5,837 | 3,426 | ― | ― |
| 　　貸倒引当金 | △ 24,782 | △ 110 | △ 2,299 | △ 285 | △ 13,849 |
| 　棚卸資産 | 1,803,956 | 55,173 | 173 | 10,248 | 539,057 |
| 　繰延税金資産 | 551,503 | 1,752 | 4,344 | 6,186 | 66,839 |
| 　その他の流動資産 | 519,762 | 26,149 | 4,218 | 852 | 248,435 |
| 固定資産 | 20,790,656 | 141,792 | 203,107 | 209,086 | 1,739,566 |
| 　有形固定資産 | 8,060,519 | 37,339 | 16,551 | 15,882 | 1,266,425 |
| 　　建物及び構築物 | 3,444,764 | 28,985 | 3,483 | 5,857 | 1,077,585 |
| 　　機械装置、運搬具及び備品等 | 12,494,088 | 2,256 | 13,004 | 3,128 | 1,261,176 |

| | | | | | |
|---|---:|---:|---:|---:|---:|
| 土地 | 1,233,137 | 3,979 | — | 6,834 | 231,026 |
| 建設仮勘定 | 349,465 | 2,117 | 62 | — | 79,582 |
| その他 | △9,460,935 | — | — | 63 | △1,382,944 |
| 無形固定資産 | — | 43,001 | 14,684 | 407 | 137,841 |
| 投資その他の資産 | 12,730,137 | 61,450 | 171,871 | 192,796 | 335,300 |
| 投資有価証券・出資金 | 5,888,029 | 6,724 | 162,192 | 169,783 | 110,418 |
| 長期貸付金 | 5,791,475 | — | — | — | #N/A |
| 繰延税金資産 | 98,043 | 684 | 2,990 | 43 | 67,568 |
| その他 | 952,590 | 54,042 | 6,689 | 22,970 | 157,314 |
| 資産合計（総資産） | 32,574,779 | 359,770 | 318,428 | 460,167 | 4,521,915 |
| 【負債】 | | | | | |
| 流動負債合計 | 11,767,170 | 90,558 | 76,032 | 38,677 | 1,163,307 |
| 支払手形及び買掛金 | 2,211,586 | 40,568 | 1,022 | 3,504 | 493,058 |
| 短期借入金等の有利子負債 | 5,865,507 | 4,484 | 20,120 | — | 15,362 |
| 未払金及び未払費用 | 2,475,818 | — | 13,345 | 2,822 | 303,353 |
| 未払法人税等 | 421,196 | 14,393 | 28,371 | 22,639 | 133,745 |
| 繰延税金負債 | 6,788 | 4,499 | — | — | 4,133 |
| その他の流動負債 | 786,275 | 26,614 | 13,174 | 9,712 | 213,656 |
| 固定負債合計 | 8,343,273 | 25,929 | 50,010 | 4,538 | 155,201 |
| 社債及び転換社債 | — | — | — | — | 10,318 |
| 長期借入金 | 6,263,585 | 19,432 | 50,000 | — | 149 |
| 繰延税金負債 | 1,312,400 | — | — | 4,272 | 39,299 |
| 退職給付引当金 | 640,586 | 393 | — | — | 83,876 |
| その他の固定負債 | 126,702 | 6,104 | 10 | 266 | 21,559 |
| 負債合計 | 20,110,443 | 116,487 | 126,043 | 43,216 | 1,318,508 |
| 【純資産】 | | | | | |
| 自己資本 | 11,836,092 | 240,143 | 190,692 | 416,950 | 2,986,606 |
| 株主資本 | 11,134,702 | 228,685 | 189,324 | 411,196 | 2,983,888 |
| 資本金 | 397,050 | 10,273 | 7,187 | 30,637 | 174,603 |
| 資本剰余金 | 497,593 | 4,999 | 2,268 | 30,531 | 403,510 |
| 利益剰余金 | 11,764,713 | 228,958 | 179,897 | 351,616 | 2,411,647 |
| 自己株式 | △1,524,654 | △15,546 | △28 | △1,589 | △5,872 |
| 評価・換算差額等 | 701,390 | 11,458 | 1,368 | 5,754 | 2,718 |
| 土地再評価差額金 | #N/A | — | — | — | — |
| その他有価証券評価差替金 | #N/A | 368 | 1,368 | 4,296 | 8,065 |
| 為替換算調整勘定 | #N/A | 696 | — | 1,458 | 22,858 |
| その他 | #N/A | 10,393 | — | — | △28,205 |
| 新株予約権 | — | — | 30 | — | — |
| 少数株主持分 | 628,244 | 3,139 | 1,662 | — | 216,801 |
| 純資産合計 | 12,464,336 | 243,283 | 192,385 | 416,950 | 3,203,407 |
| 負債・純資産合計 | 32,574,779 | 359,770 | 318,428 | 460,167 | 4,521,915 |

| | トヨタ自動車 2007/3 | ファーストリテイリング 2007/8 | ヤフー 2007/3 | キーエンス 2007/3 | キヤノン 2006/12 |
|---|---:|---:|---:|---:|---:|
| **損益計算書** | | | | | |
| 売上高 | 23,948,091 | 525,203 | 212,552 | 182,711 | 4,156,759 |
| 売上原価 | 19,228,393 | 276,808 | 8,486 | 38,442 | 2,096,279 |
| 売上総利益 | 4,719,698 | 248,395 | 204,065 | 144,268 | 2,060,480 |
| 販売費及び一般管理費 | 2,481,015 | 183,431 | 97,832 | 51,291 | 1,353,447 |
| 営業利益 | 2,238,683 | 64,963 | 106,232 | 92,977 | 707,033 |
| 営業外損益 | 353,348 | △359 | △3,409 | 4,564 | 12,110 |
| 受取利息及び受取配当金 | 131,939 | 1,314 | 255 | 1,269 | 27,153 |
| 支払利息 | 49,326 | 1,775 | 480 | — | 2,190 |
| 持分法による投資損益 | 209,515 | △2,078 | △3,522 | 698 | 4,237 |
| その他の営業外損益 | 61,220 | 2,180 | 338 | 2,597 | △17,090 |

次ページへ続く

|  | トヨタ自動車 2007/3 | ファーストリテイリング 2007/8 | ヤフー 2007/3 | キーエンス 2007/3 | キヤノン 2006/12 |
|---|---|---|---|---|---|
| 経常利益 | 2,592,031 | 64,604 | 102,824 | 97,541 | 719,143 |
| 特別利益 | #N/A | 1,903 | 806 | − | #N/A |
| 特別損失 | #N/A | 3,794 | 1,862 | − | #N/A |
| 税金等調整前当期純利益 | 2,592,031 | 62,713 | 101,768 | 97,541 | 719,143 |
| 法人税等 | 898,312 | 30,774 | 43,414 | 38,895 | 248,233 |
| 少数株主持分利益（△損失） | 49,687 | 163 | 389 | − | 15,585 |
| 当期純利益 | 1,644,032 | 31,775 | 57,963 | 58,646 | 455,325 |

|  | トヨタ自動車 2007/3 | ファーストリテイリング 2007/8 | ヤフー 2007/3 | キーエンス 2007/3 | キヤノン 2006/12 |
|---|---|---|---|---|---|
| **指標比較** | | | | | |
| ROE：％ | 13.9 | 13.2 | 30.4 | 14.1 | 15.2 |
| 　売上高当期純利益率：％ | 6.9 | 6.1 | 27.3 | 32.1 | 11.0 |
| 　総資産回転率：回 | 0.7 | 1.5 | 0.7 | 0.4 | 0.9 |
| 　財務レバレッジ：倍 | 2.8 | 1.5 | 1.7 | 1.1 | 1.5 |
| ROA：％ | 8.0 | 18.0 | 32.3 | 21.2 | 15.9 |
| 　売上高経常利益率：％ | 10.8 | 12.3 | 48.4 | 53.4 | 17.3 |
| 　総資産回転率：回 | 0.7 | 1.5 | 0.7 | 0.4 | 0.9 |
| 売上高総利益率：％ | 19.7 | 47.3 | 96.0 | 79.0 | 49.6 |
| 売上高営業利益率：％ | 9.3 | 12.4 | 50.0 | 50.9 | 17.0 |
| 売上高経常利益率：％ | 10.8 | 12.3 | 48.4 | 53.4 | 17.3 |
| 売上高当期純利益率：％ | 6.9 | 6.1 | 27.3 | 32.1 | 11.0 |
| 総資産回転期間：日 | 496.5 | 250.0 | 546.8 | 919.3 | 397.1 |
| 売上債権回転期間：日 | 31.2 | 6.8 | 51.9 | 131.3 | 68.1 |
| たな卸資産回転期間：日 | 34.2 | 72.8 | 7.4 | 97.3 | 93.9 |
| 仕入債務回転期間：日 | 42.0 | 53.5 | 44.0 | 33.3 | 85.9 |
| 自己資本比率：％ | 36.3 | 66.7 | 59.9 | 90.6 | 66.0 |
| 流動比率：％ | 100.1 | 240.7 | 151.7 | 649.2 | 239.2 |
| 当座比率：％ | 75.7 | 149.0 | 140.2 | 604.5 | 165.7 |
| 固定比率：％ | 166.8 | 58.3 | 105.6 | 50.1 | 54.3 |
| 固定長期適合率：％ | 99.9 | 52.7 | 83.8 | 49.6 | 51.8 |
| 手元流動性：日 | 36.0 | 82.9 | 129.2 | 336.3 | 102.4 |
| インタレスト・カバレッジ・レシオ：倍 | 48.1 | 37.3 | 221.8 | #N/A | 335.2 |

注）トヨタとキヤノンの有形固定資産の各勘定科目は、減価償却累計額控除前の数値であり、その他が減価償却累計額。トヨタとキヤノンの評価・換算差額等は、その他包括利益累計額。トヨタは税引後に持分法投資損益が計上されているが、ここでは営業外損益に組み替えている。

## ● トヨタ自動車

　トヨタの比率分析の結果を見ると、ROE（13.9％）が非常に高く、ROA（8.0％）も高水準にある。このうち、ROEを分解した構成要素の比率を製造業の上場企業の平均と比較してみると、総資産回転率は平均を下回っているが、収益性を表す売上高当期純利益率は平均を大幅に、財務レバレッジについては平均を多少上回っており、この収益性の高さと負債の活用がROEを高めていることがわかる。一方、ROAについて見ると、総資産回転率は平均を下回っており、売上高経常利益率の高さがROAを高めている。つ

まり、売上高に対する利益率の高さが、トヨタの総合的な収益力の高さの源泉となっていると言えよう。

効率性の指標を見ると、売上債権回転期間は31.2日と製造業の上場企業平均（69.1日）よりかなり短い。また、たな卸資産回転期間（34.2日）も同平均（43.4日）より短くなっている。これは、かんばん方式により必要最低限の在庫しか持たない在庫管理システムを構築していることによるものと考えられる。

安全性について見ると、自己資本比率（36.3％）がやや低めであり、その結果として固定比率（166.8％）がやや高くなっている。ただし、自己資本比率の低さは負債を有効利用していることの裏返しであり、固定長期適合率（99.9％）は十分安全圏にある。また、当座比率は75.7％と100％を切っているが、全産業の上場企業平均（78.8％）と遜色ない水準となる。したがって、全体として見ると、財務的な安定性は高いと言える。

このようにトヨタにはいろいろな強みがあるが、最も大きな強みは売上高利益率、特にボトムラインの売上高当期純利益率の高さにある。グローバルな販売台数の増加による大幅な増収増益を達成しているだけでなく、かんばん方式による在庫管理や、グローバルレベルでの設計、設備、販売促進ツールの共通化などによるコスト削減を武器に、売上高当期純利益率をアップさせていることがトヨタの強みと言えるだろう。

また、自己資本比率は36.3％と上場企業の平均よりは高いものの、後述の4社と比較すると低いほうであり、負債をうまく活用していると言うこともできる。これは自動車ローンをはじめとする金融事業の比率が高まっていることも背景にある。したがって、高い収益性だけに頼った強さではなく、全体としてバランスのとれた強さであると言える。

● ──── ファーストリテイリング

ファーストリテイリングのROE（13.2％）とROA（18.0％）は、いずれも高水準にある。ROEを分解した構成要素の比率を上場企業の平均と比較してみると、財務レバレッジは平均を下回っているが、収益性を表す売上高当期純利益率と総資産回転率は平均を大幅に上回っており、この収益性と効率性の高さがROEを高めていると言えよう。一方、ROAについて見ると、売上高経常利益率と総資産回転率の双方の高さがROAを押し上げている。ファーストリテイリングの場合、売上高に対する利益率の高さが総合的な収益力の高さの源泉となっている。これは、ファーストリテイリングが製造小売業として、売れる商品を大量生産することでコストダウンを図り、売上高総利益率を高めてきたためと考えられる。

効率性の指標を見ると、売上債権回転期間（6.8日）が極端に上場企業の平均よりも短くなっているだけでなく、小売業の平均（18.2日）よりもかなり短い。一方、たな卸資産回転期間（72.8日）は上場企業の平均よりも倍ぐらい長くなっている。ただし、繊維業界の上場企業平均（61.0日）と比べると2週間弱長い程度であるため、製造から販売までの在庫を保有するという、製造小売業の特性によると考えられる。

　安全性についても、流動比率の240.7％、固定比率の58.3％、自己資本比率の66.7％をはじめとして、すべて安全ラインを大幅に上回っており、高い収益性の結果として財務的な安定性も非常に高くなっていると言える。

　ファーストリテイリングにはいろいろな強みがあるが、最も大きな強みは売上高総利益率をはじめとする売上高利益率の高さである。これは生産コストの低い中国で生産を行うことで製造コストを下げるだけでなく、生産・販売計画の精度を高めることで、売価変更や処分を少なくするといったコスト削減努力によるものと考えられる。また、これまでのベーシックカジュアルよりも付加価値の高いグローバルブランド事業に進出したことも、収益性の維持に貢献している可能性がある。

　ただし、66.7％と高い自己資本比率は、その逆数である財務レバレッジの低さを意味している。これは有利子負債を減らし、金融コストを極力減らす方針と考えられるが、今後の新商品開発や多角化をはじめとするビジネスの展開の中で、必要に応じて適度な負債による資金調達を考えてもよいだろう。

## ● ヤフー

　ヤフーの指標分析の結果を見ると、まずROE（30.4％）とROA（32.3％）の圧倒的な高さが目につく。このうち、ROEを分解した構成要素の比率を上場企業の平均と比較すると、総資産回転率と財務レバレッジについては平均を下回っているが、収益性を表す売上高当期純利益率は平均を大幅に上回っており、この収益性の高さがROEを高めている。一方、ROAの構成要素を見ると、総資産回転率は平均を下回るが売上高経常利益率は非常に高く、これがROAを高めている。つまりトヨタと同様に、売上高に対する利益率の高さが、ヤフーの総合的な収益力の高さの源泉となっている。もっとも、ヤフーの収益基盤はインターネット広告や広告配信による広告料収入や求人・不動産情報の掲載サイト運営による情報掲載料収入など、インターネット上でのサービス提供を中心としており、管理コストはかかるにしても、売上げに対する原価となるものはほとんどないため、売上高総利益率（96.0％）をはじめとして売上高利益率が全体として非常に高くなっているのも当然と言えなくもない。しかし、本質的にはコストに対して高い付加価値を生み出すことのできるビジネスモデルを持っていることが、高い利益率に

つながっていると考えられる。

効率性の指標を見ると、たな卸資産回転期間（7.4日）が圧倒的に短くなっている。これは、情報という無形のサービスが売上げの大半を占めていることからすると当然であるが、売上債権回転期間（51.9日）と仕入債務回転期間（44.0日）も上場企業平均より短い。一方で、総資産回転率は上場企業平均より低く、全体的な資産の効率性が高いというわけではない。

安全性については、自己資本比率の59.9％をはじめとしてすべて安全圏にあり、財務的な安定性は非常に高い。

以上、ヤフーにもいろいろな強みがあることがわかるが、最も大きな強みは売上高利益率の驚異的な高さにあると言える。前述のように、売上原価がほぼゼロという情報産業の特色もあるが、情報提供者として確固たる地位を築くことによる付加価値アップによって売上高利益率をアップさせていることが、ヤフーの強みとなっている。

ただし、売上債権やたな卸資産の回転期間が非常に短くなっているにもかかわらず、総資産回転率が0.7回と低めになっている。また、ファーストリテイリングと同様に自己資本比率が圧倒的に高いことは、その逆数である財務レバレッジが低いことを意味しており、負債を有効利用していないとも言える。これは情報の提供という、資金をあまり必要としないビジネス形態によるだけでなく、高収益の結果として現金および預金が約752億円と余剰資金が潤沢にあるためと考えられる。これらは、現在の低金利の状態では収益に結びつきにくいので、この余剰資金の活用方法を検討する必要があるだろう。

### ● キーエンス

キーエンスのROE（14.1％）とROA（21.2％）はいずれも圧倒的に高い。このうち、ROEを分解した構成要素の比率を上場企業の平均と比較してみると、総資産回転率と財務レバレッジが平均を大幅に下回る一方で、収益性を表す売上高当期純利益率は平均をはるかに上回っており、この収益性の高さがROEを高めていると言える。また、売上高経常利益率の高さがROAを高めている。つまり売上高に対する利益率の高さが、キーエンスの総合的な収益性の高さの源泉となっている。売上高総利益率は79.0％と圧倒的に高くなっているが、これは、売上高の90％以上がFA用センサーや各種測定機器といった、付加価値のつけやすい産業用電子応用機器の製造販売で占められていること、優れた営業組織が顧客のニーズを速やかに吸い上げ、製品開発につなげることにより高価格を実現していることが要因と考えられる。

次に効率性の指標を見ると、仕入債務回転期間（33.3日）が上場企業の平均より短

くなっているが、売上債権回転期間（131.3日）とたな卸資産回転期間（97.3日）はいずれも圧倒的に長くなっている。売上債権やたな卸資産の金額が大きくなるのは、産業用機器を扱う事業の特性によるものであり、一方で仕入債務が少ないのは、収益性の高さに支えられた余剰資金の豊富さがその理由と考えられる。一方で、総資産回転率（0.4回）は極端に低くなっており、資産が十分に売上高に結びついていないとも言える。

　安全性については、自己資本比率の90.6％、流動比率の649.2％をはじめとしてすべて安全圏にあり、財務的な安定性は非常に高い。

　以上、キーエンスにはいろいろな強みがあるが、最も大きな強みはやはり売上高利益率の高さにある。つまり、産業用電子応用機器の製造販売という付加価値の高い事業を行うことによって売上高利益率をアップさせ、その結果として資金的にも余裕のあるシステムを構築しているのである。

　ただし、ここでもファーストリテイリングやヤフーと同様、90.6％と圧倒的に高い自己資本比率が財務レバレッジの低さを示している。当座比率や手元流動性比率の高さからすると、資金的に困ることは当面ないだろうが、今後の新製品開発や多角化をはじめとするビジネス展開の中で、必要に応じて適度な負債による資金調達を考えてもよいだろう。また、売上債権回転期間やたな卸資産回転期間が長いことも、事業の特性とはいえ気になる。売上債権や在庫の管理が効率的に行われているか見直し、可能であれば圧縮することも求められよう。さらに、現金および預金（約200億円）と有価証券（約1484億円）を売上高や利益に結びつくような新規事業へ投資するなど、その活用方法を検討することが必要であろう。

## ◉──── キヤノン

　キヤノンのROE（15.2％）とROA（15.9％）は非常な高水準にある。ROEを分解した構成要素の比率を上場企業の平均と比較してみると、総資産回転率は平均並み、財務レバレッジは平均を下回っているが、収益性を表す売上高当期純利益率は平均を大幅に上回っており、この収益性の高さがROEを高めている。また、ROAについても総資産回転率は平均並みだが売上高経常利益率は平均を大幅に上回っている。つまり、売上高に対する利益率の高さが、キヤノンの総合的な収益力の高さの源泉となっている。これは、コンシューマー製品の価格競争激化という逆風にさらされながらも、「試作レス」をはじめとする開発リードタイムの短縮による新製品のタイムリーな投入、セル生産方式の導入による生産性の向上といったこれまでの生産改革活動などに加え、生産の自動化やキーパーツの内製化などによる大幅なコストダウンが図られているためと考えられる。

次に効率性の指標を見ると、売上債権回転期間（68.1日）は製造業の上場企業平均より若干短い。しかし、たな卸資産回転期間（93.9日）および仕入債務回転期間（85.9日）はいずれも平均より大幅に長くなっている。これは、キヤノンが債権の回収は早めに行い、その一方で仕入れを一括して行い、価格やサイトといった点で有利な取引条件を設定しようとしているためではないかと推測される。また、仕入量が大きくなるため、仕入債務も大きくなっていると考えられる。

安全性についても、自己資本比率（66.0%）、流動比率（239.2%）、固定比率（54.3%）をはじめすべて安全圏にあり、財務的な安定性は非常に高い。

以上、キヤノンにはいろいろな強みがあるが、最も大きな強みは売上高利益率の高さにある。つまり、単に生産拠点をコストの低いアジアに移すだけでなく、開発革新や生産革新を通じてコスト削減を行い続け、売上高利益率をアップさせていることが、キヤノンの強みと言える。

ただし、キヤノンも財務レバレッジはあまり高くない。また、たな卸資産回転期間と仕入債務回転期間が長いことは業界特性もしくは経営方針とも考えられるが、気になる点である。在庫を多く抱えることは、保管コストや製品の陳腐化リスクの増大をも引き起こすので、それらのデメリットに見合うだけの取引条件が設定できているのか検討し、在庫管理や債務管理の効率化を行うことも必要となるであろう。

◉────── まとめ

このように見ていくと、ROEが高いということで取り上げた「良い会社」5社の共通点として、
- 本業の収益性が高い
- 安全性が高い

の2つが浮かび上がってくる。

まず本業の収益性の高さについては、5社とも売上高営業利益率を中心とした売上高利益率が非常に高くなっている。この収益性の源泉は、トヨタやキヤノンでは開発や生産における革新、キーエンスでは商品の差別化による付加価値の高さ、ファーストリテイリングでは生産から販売までのサプライチェーンを持つことによる効率化、またヤフーではインターネットでの情報提供ノウハウなど、それぞれの企業によって違っているが、総じて確固とした競争優位を築いていることが、収益性の高さに表れていると考えられる。

一方、安全性の高さについては、トヨタを除く4社は自己資本比率が50%を上回っており、キーエンスに至っては90%を超えている。また、流動比率、固定長期適合率も

安全圏に入っている。トヨタは金融事業を抱えているため、通常の事業会社と比べると、安全性は低くなりがちだが、逆に言うと、金融事業を抱えながらの数字としては安全圏にあると言えるだろう。これは、高い収益性により、過去からの利益の累積として自己資本が増加するとともに、現金および預金や有価証券をはじめとする余剰資金が増加してきた結果と考えられる。

つまり、ROEが高いという視点で選んだ「良い会社」では、売上高利益率、つまり収益性の高さがその良さを裏づけており、逆に言えば、収益性を高めるような事業構造を確立することが「良い会社」となるうえでの最大の課題であると言える。

## 2● 立場による「良い会社」の違い

最初にも述べたが、良い会社の条件は、経営者、従業員、株主、取引先、顧客といったように、その会社とどのような形で関係を持つかによって違ってくる。ここでは、それぞれの利害関係者に対して良い会社となるために、どのようなポイントに注目したらよいのかを考えていく。

### ●─── 経営者が注目するポイント

経営者は会社の活動に対してすべての責任を負っている。したがって、会社に関するすべてのポイント、すなわち総合力、収益性、効率性、安全性、成長性が適度にバランスしている状態が良い会社の条件となる。

なかでもROAは、資産をどの程度効率的に使って利益を上げているかを示すことから、業種や規模を超えて経営者の手腕を測る指標と考えられる。またROEについても、株主が投資の意思決定に際してこれを重視するようになってきており、株主に対する責任を経営者が十分に果たしているかを見る1つの指標として注意していく必要がある。

これ以外の収益性、効率性、安全性、成長性についても、同業他社比較や時系列比較を行うことによって、業界の中での自社の位置や相対的な弱点等を把握し、今後の改善ポイントを明らかにできるので重要である。

なお、会社の規模によって経営者の関心事は変わる。たとえば、規模の小さい会社の場合、経営者の最大の関心事は「資金繰り」にある。つまり、会社が存続し、また成長していくために、資金的なショートを起こさないことが最優先となる。したがって、銀行や取引先からの信用を得るために最低限の利益を出す一方で、税金を払いすぎないようにし、実質的に手元にどの程度現金を残せるかが重視される（会社の規模が小さいと資金的に余裕がないことから、給与をはじめとする費用の支払いや成長のための設備投

資もままならず、ひどい場合には**黒字倒産**、つまり利益は出ていても資金がないために倒産してしまうこともある)。

　会社の規模が大きくなって株式の公開を目指したり、上場企業になって一般の投資家が株主として加わってきたりすると、資金的な余裕を持つことのほかに、利益を安定して生み出していくことが目標として加わってくる。これは、会社の規模が大きくなり(会社法上は資本金5億円以上あるいは負債が200億円以上のいずれかの条件を満たすと「大会社」となり、より詳しい決算書類を作成して株主に公開しなければならない)、株式を公開するようになると、会社の決算をガラス張りにし、売上高や利益の予想を発表し、それを予想どおり達成していくことが経営者の責任となるからである。

　なお、将来大きな成長を目指しているベンチャー企業の中には、規模が小さい段階から計画的に利益を出し、初めから株式を公開することを目標としている会社もある。

● ─── **従業員が注目するポイント**

　従業員を引きつける会社とは、給与が高い、明るい、成長している、ポストがどんどん増え昇進する可能性が高い、職場環境が良い、などの条件を備えている会社である。このうち、「明るい」「職場環境が良い」については会計的な分析は難しいが、給与の高さと成長性については定量的に分析することが可能である。まず給与の高さについては、会社の損益計算書の販売費および一般管理費の項目の内訳から給与手当と賞与の金額を把握し(メーカーの場合は製造原価に含まれている労務費を加える)、人件費の総額を算出し、これを従業員の数で割ることによって1人当たりの年間平均収入を算出できる。成長性については、売上高成長率や総資産成長率といった成長性の指標で分析することが可能である。それ以外にも、安定を求める場合には安全性の比率分析によって、また、将来の給与の上昇余力を見るためには収益性を分析してみるなど、従業員個々人の考え方によって少しずつ見方は変わってくる。

● ─── **株主が注目するポイント**

　株主を引きつける会社とは、投資に対するリターンが高い、将来成長して株価が上昇する可能性が高い、などの条件を備えている会社と言える。これらの条件を満たしているかどうかを見抜くためには、配当や将来の成長のための原資となる当期純利益が株主資本に対してどの程度あるのかを示すROEに注目する。ROEが高いほど1株当たりの配当が多くなる可能性も高く、また配当が多くなくても成長のために再投資することのできる資金が多いことを意味するからである。当然ながら、ROEが高いほど株価の上昇可能性も高い。

また、配当の増加や株価の上昇の可能性の有無を分析するために、収益性と成長性の指標を重視する、あるいは将来のリスクが少ないかどうかを分析するために、安定性の指標を重視することも考えられる。さらに、利益のうちどれだけを配当に振り向けているかを示す**配当性向**や、株価と1株当たりの利益の比率である**PER**（**株価収益率**）、株価と1株当たりの純資産の比率である**PBR**（**株価純資産倍率**）を分析し、配当余力や株価が利益や純資産に比較して高いのか低いのかを分析することも重要である。

*配当性向　＝　1株当たり配当金　÷　1株当たり当期純利益*
*PER（株価収益率）　＝　株価　÷　1株当たり当期純利益*
*PBR（株価純資産倍率）　＝　株価　÷　1株当たり純資産額*

### ◉──── 取引先が注目するポイント

商品の仕入先や融資先にとっては、売上代金や貸付金が安全に回収できることが第一条件になる。したがって、比率分析の中でも安全性の指標がより重視される。また、これに加えて、資金的な余裕があるかどうかを分析する必要もある。つまり、支払いの原資としてすぐ使うことのできる現金や預金、あるいは市場性のある有価証券をどれだけ豊富に持っているか、また、土地をはじめとする有形固定資産を金融機関に担保として差し出すことで、追加の融資を引き出す余地があるのかを知らなくてはならない。さらに、効率性の指標を見ることで、売上債権や在庫をはじめとする資産の中に現金化できそうもない不良資産が含まれていないことを確認する必要もある。

### ◉──── 顧客が注目するポイント

顧客を引きつける会社とは（顧客ニーズに応じた商品を提供するのはもちろんのこと）、安定して商品を供給してくれる会社である。したがって、ここでもやはり安全性の分析が必要になる。特に、建設工事など、注文してから完成、引き渡しまでに時間のかかる場合、あるいは旅行代理店などのように料金先払いが一般的な場合には、これは重要である。もちろん、商品の将来性、つまり会社の将来性も重要であり、総合力、収益性、効率性、成長性などについても分析する必要がある。

# 第2章

# 財務会計と経営方針

## ●第2章のはじめに
[会社の経営状態は財務諸表の細部に表れる]

　第1章では貸借対照表と損益計算書、キャッシュフロー計算書の意味と、その分析方法である比率分析について、いくつかの企業を取り上げて比較しながら学んだ。本章ではさらに踏み込んで、貸借対照表と損益計算書の数値を計算するときの基礎となっている会計ルールについて、**会計方針**（Accounting Policy）を中心に、どのような方法があり、それぞれどのような違いがあるのかを学んでいく。

　貸借対照表や損益計算書の数値はいろいろな前提、つまり会計方針に基づいて計算された結果である。たとえば、有形固定資産の金額については、購入時に一括して費用に計上するのではなく、使用期間にわたって徐々に費用にしていく**減価償却**という方法が一般的に使われている。減価償却の方法の中には、減価償却費が常に一定となる**定額法**と、最初に多く、徐々に少なくなる**定率法**という2つの代表的な方法があり、どちらを採用するかによって毎年の減価償却費が変わってくる。たとえば、新規設備の減価償却の方法がA社は定額法、B社は定率法であったとすると、減価償却費を除いた両社の利益がまったく同じであったとしても、購入当初の最終的な利益はA社のほうが多くなる。

　このように、1つの事実をいくつかの会計方針によって表現することができる場合に、会社が採用した表現方法のことを「採用した会計方針」と言う。会社の総合的な収益力をはじめとする業績を知るためには、その会社が採用した会計方針、つまり上記の例では減価償却の方法として定率法、定額法のいずれを採用したかという点をチェックする必要がある。

　また、利益をはじめとする財務諸表上の数値は、会計方針を変更すれば変わることにも注意する必要がある。たとえば期間比較を行うとき、以前の会計方針で出された数値を修正して比較しなければならない。

　会計方針は、その会社の置かれている経営環境や採用している経営戦略に結びつけて考えることもできる。たとえば経営環境が良く業績が順調な会社は、安定して利益を出すために、現在の費用を多くして、将来の費用を少なくするような方法を採用しがちである。また、長期的な利益を大きくすることを目標にしている会社では、費用の会計方

針を変えるインセンティブはそれほどないが、短期的な利益を大きくしようとしている会社では、できるだけ現在の費用を少なくして、将来に費用を付け替えることができる方法を望む傾向がある。

# 1. 経営戦略と会計方針

**POINT**

　会計方針とは、会社が財務諸表を作る際に採用する会計ルールである。会計方針によって収益や費用の金額が大幅に変わってしまう可能性があり、また、採用した会計方針に会社の状況が反映されることも多いため、財務諸表を分析する際には数値だけでなく、会計方針もチェックする必要がある。

　会計方針は、会社の置かれている状況に応じて最も適したものを採用することが望ましく、状況が変化すれば変更することが認められている。逆に言えば、会計方針の変更から会社の置かれた状況を推定することもできる。

　ただし会計方針には、恣意的な利益調整を防ぐ目的から、いったん採用したものは「正当な理由」がない限り変更してはならないという、継続性の原則がある。

●

　あなたはパソコンを購入するときに悩まないだろうか。次から次へと高性能で、しかも低価格な機種が発売されている。今日買ったパソコンの価値が、明日には半減してしまうこともありえないわけではない。

　X社の若手社員である平田君の例を見てみよう。平田君が自宅で使っているパソコンは、約半年前に20万円で購入したものである。購入した当時は最新機器だったが、この半年の間に同機種で3度もバージョンアップがあった。いまなら同程度の価格で処理能力が1.2倍高く、メモリ容量が1.5倍も大きい機器を購入できるはずである。

　ある日、平田君は友人の加藤君からこう持ちかけられた。

　「パソコンを譲ってくれないか。現時点での価値分はお金を出すよ」

　平田君はこのパソコンをローンで購入したのだが、現在のローン残高を調べてみると約20万円と、ほとんど元本は減っていない。平田君はこう考えた。

　「いったいこのパソコンには現在どれくらいの資産価値があるのだろうか。陳腐化が激しい商品だ、20万円の価値がないことはわかっている。しかし、まだローンがほとんど残っているのだから、あまり安い値段では売りたくない。いったい、いくらで売れば

元が取れるのだろうか」

●

　さて、平田君のケースでは、たまたま友人から所有物（資産）を買い取りたいとの申し出があったため、その資産価値について考えることになったが、一般の個人は通常、自分の所有物にどの程度の価値が残っているか考えもしないだろう。実際、それで何の問題もない。

　しかし企業の場合はそうはいかない。所有している資産について、正確な価値を測定する必要がある。なぜなら、経営の状況を内部的に把握する、そしてそれを外部に向けて開示するためには、資産の額（資産の価値）を正確に把握することが前提となるからである。

　ところで、資産の額や利益などは一義的に定まるものだろうか。これは、正しいとも、正しくないとも言える。会計ルールに従った表現方法（会計方針）がいくつあろうが、その中で自社の状況を最も適切に表す方法が1つしかなく、事実が1つであれば、会社の資産額や利益も1つしかないことになる。一方、いくつかの会計方針がどれも同じ程度に会社の実態を適切に表すならば、採用する会計方針によって資産額や利益はいくつか存在することになる。実際、会計ルールとして認められている方法の中で「会社の状況を最も適切に表すと考えられる方法が2つ以上ある」ケースはけっして珍しくない。

●

　現在、わが国では、適切な会計方針がいくつかある場合には、会社が最も良いと思うものを採用することが認められている（ただし、「一度採用した会計方針は、別の方法がより正しく状況を表すようになるなど『正当な理由』がない限り、変更してはいけない」という**継続性の原則**が定められている）。これは、ある特定の方法を強制すると、かえって企業の実態を表さなくなるおそれがあるからだ。その意味では、会計は通常思われている以上に、いろいろな判断や前提の積み上げでできているものであり、ファジーなものであると言えよう。

　なお、どの会計方針を採用するかは、費用あるいは収益の累積的な総額を変えるものではないことを念頭に置いておく必要がある。たとえば、減価償却の方法が定率法、定額法のように異なっていても、同じ設備である限り、長期的には収益や費用の累計額は同じになる。

　以下、本節では、会計方針として財務諸表に記載されるものの中でも重要度が高い、❶たな卸資産の評価基準および評価方法、❷固定資産の会計処理、❸引当金の計上方法、

❹収益の計上基準、❺費用の計上基準、❻その他の会計処理方法、のそれぞれについて具体的な内容と意味を説明し、最後に会計方針の変更と継続性の原則について説明する。

# 1 ● たな卸資産の評価基準および評価方法

**たな卸資産**とは、在庫、つまり商品、製品、半製品、仕掛品、原材料、貯蔵品などのことである。このうち、商品は外部から購入してそのまま売るものであり、製品は製造して売るもの、半製品はそのままでも加工してもどちらでも売ることができるもの、仕掛品は製造途中にあるもの、貯蔵品は金額的に大きくない原材料などをそれぞれ意味している。

## ◉──── 評価基準

**評価基準**とは、たな卸資産の評価額を決める方法で、**原価法**と**低価法**がある。日本の上場企業あるいは店頭公開企業では、ほとんどが原価法を採用しているのが現状であるが、国際的な会計ルールとの整合性を図ることを主眼に、2008年4月からは新たに「たな卸資産の評価に関する会計基準」が適用され、たな卸資産(トレーディング目的のものを除く)の評価基準は低価法が義務づけられることとなった。

> **用語解説**
>
> - **原価法**:資産を取得したときの金額、つまり取得原価で評価し、時価が原価を上回っても下回っても原価のままで評価する方法である。ただし、原価法を採用している場合でも、時価が取得原価(簿価:帳簿価額、貸借対照表に記載されている金額のことを意味する)より著しく下落し(通常、時価が取得原価の50%以下になった場合)、しかも取得原価まで回復する見込みがないときには、時価を評価額としなければならない(**強制低価法**)。その場合、その期にたな卸資産の金額を時価まで減少させるとともに、その金額だけたな卸資産評価損(営業外費用または特別損失)を計上することになる。
> - **低価法**:時価があるようなたな卸資産について「時価と原価を比較して、時価のほうが低ければ、時価まで評価損を計上する方法」であって、取得原価基準の下で資産の回収可能性を反映させるために行われる処理である。簿価切り下げ額については翌期に戻し入れを行う方法(洗替え法)と行わない方法(切放し法)のいずれかの方法を、たな卸資産の種類ごとに選択適用できることとされている。

1　経営戦略と会計方針

> ●**時価法**：時価によりたな卸資産を評価し、簿価との差額は当期の損益として計上する方法である。「たな卸資産の評価に関する会計基準」において、時価とは公正な評価額を言い、市場価格に基づく価額と定義されている。

◉──── **評価方法（単価計算）**

　**評価方法**とは、たな卸資産の取得金額を売上原価と事業年度末の残高に割り振る方法で、**平均法**、**先入先出法**、**後入先出法**、**個別法**、**売価還元法**などがある。業種によって違いはあるが、日本の上場企業あるいは店頭公開企業では約半数が平均法を採用し、先入先出法、後入先出法は比較的少数となっている。また、小売業では売価還元法が採用されていることが多く、単価の高いたな卸資産を扱うような会社では個別法も採用されている。

　なお、国際会計基準では後入先出法は原則として採用不可（代替的処理として採用する余地は残されている）とされており、わが国においても会計基準の国際的調和の観点から、後入先出法の取り扱いにつき検討が進められている。

## 2 ● 固定資産の会計処理

### （1）減価償却

　**減価償却**とは何だろうか。たとえば鉄道会社が新車両購入などの設備投資を行った場合、車両購入費を新車両で営業を始めたときに一括して費用にしてしまうと、その期の業績が大幅に悪くなり、その後は車両購入の費用がなくなるため、利益が多めに出てしまう。しかし、同じ車両を毎年使っているのであれば、会社の実態をより正確に表すという観点からは、その購入費を操業を始めた年にすべて費用とし、それ以降の年にはまったく費用がかからないとするのは好ましくない。したがって、この車両購入費を「車両を使う期間にわたって徐々に費用にしていく」必要性が出てくる。この方法を減価償却と言う。

> **減価償却**
>
> 　会計的には、減価償却とは、使用や時間の経過につれて経済的な価値（将来収益を生み出すことのできる力）が減少していくような機械や建物などの有形固定資産について、それを使用する期間（**耐用年数**：Useful Life）にわたって徐々に費用としていくことと定義されている。

> **用語解説**
>
> - **平均法**（Average Method）：平均法は、どのタイミングで平均単価を計算するかによって総平均法と移動平均法に分けられる。移動平均法とは、新しいたな卸資産が増えるごとに、その増加直前の帳簿価額と増加した価額との合計額を、新たな総数で除して平均単価を算出する方法を指す。総平均法とは、期首に有していたたな卸資産の帳簿価額とその事業年度に増加した価額の合計額をこれらの総数で除して平均単価を算出する方法を指す。平均法は、前述のように上場企業あるいは店頭公開企業の約半数が採用しているが、その中で移動平均法と総平均法はほぼ同じくらい採用されている。
> - **先入先出法**（FIFO：First In First Out）：たな卸資産の中で仕入時期あるいは製造時期の古いものから順番に販売（払い出し）されていくと仮定した方法で、事業年度末の在庫金額は新しく取得したたな卸資産の単価で計算されることになる。物価が上昇している時期には、先入先出法では「現在の販売価格（高い）－昔の原価（安い）＝利益（大きい）」となるため、利益が大きくなる。また、先入先出法を採用した場合には、より現実に近いたな卸資産の金額が記載された貸借対照表と、現実との差がある売上原価が記載された損益計算書が作成されることになる。
> - **後入先出法**（LIFO：Last In First Out）：新しく仕入れたり製造されたたな卸資産から順番に販売されていくと仮定した方法で、事業年度末の在庫の金額は最も古く取得したたな卸資産の単価で計算されることになる。物価が上昇している時期には、後入先出法では「現在の販売価格（高い）－最新の原価（高い）＝利益（小さい）」となるため、利益が小さくなる。また、後入先出法を採用した場合には、先入先出法とは逆に、現実との差があるたな卸資産の金額が記載された貸借対照表と、より現実に近い売上原価の金額が記載された損益計算書が作成されることになる。
>
> それでは、下記の事例で、先入先出法と後入先出法の単価計算をしてみよう（総平均法と移動平均法の単価計算は同じになる）。
>
>   4月3日   仕入れ  1000円×5個
>   5月10日   仕入れ  1100円×10個
>   6月7日   仕入れ  1200円×5個
>   7月22日   売上げ  7個
>
> ここで、7月22日の7個の売上げに対応する売上原価を計算してみる。

**図表2-1　たな卸資産の評価方法と利益の関係**

●インフレのとき

|  | 期末在庫 | 売上原価 | 利　益 |
|---|---|---|---|
| 先入先出法 | 大 | 小 | 大 |
| 後入先出法 | 小 | 大 | 小 |
| 平　均　法 | 中 | 中 | 中 |

●デフレのとき

|  | 期末在庫 | 売上原価 | 利　益 |
|---|---|---|---|
| 先入先出法 | 小 | 大 | 小 |
| 後入先出法 | 大 | 小 | 大 |
| 平　均　法 | 中 | 中 | 中 |

　先入先出法では最も古く仕入れたものから売れていくと仮定するので、7月22日の売上げには4月3日に仕入れた5個と5月10日に仕入れた2個が対応する。したがって、売上原価は7200円（1000 × 5 ＋ 1100 × 2）となる。

　一方、後入先出法では最も新しく仕入れたものから売れていくと仮定するので、7月22日の売上げには6月7日に仕入れた5個と5月10日に仕入れた2個が対応する。したがって、売上原価は8200円（1200 × 5 ＋ 1100 × 2）となる。このように、仕入価格が徐々に上がっているような場合には、後入先出法のほうが先入先出法よりも売上原価が大きくなる。

・**個別法・売価還元法**

　宝石や絵画のように高価なたな卸資産の場合には、個々の商品・製品ごとに個別の原価を対応させる**個別法**が採用される。これは、高価なたな卸資産の場合、いろいろな仮定で売上原価を計算すると、実際と大きくかけ離れた利益が計算されてしまうからである。

　また小売業の場合などには、平均的な原価率を算定して販売価格から原価を逆算する**売価還元法**が採用される。これは、小売業では商品点数が多く、すべての商品について単価計算を行うのが難しいからである。

減価償却のルールに基づいた資産の減少分が減価償却費であり、取得原価から徐々に差し引かれていく。減価償却が終了した時点では、最終的な使用後の価値である**残存価額**（Salvage Value、減価償却が終了した時点でのその資産の処分価値の見積額）が残る。ただし、有形固定資産であってもその使用価値が減少しないと考えられる土地等は、減価償却の対象とはならない。

　減価償却は有形固定資産と無形固定資産について適用され、設備投資（有形固定資産）の取得原価を配分する方法のことを減価償却、無形固定資産の原価を配分する方法のことを償却と言う。その方法としては、減価償却費が最初多くて徐々に少なくなっていく**定率法**と、その資産を使用している各期間が同じ金額となる**定額法**、および生産量や活動量に応じて減価償却費が増減する**生産高比例法**がある。

　減価償却費を見る際に重要なのは、この費用は現金の支出を伴わない費用であるため、減価償却が非常に多く利益が少ない会社であっても、実際のキャッシュフローは潤沢であるかもしれないという点である。その費用分の現金が会社の内部に留保されたという意味で、投下資本の回収と考え、**自己金融効果**と言われている。

　日本の上場企業あるいは店頭公開企業では、3分の2以上が原則としてほとんどの有形固定資産について定率法を採用している（なお、1998年4月の税制改正により、1998年4月1日以降に取得した建物については、法人税の計算にあたっては定額法を採用することになったため、最近取得した建物については、定額法を採用している企業がほとんどである）。一部の固定資産についてのみ定額法を採用している企業は少なくないが、すべての有形固定資産の減価償却の方法として定額法を採用している会社は非常に少ない。これは、日本では有価証券報告書をはじめとする決算書の作成と税金計算に同じ減価償却の方法を採用しなければならないため、税金を少なくする目的で減価償却費が多くなる定率法を採用することが多いためと考えられる。逆に言えば、定額法を採用する会社は節税よりも利益を増やすことを重視しており、業績に余裕のない会社が比較的多いと推定される。

　無形固定資産についてはすべて定額法で償却することになっており、その耐用年数についても法人税法で決められたルールに従って、営業権は5年、特許権は8年、実用新案権は5年、意匠権は7年、商標権は10年などとしている場合が多い。

　なお、耐用年数が変われば減価償却費も変わることを念頭に置く必要がある。つまり耐用年数を長くすると、各期に割り当てられる減価償却費は減少し、逆に、耐用年数を短くすると、各期に割り当てられる減価償却費は増加する。

## 1 経営戦略と会計方針

**用語解説**

- **定額法**（Straight Line Method）：減価償却費を各期間にわたって均等に計上する方法で、以下のように計算する。

$$減価償却費 = 取得原価 \div 耐用年数$$

　残存価額は、かつては税法基準により、取得金額の10％が使われる場合が多かったが（それに基づき、減価償却費＝（取得原価－残存価額）÷ 耐用年数の公式が用いられていた）、2007年度税制改正により、2007年4月1日以降に取得する減価償却資産については、残存価額を廃止し、耐用年数経過時点に1円（備忘価額）まで償却できることとされた。耐用年数は、それぞれの資産の種類や使用状況などによって各会社で見積もることが原則であるが、実際には法人税法で決まっている耐用年数を使用する場合が多い。なお、無形固定資産の場合には、取得原価の全額を定額法で償却する。

- **定率法**：償却の初期に多くの減価償却費を計上する方法で、以下のように計算する。

$$減価償却費 = (取得原価 - 減価償却費の累計額) \times 償却率$$

　従来償却率は、耐用年数が経過したときに残存価額（10％が一般的）が残るように、耐用年数によってあらかじめ決められていた。2007年度税制改正により、2007年4月1日以降に取得した資産の償却率は定額法の償却率を2.5倍した数値が採用されることとなった（250％定率法）。これにより減価償却費は旧定率法よりもさらに早期に多額に計上されることとなる。

　以下、定額法と定率法で減価償却費がどのように変わるか、具体例で比較してみよう。

　残存価額は1円（備忘価額）、取得価額1,000,000円、耐用年数8年の機械を例に考えてみよう。この機械の定額法の償却率は0.125、従来の定率法による償却率は0.250、税法上の新定率法の償却率は0.313（≒0.125×2.5）となるので、減価償却費はそれぞれ以下のようになる。

**定額法**

　　1年目　1,000,000 × 0.125 = 125,000

2年目　1,000,000 × 0.125 = 125,000
3年目　1,000,000 × 0.125 = 125,000
4年目　1,000,000 × 0.125 = 125,000
5年目　1,000,000 × 0.125 = 125,000
6年目　1,000,000 × 0.125 = 125,000
7年目　1,000,000 × 0.125 = 125,000
8年目　1,000,000 × 0.125 − 1 = 124,999

## 従来の定率法

1年目　1,000,000 × 0.250 = 250,000
2年目　(1,000,000 − 250,000) × 0.250 = 187,500
3年目　(1,000,000 − 250,000 − 187,500) × 0.250 = 140,625
4年目　(1,000,000 − 250,000 − 187,500 − 140,625) × 0.250 = 105,468
5年目　(1,000,000 − 250,000 − 187,500 − 140,625 − 105,468) × 0.250 = 79,101
6年目　(1,000,000 − 250,000 − 187,500 − 140,625 − 105,468 − 79,101) × 0.250 = 59,326
7年目　(1,000,000 − 250,000 − 187,500 − 140,625 − 105,468 − 79,101 − 59,326) × 0.250 = 44,495
8年目　(1,000,000 − 250,000 − 187,500 − 140,625 − 105,468 − 79,101 − 59,326 − 44,495) × 0.250 = 33,371

## 税法上の新定率法

1年目　1,000,000 × 0.313 = 313,000
2年目　(1,000,000 − 313,000) × 0.313 = 215,031
3年目　(1,000,000 − 313,000 − 215,031) × 0.313 = 147,726
4年目　(1,000,000 − 313,000 − 215,031 − 147,726) × 0.313 = 101,488
5年目　(1,000,000 − 313,000 − 215,031 − 147,726 − 101,488) × 0.313 = 69,722

　新定率法による償却額が「償却保証額」に満たない場合、以降の年度は「改定償却額」による均等償却を行う。償却保証額および改定償却額はいずれも税法によりその算定方法が定められている。

6年目　153,033 × 0.334 = 51,113
7年目　153,033 × 0.334 = 51,113
8年目　153,033 − (51,113 × 2) − 1 = 50,806

定額法と定率法を比較すると**図表2-2**のようになる

**図表2-2　定額法と定率法の比較**

|  | 意　義 | 長　所 | 短　所 |
|---|---|---|---|
| 定額法 | 固定資産の耐用期間中、毎期均等額の減価償却費を計上する方法 | ●計算が容易である<br>●毎期の減価償却費は均等額となり、原価の比較が容易である | ●設備は、後年度ほど収益力が衰え、修繕費も増加することを考慮すると、後年度の費用負担が大きくなる |
| 定率法 | 固定資産の耐用期間中、毎期期首未償却残高に一定率を乗じた減価償却費を計上する方法 | ●機械等の能率が高いとき、すなわち収益の多いときに償却費が多く計上される<br>●後年度になって、修繕費の多くなるときに償却費が低減し、それゆえに費用配分が合理的になってくる | ●設備投資が多いときには、当初の償却費の負担が大きくなり、償却費の費用配分が毎期均等化しない |

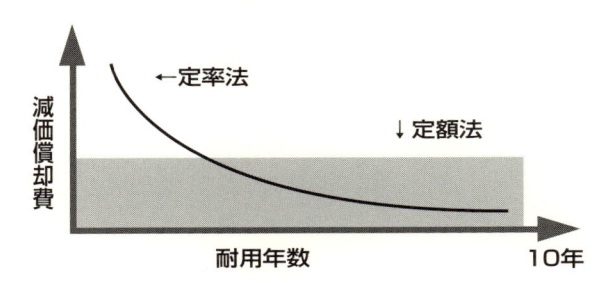

- **生産高比例法**（Output Method）：予想される総活動量あるいは総生産量に対する各事業年度の実際の活動量あるいは生産量の比率によって、減価償却費の総額を割り振っていく方法で、以下のように計算する。

　　減価償却費 =（取得原価 − 残存価額）×
　　　　　　　　（今期の実際の活動量あるいは生産量 ÷ 予想される活動量
　　　　　　　　　あるいは生産量の総合計）

生産高比例法を採用した場合の減価償却費について、先ほどの具体例で比較して

> みよう。残存価額が1円、取得価額が1億円の機械について、生産可能な製品の総数量が10万個、今期の生産量が1万5000個とすると（単位：1000円）、
>
> $$減価償却費 = (100,000 - 1) \times (15,000 \div 100,000)$$
> $$= 14,999$$
>
> となる。

### ◉─── 減価償却と企業会計

　これまで、多くの日本の製造業は、競争力の向上や技術革新に遅れないようにするために定率法を中心に採用してきた。これは物理的な設備寿命以上のスピードで償却を進め、そこで得た資金を再投資につぎ込むことを目的としていた。しかしこのような設備投資競争も、現在の設備過剰状況や低成長時代にあって徐々に変わってきている。これからは、設備の使用状況に余裕が出て安定してくれば、償却方法を定率法から定額法に変更することによって、収益を大幅に改善することも考えられる。

### ◉─── 事例研究：日産自動車の有形固定資産の減価償却方法の変更

　自動車業界で、日本市場でのシェア第2位を争っている本田技研工業（以下ホンダ）と日産自動車（以下日産）は、有形固定資産の減価償却の方法について、2002月3月期ではホンダが原則として定率法、日産が定額法と、異なる方法を採用していた。この2社は自動車の製造・販売を主な事業としている同業種の会社であり、同じような機械設備を使っていると考えられるが、このような場合であっても採用する会計方針が異なることがあるのだ。

　それでは、両社が違う方法を採用することになった理由は何だろうか。まずホンダは、有形固定資産の陳腐化が早いと考え、また好調な業績が続いているので、費用化できるものは早めに費用化しておいたほうがよいと考えて定率法を採用したと考えられる。一方、日産はもともと原則として定率法で減価償却を行ってきたが、2001年3月期から定額法に変更している。会計方針を変更した結果、同社の税金等調整前当期純利益は298億円押し上げられ、3642億円となった。

　日産は、その変更の理由を、「生産の集約化、プラットフォーム（車台）数の削減、共通化等により、生産の安定化が見込まれる事業環境の変化と国際的な会計慣行との整合性の観点から、投下資本の平均的な回収を図るとともに、費用・収益の対応をより適切に行うため」と説明している。つまり、第1に、カルロス・ゴーン社長（当時）の下

でリバイバルプランを進める中で、コスト削減のためのさまざまな施策によって生産が大幅に平準化され、設備の利用状況に大きな変化が出てきたことが変更の背景にあったようだ。第2に、日本では少数派の定額法が欧米では主流となっているため、ルノーの資本参加に伴って、その流れに合わせたということである（2007年現在も、日産は定額法を採用）。

このように、減価償却の方法を変更した場合には、その理由を具体的に記載することが要求されており、それを読むことによって、企業の状況の変化を知る手がかりが得られる。財務諸表を読む際には、こうした背景までをも読み取る必要がある。

### (2) 減損処理

ビジネスに用いる固定資産は、有価証券などと異なり、転売による利ざやを稼ぐのではなく、使用により、そのビジネスから収益を上げることを目的に保有されており、固定資産の取得に要した金額もそのビジネスから得られる収益によって回収されることが予定されていると言える。

もしそのビジネスの収益性が当初の予想より低下し、そのビジネスに使われている固定資産の取得に要した金額を100％回収することができないことが明らかになったら、固定資産の貸借対照表計上額は回収できないと予想される金額を控除して開示すべきである、という考え方が導入された。これが固定資産の**減損処理**である。

すなわち減損とは、資産の収益性の低下により投資額の回収が見込めなくなった状態であり、減損処理とは、そのような場合に、一定の条件の下で回収可能性を反映させるように帳簿価額を減額する会計処理である。

### (3) リース会計

リース取引は、**ファイナンス・リース取引**と**オペレーティング・リース取引**に分類され、ファイナンス・リース取引はさらに、リース物件の所有権が借り手に移転するものと借り手に移転しないものに分けることができる。

ファイナンス・リース取引とは、「ノンキャンセラブル」（＝リース契約に基づくリース期間の中途において当該契約を解除することができない取引〈これに準ずる取引を含む〉）と、「フルペイアウト」（＝借り手が、リース物件からもたらされる経済的利益を実質的に享受することができ、かつ、当該リース物件の使用に伴って生じるコストを実質的に負担することとなる）の双方の要件を満たすリース取引を言う。

オペレーティング・リース取引とは、ファイナンス・リース取引以外のリース取引を言う。

リース取引のうち、ファイナンス・リース取引は実質的に資金調達と固定資産購入の両取引を合わせたものであるため、原則として通常の売買取引に係る方法に準じた会計処理を行うべきとされていた。かつては、所有権が借り手に移転しないファイナンス・リース取引は、例外的に通常の賃貸借取引に係る方法に準じて会計処理を行うことが認められており、ほとんどの企業が例外処理を選択していた。

しかし、会計ルールの国際的調和の観点から、新たに「リース取引に関する会計基準」が制定され、所有権が借り手に移転しないファイナンス・リース取引も2008年4月1日以後開始する事業年度から原則処理に一本化されることとなった。

## 3 引当金の計上方法

引当金とは、現在の収益に貢献している将来の費用または損失で、その支払いが将来確実に予想される場合、その金額を合理的に見積もることが可能なものに限り、当期の費用として計上するために設定される負債の項目である。代表的な例としては、**貸倒引当金、退職給付引当金**がある。

> **用語解説**
>
> ・**貸倒引当金**：貸倒引当金とは、将来、売上債権をはじめとする債権が回収できない場合、つまり貸し倒れに備えて、その発生予想額をあらかじめ費用として計上するものである。日本の上場企業あるいは店頭公開企業では、すべての債権について過去の貸し倒れの実績率を掛け合わせた分だけを設定するか、それに加えて回収が難しい分についても貸倒引当金を設定する方法のいずれかを採用するのが一般的である。
>
> ・**退職給付引当金**：退職給付引当金とは、退職金や年金に関連して、企業が今後支払わなければならない金額を見込んで設定されている負債項目である。基本的には、社内の資産で準備している引当金のうち、退職金の準備となっていることを示すために集計される部分と、社外に準備額を積み立てていく企業年金の準備不足額を合計して記載される（詳しくは101ページの退職給付会計を参照）。

## 4 収益の計上基準

収益を認識する時点としては、商品・製品を手渡したり、サービスを提供した時点、あるいは代金が手に入った時点などが考えられるが、通常「商品などが顧客に販売され

た時点」で収益を得られることが確実になったとして認識するのが原則となっている。これは、収益を現金の入金時点で認識すると、商品などをまったく顧客に渡していなくても、また何もサービスを提供していなくても、事前に前受金などの形で現金をもらうと売上げとなり（逆に商品あるいはサービスを顧客にすでに提供している場合であっても、代金が回収されるまでは売上げにならないことになり）、会社の実態が財務諸表に反映されないおそれがあるからである。なお、販売された時点とは、商品などが顧客の手元に到着するという物理的なことだけを言うのではなく、売上代金が一定期間後に回収されることが確実である、返品がなされない、請求することが可能であるなど、取引の状況を総合的に考えて決まる。このように販売時点で売上げを計上することを**実現主義**と言い、いくつかの具体的な売上計上基準がある。

---

**用語解説**

- **出荷基準**：商品あるいは製品の出荷時点で売上げを計上する基準である。一般的にはこれが最も多い。
- **割賦基準**：百貨店など分割払販売を行っている会社が採用できる基準である。割賦販売の場合、普通の販売方法に比較して分割払いの途中で回収ができなくなるなどのリスクがあるために、分割払いの回収期限が到来したときや実際の入金があったときに収益を計上する割賦基準が認められている。
- **工事完成基準**：建設会社において長期の建設工事の場合に採用される基準で、工事が完成し、その引き渡しが完了したときに一度にすべての収益を計上する基準である。
- **工事進行基準**：工事完成基準と同じく、建設会社において長期の建設工事の場合に採用される基準で、決算期末での工事進行度合いに対応する収益を計上していく基準である。工事完成基準に比較して、より発生主義的な考え方に立ったものであり、より望ましいと考えられる。

---

## 5 ● 費用の計上基準

費用を認識する時点としては、商品・製品やサービスの提供を受けた時点、あるいは代金を支払った時点などが考えられるが、通常「その商品・製品が使われたり、サービスが提供されたりした時点」に費用として認識するのが原則である。これは、収益の場合と同じように、費用を現金の支払い時点で認識すると、商品などを提供されていなくても、事前に前払金などの形で現金を支払うと費用となり、逆に商品などの提供を受け

ている場合であっても、現金を支払うまでは費用にならないことになり、会社の実態が財務諸表に反映されないからである。たとえば給与では、実際の給与の支払いが行われていなくても、従業員が働いているのであれば、その働いた期間に対応する給与はすでに将来的に支払う義務があるので、その時点で費用と考えるのである。

このように、商品などの提供の事実によって費用を認識する基準のことを**発生主義**、現金の動きに注目して支払った時点で費用を認識する基準のことを**現金主義**と言う。一般には、発生主義がより望ましい方法とされている（費用の計上基準については、会計方針としての記載はない。これは、日本の上場企業あるいは店頭公開企業がすべて発生主義を採用しているからである。現金主義は小規模な会社において、一部の収益・費用について採用されているにすぎない）。

---

**用語解説**

- **現金主義**：収益と費用について、現金の入金があったときに収益として、また現金の支払いがあったときに費用として認識する基準のことである。つまり、収入（入金）＝収益、支払い（出金）＝費用という等式が成立している。しかしこの基準は会社の本当の収益・費用を把握する目的からは望ましくない。
- **発生主義**：費用について価値が減少した時点で認識する基準である。そのため多くの場合には、支出≠費用となる。つまり、現金の動きではなく、実質的な価値の減少に応じて費用を認識する方法である。収益の認識基準である、より確実性を考慮した実現主義は発生主義の一種と考えられる。

---

# 6 その他の会計処理方法

### 有価証券の評価方法

有価証券は、原則として時価評価を行うことになっている。具体的には、有価証券の中で、**公正価値**（Fair Value：**時価**）が簡単にわかるものについては、売却を目的としているもの、その他のもののいずれも「公正価値」で評価する。しかし、その評価損益については、公正価値がわかるものの中でも、売却目的のものについては損益計算書に記載し、その他のものについては損益計算書に損益を反映させずに、貸借対照表の純資産の部を評価損益の分だけ増減させることになっている。また、「公正価値がわからないもの」については、投資先企業の財務状態などによって評価することとされている。

一方で、社債などのように償還期限が決まっているものの中で償還期限まで所有する目的のものは、「公正価値」ではなく**償却原価**（Amortized Cost）、つまり購入金額と

償還時の金額の差額を、償還期限までの期間にわたって徐々に修正していった金額で評価する。これは、このような社債の価値は償還時の金額をベースにして評価することが望ましいと考えられるからである。

## ● 退職給付会計

退職年金は、会社が従業員や役員に対して退職後に支払うものである。一般的には、社外に将来の支払いに備えて年金基金を作り、その基金に準備額を積み立てていく形態をとっている。

現在の会計ルールでは、現在の年金の準備金額を意味する**年金資産**（Plan Asset）は、決算期末段階の時価で評価することとされている。一方で、将来の支払いを考えたときに現在時点で準備しておくべき金額を意味する**給付債務**（Benefit Obligation）は、将来の予測支払額を、金利をもとに設定した一定の割引率で現在価値に直して計算することとされている。そのうえで、時価ベースの準備額である年金資産と、現在価値ベースでの準備必要額である給付債務を比較して、年金資産が給付債務を上回る場合には、年金の余剰分、つまり前払い分があると考え、その金額分を貸借対照表上に「前払年金費用」として資産計上する。逆に年金資産が給付債務を下回る場合には不足分があると考え、「退職給付引当金」として負債計上する。

つまり現在の会計ルールでは、年金給付についても会社の活動の一部と考え、その準備状況を貸借対照表に反映させることになっている。なお、この余剰額や不足額を意味する資産や負債については、実際に支払うことになる従業員の退職時点までにそれぞれ処理もしくは埋め合わせすればよいので、年金の会計ルールでは従業員の平均残存勤務年数で徐々に償却していくことになっている。

### 参考：年金の種類－確定拠出型年金と確定給付型年金の違い

退職年金制度は、年金基金への会社の拠出方法の違いによって、**確定拠出型年金**（Defined Contribution Plan）と**確定給付型年金**（Defined Benefit Plan）に分けられる。このうち「確定拠出型年金」とは、会社が毎年年金基金に拠出する額を将来の受給者（従業員）ごとに一定とし、拠出後の運用は各個人の判断に任せて、その結果に応じて受取額（給付額）が変わってくる年金である。この年金制度では、会社は資金を年金基金に拠出した段階でその義務を果たしたことになり、その後の運用実績の良し悪しはあくまでも従業員個々の責任となる。つまり、従業員が受け取ることのできる年金の金額は、運用パフォーマンスによって変化してしまうのである。

一方、「確定給付型年金」とは、将来会社が受給者に支払う予定の年金額から逆算して、毎年年金基金に拠出する金額が決まる年金制度である。この制度では、年金資産の運用責任は会社側にあり、従業員の年金受取金額は確実に保証される。つまり、会社の拠出金額が、運用実績の良し悪しや将来の支払予測によって大きく変わる可能性があり、会社の財務状況にも少なからぬ影響がある。
　日本ではもともと確定給付型しか認められていなかったが、2000年代初頭から確定拠出型が認められるようになったため、年金資産の不足や財務への悪影響が将来発生しないようにする目的で、確定拠出型を採用する企業が増加している。

　さらに現在の新会計ルールでは、年金費用については毎年の従業員の労働サービスに対応する分を、発生主義によって計上していくことになっている。
　退職給付債務の計算にあたっては、将来の支払予想額を現在価値に置き直すために割引計算を行う必要があるが、その際には**リスクフリー・レート**（非危険利子率：リスクがなく確実に獲得できるような金利の率。たとえば長期国債の金利や、高格付け企業の社債の利回りなど）をベースにして、年金の給付債務を現時点で決済すると仮定した場合に有効な**割引率**（ディスカウント・レート）を採用することになっている。割引率は会社ごとに設定できるため、理屈がつく範囲で高めに設定すると給付債務は小さくなり、低めに設定すると給付債務は大きくなる。したがって、同業他社などと比較を行う際には、割引率の水準をチェックすることも必要である。
　また、割引率は金利動向とある程度連動することを考えると、金利動向によって給付債務が大きく変動する可能性があることになる。金利が上昇する局面では、債券等での運用が中心であれば、年金資産の運用も順調になる一方で年金債務も減少するため、年金会計が企業業績にプラスの影響を及ぼすこととなる。金利が下落する局面では、これが逆になる。ただし、金利が高いときには景気が悪化し、金利が低いときには景気が好転することが多い。したがって、本業の業績とは逆方向に退職給付会計の影響が出るために、それがリスクヘッジになっているという見方もできる。

## ●——— 税効果会計（Deferred Income Tax）

　税効果会計とは、税金等調整前当期純利益から差し引かれる税金を税務当局に対して支払う費用と見なして、発生主義で計算していく考え方である。具体的には、税金等調整前当期純利益に対して、過去将来を含め支払う時期に関係なく、最終的に支払うことになる理論上の税金の額を発生主義に基づいて計算し、これを税金等調整前当期純利益から差し引いて当期純利益を計算するのである。そして、税金を支払うタイミングの差

> **財務会計と税務の差異**
>
> 　法人税法では、収益のことを益金、費用のことを損金と呼んでいる。これらは財務諸表の収益や費用とは必ずしも一致しておらず、注意が必要である。
>
> 　　*財務会計上：税引前利益　＝　収益　－　費用*
> 　　*法人税法上：課税所得　　＝　益金　－　損金*
>
> 　日本ではおおむね財務会計＝税務会計が成立しているが、完全に収益＝益金、費用＝損金となるわけではない（下記参照）。
>
> |  | 受取配当 | 寄付金 | 交際費 |
> |---|---|---|---|
> | 財務会計上 | 収益 | 費用 | 費用 |
> | 法人税法上 | 一部は益金とならず | 限度以上は損金とならず | 一部は損金とならず |

の部分については、税金の前払い（資産）あるいは未払い（負債）と考えて、将来の予想税率を適用して貸借対照表に計上する。つまり、貸借対照表には、過去あるいは今期の損益計算書上の税金等調整前当期純利益に対応する税金で、まだ支払っていないものを意味する**繰延税金負債**（Deferred Tax Liability）は負債に、逆に将来の損益計算書上の利益に対応する税金で、今期支払ったものを意味する**繰延税金資産**（Deferred Tax Asset）は資産に計上される。この繰延税金負債あるいは繰延税金資産は、以下のように財務諸表作成と税額計算との間で期間差異項目（Timing Difference）があるために発生するものである。

### a）一時差異項目（Temporally Difference）

　財務諸表作成と税額計算とで、期間を越えた費用・収益の最終的な総額は変わらないが、収益と益金（税金計算の場合の収益）、費用と損金（税金計算の場合の費用）を認識するタイミングが異なるものである。たとえば減価償却費、貸倒損失などがある。

### b）永久差異項目（Permanent Difference）

　財務諸表作成と税額計算とで、収益と益金、費用と損金を認識するルールが違っているために、財務諸表作成の場合には費用となっても、税金計算の上ではタイミングを問

わず費用としては認めないなど、永久的にその取り扱いが異なっているものである。

　税効果会計を採用しなければ、税金をある意味での利益の処分と考え、実際の納税額あるいはその期の納税予定額を当期の税金に関連する費用として、税金等調整前当期純利益から差し引く方法を採用することになる。したがって、もし会計上の利益と税金計算上の利益である課税所得に大きな差異があれば、税金等調整前当期純利益とそれから差し引かれる税額がまったく対応しないことになってしまう。このように、税効果会計は当期純利益をより適切に計算して、適切なROEを出すためにも重要なものである。ただし、税効果会計を採用すると、税率が変更されることによって繰延税金資産や繰延税金負債の金額が変わってくるため、結果として業績にも影響が出てくることに注意する必要がある。

　なお、繰延税金資産あるいは繰延税金負債を計算する際の税率としては、将来的に「回収あるいは支払いが見込まれる時期の予想税率」を使うこととなっているが、実際には予測が難しいため決算日時点での税率を使い、将来の税制改正が決定している場合には新税率を使うことになっている。

　さらに、理論上の税金の前払いを意味する繰延税金資産については、本当に前払いとしての効果があるかどうかは、将来利益を生み出せるかどうかにかかっている。したがって、繰延税金資産の回収可能性について評価が難しい場合には、その金額を減額する必要がある。この設定にあたっては、過去からの業績推移をもとにした次期以降の業績予測、将来課税所得が発生することにつながる繰延税金負債の存在、所有資産の含み益、損失の繰越期限内に繰越欠損金と相殺すべき課税所得を計上するような戦略的納税計画などを考慮して、総合的に判断することになっている。

　ところで、繰延税金資産は有税償却を行った場合などに発生するため、税務の取り扱いに比較して、会計上より保守的な処理をした結果と見ることもできる。言い換えれば、繰延税金資産が多額にある会社は税金のルールに比較して保守的な会計処理を行っており、逆に繰延税金負債の多い会社は税金のルールに比較してあまり保守的な会計処理は行っていないとも言える。これを見ることで、その会社の置かれた経営環境や意図を読み取ることもある程度可能となる。

### ● 偶発債務（Commitment & Contingencies）

　偶発債務とは、訴訟事件のように現在のところはまだ確実な債務とはなっていないが、将来一定の条件が満たされた場合、つまり訴訟に敗れたような場合に、実際の債務になる可能性があるものである。訴訟については、金額面を含めたリスクが潜在的にどの程

度あるのかを記載することになる。なお、これらの偶発債務について損失あるいは費用が発生する可能性が高くなった場合には、その損失や費用に対して引当金を設定することになる。

### ◉ 企業結合会計

わが国におけるディスクロージャー制度が連結重視の姿勢を打ち出した後も、「連結財務諸表原則」を除くと企業結合に適用すべき会計基準は必ずしも明確ではなく、商法（現・会社法）の規定の範囲内で幅広い会計処理が可能になっていた。

そこで2006年に「企業結合に係る会計基準」が施行され、企業結合に係る会計処理方法の明確化が図られた。特に企業結合における「取得」と「持分の結合」を明確に定義し、すべての結合当事企業において持分が継続していると判断される場合のみ資産および負債を帳簿価額で引き継ぐ**持分プーリング法**による会計処理を認め、それ以外の場合は資産および負債を時価で引き継ぐ**パーチェス法**の適用が義務づけられることとなった。

## 7 ◉ 会計方針の変更と継続性の原則

先にも述べたように、日本では、ある特定の会計方針を常に採用することを強制すると、かえって会社の実態を表さなくなるおそれがあるため、いくつかの会計方針の中で、会社がそのときの状況に最も適したものを採用することを認めている。

会社はこの考えに基づいて、従来の会計方針よりも別の会計方針のほうが会社の状況をより適切に表すと考えられるときに、会計方針の変更を行う。

会計方針の変更は、会社の置かれている経営環境や、採用している経営戦略に結びつけて考えることもできる。たとえば、先の日産自動車の例とは逆に、機械の減価償却の方法を定額法から定率法に変更している会社があるとする。これには、以下のような理由が考えられる。

- 機械の使い方が激しくなったため、価値の減少が著しくなってきた
- これから機械の使い方が激しくなるための対策である
- 将来的に陳腐化が早めに進むことなどを予想しているため、早く設備を償却したい
- 今後、本業から安定して利益を上げることについて自信を持っている

このように、会計方針の変更がある場合には、それを分析することによって、会社の経営環境や経営戦略の変化について大きなヒントを得ることができる。

ところで、会計方針の変更はどのような場合でも行えるのだろうか。原則的には、会

社の実態をより正確に表現するための変更であればいつでも行えるが、それにも一定のルールがある。なぜなら、会社が自由に会計方針を変更することを認めてしまうと、利益調整のために会計方針を変更する可能性があり、会社の本当の業績が財務諸表に反映されなくなってしまうからである。そこで、そのようなことのないように、一度採用した会計方針については、「正当な理由」がない限り継続して適用し続けなければいけないという、継続性の原則が設けられている。

**継続性の原則**については、企業会計原則で「企業会計は、その処理の原則および手続きを毎期継続して適用し、みだりにこれを変更してはならない」と定められている。それでは、変更することができる場合の「正当な理由」とはどのようなことを指すのだろうか。

会計のルール（日本公認会計士協会監査委員会報告第20号）では、正当な理由の前提として、
- 変更の理由が会計ルールから見て妥当であること
- 利益操作を目的としていないこと
- 変更が短期間に何度も行われていないこと

の3つを挙げている。そして、その中で「正当な理由」の例として、
- 従来の方法よりも、会社の実態をより正確に表すことになる方法へ変更するとき
- 会社に損失を与えるおそれのあるような事実について、慎重な方法へ変更するとき
- 会計のルールや税法の改正に合わせて変更するとき

の3つが挙げられている。これらの点について総合的に判断したうえで、「正当な理由」があるものについては変更が行われる。

## 8 ● 最後に

以上、会計方針の意味とその重要性を見てきた。会計というと、融通の利かない厳密なルールの下での数字集計と思われている方が多いかもしれないが、実際にはこのように、財務諸表に表れてくる数字の裏には、経営者の何かしらの意図が必ず存在している。今後、財務諸表を読む際には、「無機質な」数字ばかりを追いかけるのではなく、その裏にある「血の通った」経営者の意図をも汲み取るよう心がけるとよいだろう。それが読み取れるようになれば、財務会計をほとんど理解したも同然である。

## 補 ● 日米の会計方針の違い

　仮に、日本企業Ａ社とアメリカ企業Ｂ社が同じ100億円の機械を購入して生産を始め、減価償却の方法について、Ａ社は日本で最も一般的な方法である法人税法の規定による定率法を、Ｂ社はアメリカで最も一般的な方法である定額法を採用したとしよう（Ａ社Ｂ社ともに、その機械の使用可能期間である耐用年数は10年間、残存価額は1円とする）。このとき、Ａ社では1年目の減価償却費は31億円、Ｂ社では10億円となり、同じ機械を購入して使っていながら、Ａ社の費用のほうが約21億円も多くなってしまう。

　このように会計方針が異なると財務諸表に表れる数字も異なってくるため、単純には比較できない。実際、日米間で最も一般的な方法が異なっていることは多く、さらに日本の会計方針とは違う方法がアメリカにあることもある。したがって、日米企業の本当の業績比較を行うためには、アメリカの会計基準を理解しなくてはならない。

　また、前述したように、アメリカの会計基準は**国際会計基準**（**IAS**：International Accounting Standards）と酷似しており、タイやインドネシアなど現在発展途上にある東南アジアの国々の会計ルールの見本にもなっている。したがって、アメリカの会計基準を知っておくことは、将来、日本企業が海外で上場するときに採用する国際会計基準を理解し、また東南アジア等の発展途上国の企業の業績を把握するうえでも役立つ。

　以下、具体的なアメリカの会計方針について見ていく。

### ●───  固定資産の減価償却の方法

　アメリカでは有形固定資産の減価償却の方法として、❶定額法、❷定率法に類似している"Declining-Balance""Sum of the Years Digits"、❸生産高比例法、が代表的なものとして認められている。

　アメリカのほとんどの会社は定額法を採用しており、それ以外の方法を採用している会社は少数派である。また、耐用年数や残存価額については、使用状況の予想、技術革新の状況などにより見積もることが原則となっており、あらかじめ決められた耐用年数や残存価額を当てはめていく日本の方法とは異なっている。

---
**用語解説**

- **Declining-Balance**：減価償却費が初めに多く、徐々に少なくなっていく方法。**Double-Declining-Balance**（DDB：倍額定率法）という方法が一般的である。この方法では、減価償却費は以下のように計算する。

> 減価償却費　＝　簿価　×　（２ × 定額法償却率）
>
> • **Sum of the Years Digits**：減価償却費が初めに多く、徐々に少なくなっていく方法であり、耐用年数がどれだけ残っているかの比率によって、減価償却費を有形固定資産の使用期間に割り振っていく。日本では**級数法**と呼ばれている。具体的には以下のように計算する。
>
> 減価償却費　＝　（取得原価－残存価額）　×
> 　　　　　　　　（残存年数÷残存年数の総合計）

## ⦿ ── 引当金の計上方法

アメリカでは、貸倒引当金は、"Allowance for Doubtful Accounts"として、"Accounts Receivable"の金額から直接差し引く形で示されるのが一般的である。貸倒引当金の金額については、将来の債権の貸し倒れ、つまり回収ができない金額の予想額を見積もって計算する。

## ⦿ ── 日米における財務会計と財務の差異

103ページで述べたように、日本ではおおむね財務会計＝税務会計が成立しているが、完全に収益＝益金、費用＝損金となるわけではない。

一方、アメリカにおいては、財務会計と税務会計は最初から独立したものとして、区別して考えられている。すなわち、アメリカでは、上場公開企業がSECに提出する正式の財務諸表の作成にあたっては、会社の実態を正しく表すという観点から最も望ましい会計方針を選び、法人税の算定については、最も節税に都合のよい会計方針を採用することが認められている。

これに対し日本では、有価証券報告書を作成する際に採用した会計方針に従って計算した費用の範囲内でしか、法人税算定のときの費用としては認められないことになっている。仮に有価証券報告書の作成にあたって採用した方法よりも節税上有利な方法があったとしても、これを法人税算定に適用することはできない。したがって、日本では、節税という目的と、会社の本当の業績を把握するという目的の両方を1つの会計方針で満たさなければならないため、一方の目的からは必ずしも最適ではない会計方針が採用されることもある。

## 補 ● 内部統制

**内部統制**とは、企業の財務報告の信頼性を確保し、事業経営の有効性と効率性を高め、かつ事業経営に関わる法規の遵守を促すことを目的として企業内部に設けられ、運用される仕組みと理解される。企業の利害関係者にとっては、適正な財務報告に資する点が内部統制の直接的なメリットと言えよう。

内部統制は、❶経営者の経営理念や基本的経営方針、取締役会や監査役の有する機能、社風や慣行などからなる**統制環境**、❷企業目的に影響を与えるすべての経営リスクを認識し、その性質を分類し、発生の頻度や影響を評価する**リスク評価の機能**、❸権限や職責の付与および職務の分掌を含む諸種の**統制活動**、❹必要な情報が関係する組織や責任者に、適宜、適切に伝えられることを確保する**情報・伝達の機能**、❺これらの機能の状況が常時監視され、評価され、是正されることを可能とする**監視活動**という5つの要素から構成され、これらの諸要素が経営管理の仕組みに組み込まれて一体となって機能することで上記の目的が達成される。

このような内部統制の概念と構成要素は国際的にも共通に理解されているものであるが、それぞれの企業において、具体的にどのような内部統制の仕組みを構築し、どのように運用するかということについては、各国の法制や社会慣行あるいは個々の企業の置かれた環境や事業の特性等を踏まえ、経営者自らが、ここに示した内部統制の機能と役割を効果的に達成しうるよう工夫していくべきものである。

わが国においても金融商品取引法内部統制の導入が注目されるに至った直接的な契機として、エンロンやワールドコムなどのアメリカ企業による会計スキャンダルとそれに前後して成立したサーベンス・オクスリー法が取り上げられることが多い。しかし、アメリカにおける内部統制の整備の動きは1985年に組織されたトレッドウェイ委員会からすでに始まっていたと言えるだろう。トレッドウェイ委員会は1987年に「Report of the National Commission on Fraudulent Financial Reporting」を公表し、不正な財務報告の発生を減少させるために、従来の内部会計統制よりもより広い概念である内部統制の構築を勧告している。

このトレッドウェイ委員会の活動の成果を受けて、内部統制の概念をよりオペレーショナルなレベルにまで具体化したものが、トレッドウェイ委員会支援組織委員会が

1992年に発表した「内部統制－統合的枠組み（Internal control-Integrated Framework）」である。この報告は「**COSOレポート**」と呼ばれている。

　日本の上場企業に義務化される監査の対象となる内部統制の基本的概念もこの「COSOレポート」がベースになっており、内部統制監査も一足先に本格的な内部統制の義務化が施行されたアメリカをモデルとして制度が設計されてきた。
　しかし、アメリカでは内部統制整備のコストが過大な負担となるという事態が生じたことから、整備の内容を緩和する動きが起こっている。これは単に企業の負担を軽減することのみが目的となっているだけではなく、証券市場が国際競争の時代に入り、上場する企業と投資家の双方からインフラとしての資本市場の魅力が真剣に問われるようになってきたことも深く関係していると言えるだろう。すなわち、投資家にしてみれば自国のマーケットにとらわれることなく、信頼性の高い財務報告を求める一方で、企業側も資金調達を自国の資本市場にこだわることなく、よりコスト面でメリットのある市場を選択する時代になってきたということである。
　こうしたことから、日本の内部統制整備についてはアメリカの内部統制整備の状況を踏まえてダイレクト・レポーティングの不採用やトップダウン型のリスク・アプローチなどの特色を出して、企業がよりスムーズに内部統制の整備を行えるよう配慮をしている。

# 第2部

# 管理会計

# 第3章
## 意思決定の管理会計

> ● 第3章のはじめに
> ［経験と勘だけに頼った意思決定はゴミ箱に］

●

　企業を取り巻く経営環境は日々変化している。特にここ数年の変化は激しく、株価や為替の急激な乱高下、金融システムの不安、デジタル革命の進展など、5年前には予想することのできなかったような変化が次々と起こっている。このような激しい環境変化の中で企業を維持し、成長させていくためには、変化に柔軟に適応していくことが必要になる。そしてそのためには、経営者、そして従業員は、日々いろいろな場面で適切な意思決定を行わなくてはならない。

　しかしながら、いまだに、過去の経験から得られた勘や将来に対する読みだけで意思決定を行っているケースはけっして少なくない。日本が高度経済成長期にあり、国内外の経営環境が比較的安定していた頃には、経験や勘に基づく意思決定でも問題はなかった。しかし、新しい変化が次々と起こり、日本国内だけでなく全世界にも目を配らなければならない昨今の経営環境下では、こうした従来型の意思決定を安易に行うことはきわめて危険である。

　それでは、我々はいったいどのように意思決定を行えばよいのか？　経験や勘に頼らない意思決定とはどのようなものなのか？　結論から先に言えば、今後は、企業の置かれている経営環境やその中でとるべき戦略などについて、いろいろなツールを使って定量的な分析やシミュレーションを行い、その結果に基づいて企業の進むべき方向や実施すべき施策の選択肢を絞り込み、その中からできるだけ成功の確率が高いと考えられるものを選んでいかなくてはならない（もちろん、この段階では経験や将来に対する読みも総動員する必要がある）。また、分析やシミュレーションを行う際には、さまざまなシナリオを想定してその対応策を考えておくことが必要だ。シナリオに沿って分析を行うことは、将来の企業のリスクを予想し、それに対応するための方法をあらかじめ考えるという、リスクマネジメントの1つとも考えられる。こうしたことが日常的にあらゆるレベルで実現されれば、企業が存続し、成長する確率はずっと高まるはずである。

　本章ではこうした考えに基づき、事業経済性（Business Economics）の観点から、

いかに合理的に意思決定すべきかを解説していく。なお、本章で解説するツールについては、当然のことながら、「どのような経営戦略を採用するのか」「マーケティング戦略はどうするのか」「人的資源管理はどうするのか」といった、会計以外の経営の側面と密接に結びつくことになる。この結びつきについてもできるだけ例を挙げながら解説していくが、詳しくはそれぞれの分野の専門書を読まれることをお勧めする。

　我々は十数年前には、主に欧米諸国の企業との競争だけを意識していればよかった。しかし現在は、全世界の企業が同じ土俵の上で競争することも予想される状況である。1年前には形すらなかった企業とも戦っていかなくてはならない。しかも、東南アジア諸国や旧社会主義諸国においても、多くのリーダーが欧米式の合理的・理論的な考え方を取り入れてきている。

　繰り返しになるが、我々も経験と勘に頼った意思決定はやめなくてはならない。世界中の競合企業の考え方やその意思決定を理解・予測するためにも、本章で紹介する分析手法や考え方のフレームワークをしっかりとマスターしなくてはならないのである。

# 1 さまざまな費用

**POINT**

　費用（コスト）の把握方法には、いくつか代表的なものがある。まず、売上高や生産量の変動に応じて変わるか否かの観点から、変動費と固定費に振り分けることができる。また、どの製品やサービスに関連して発生したのかが明確か否かの観点から、直接費と間接費にそれぞれ振り分けることもできる。前者は損益予測や利益計画などに有効であり、後者は製品・サービスごとのコストを計算する際に有効な考え方である。またこれとは別に、コストをどの単位ごとに集計するかという観点から、製品原価と期間原価に区分する方法もある。これらの概念は第2節の損益分岐点分析や第3節のABC（活動基準原価計算）をはじめ、意思決定やコントロールを行う際のベースとなっており、非常に重要なものである。

◉

　「いま現在同じ利益を生み出している2つの製品がある。ところでこの2つの製品は、同じだけ売上高が伸びればやはり同じだけ利益が増えるのだろうか」
　これは管理会計の最も基本的な問題である。簡単そうに見えて、なかなか説明するのは難しい。また、頭では理解していても、すべての会社がその説明に沿った合理的行動をとっているわけでもない。個人商店の事例を題材に、この基本的な問題について考えてみよう。

◉

　伊澤屋は長野県でうどんとそばを作っている江戸時代から続いた製麺の老舗である。6代目のオーナー社長である真木は、そばについては「手打ち以外はそばじゃない」という信念から、伝統を重んじた労働集約的な生産スタイルを貫く一方で、うどんについては生産効率を上げるため、機械による省人化・自動化を進めていた。うどんもそばも1食当たりの売り値・営業利益は同じであり、各々1カ月当たり10万食という非常に安定した生産・販売状況となっている。**図表3-1**は伊澤屋の1カ月当たりの損益状況を示している。

**図表3-1　伊澤屋の製品別月次損益計算書**

|  |  | うどん | そば |
|---|---|---|---|
|  | 売上高 | 100 | 100 |
| コスト | 材料費 | 28 | 36 |
|  | 労務費 | 10 | 25 |
|  | 工場間接費 | 45 | 20 |
|  | 販売費 | 9 | 11 |
|  | 費用計 | 92 | 92 |
|  | 営業利益 | **8** | **8** |

　ところで最近、伊澤屋の近郊では、大手デベロッパーにより観光開発がさかんに行われ、ホテルや旅館から伊澤屋への注文が急増していた。そこで真木は、新たな設備投資や従業員採用を行わず、また現在のコスト構造を変えないとしたらどこまで増産が可能かを、製造・管理担当の小林に調べさせた。その結果、うどん・そばのどちらか一方を1カ月当たり14万食まで増産することが可能であることがわかった。

　急きょ開いた戦略会議の席上、真木は、現在うどんもそばも1食分の営業利益は同じ8円であることから、「伊澤屋はそばが本業である」と、そばの増産に踏み切ろうとした。しかしそのとき、同席していた小林の部下の花田が「うどんを売ったほうが利益が出ますよ」と静かな口調で話し始めた。花田はまだ30歳前の若手社員である。彼は、自分で作成した資料を真木に示しながらこう言った。

　「いまの生産量だと、うどんもそばもトータルコストは同じですが、私が計算したところ、増産した場合、そばのほうがうどんよりトータルコストが多くかかります。ごらんください。いま現在、うどんは売上高100に対して変動費57、固定費35、利益8、一方そばは売上高100に対し変動費77、固定費15、利益8、となっています。一般に、設備投資や従業員の採用などの固定費を変えずに売上げ増により利益を出すためには、売上高から変動費を引いた限界利益の増加を最も大きくする製品を売るのが得策です」

　それを聞いた真木は、複雑な感情を抱きながら次のように考えた。
　「もう我々の時代は終わったようだ。彼のような若い人間に反論もできないようでは。これからは、うちのような個人商店でさえ、彼のように会計に強い社員がいなくては生き残っていけないのかもしれないな。それにしても、数字をちゃんと分析しないで物事を決めることはできないものだな」

**図表3-2　花田の分析**

|  |  |  | うどん | そ ば |
|---|---|---|---|---|
|  | 販売価格 |  | 100 | 100 |
| コスト | 材料費 | 変動費 | 28 | 36 |
|  | 直接労務費 | 変動費 | 10 | 25 |
|  | 工場間接費 | 変動費 | 10 | 5 |
|  | 工場間接費 | 固定費 | 35 | 15 |
|  | 販売費 | 変動費 | 9 | 11 |
|  | 変動費 |  | 57 | 77 |
|  | 固定費 |  | 35 | 15 |
|  | 費用計 |  | 92 | 92 |
|  | 営業利益 |  | **8** | **8** |

|  | 固定費 | 変動費 |
|---|---|---|
| うどん（自動化） | 大 | 小 |
| そば（労働集約） | 小 | 大 |

| 限界利益増加 |
|---|
| 大 |
| 小 |

| 営業利益増加 |
|---|
| 大 |
| 小 |

# 1 ● 固定費と変動費

　費用には、損益計算書上の売上原価、販売費および一般管理費、営業外費用などが含まれるが、これらはいろいろな形で区分することができる。その中でも最も基本的なものが、**変動費**（Variable Cost）と**固定費**（Fixed Cost）の2つに区分する方法である。変動費とは一定の生産能力や販売能力の下で、生産量や販売量に応じて（比例して）変動する費用、つまり生産・販売が1単位増加するごとに、それに対応して増加する費用である。メーカーの場合には材料費、小売業の場合には商品の売上原価、販売手数料、運送費などがこれに含まれる。一方、固定費とは操業度や売上高の変動にかかわらず変わらない費用、つまり生産・販売がゼロでも発生する費用であり、機械のリース料、設備の減価償却費、従業員の給料などが含まれる。

　変動費、固定費という区分を利用して売上高と費用と利益の関係を表すと、次のようになる。

*売上高 − 変動費 − 固定費 ＝ 利益*

ここで、売上高から変動費だけを差し引いた利益のことを**限界利益**（Marginal Profit）と呼ぶ。また、この限界利益を売上高で割ったものを**限界利益率**と呼んでいる。

*限界利益 ＝ 売上高 − 変動費*
*限界利益率 ＝ 限界利益 ÷ 売上高*

限界利益率は、「売上高が一定額増加したときに、そのうちのどれだけの部分が利益の増加に結びつくか」という比率を意味している。したがって、冒頭のケースで見たように、市場の伸びや競争状況などに違いがなく、同じ努力、つまり同じだけ経営資源を投入すれば同じ売上高が得られるような製品の間では、限界利益率の高い製品に力を入れると利益が最も多くなる。このように、コストを変動費と固定費に区分する方法は、さまざまな場面で、経営意思決定を行ううえで重要な役割を果たしている。

ところで、限界利益がプラスの製品の場合には、製品の売上高が増加すればするほど利益が増加する。しかし、本当に限界利益がプラスであれば、つまり変動費を少しでも上回る価格であれば、製品を販売することが有利となるのだろうか。たとえば、1個1万円で販売している製品の1個当たりの変動費が4500円であったとする。このとき6000円で購入したいという顧客Aが現れたとして、はたしてこの顧客に販売してよいのだろうか？

単純に考えれば、1個当たり1500円の限界利益が得られることから、顧客Aに売るべきだということになる。しかし、ここでは6000円で販売することの影響も考えなくてはならない。つまり、いままで1万円で買っていた顧客に、6000円で顧客Aに売っているという情報がまったく伝わらなければ問題はないのだが、この情報が1万円で買っている以前からの顧客を含めた外部へ少しでも漏れると、すべての顧客が6000円に値引きするよう要求してくることが考えられる。結果としてこの製品の価格は6000円へと下がり、価格崩壊を招く可能性が出てくる。そうすると1万円で販売していたときには1個5500円も得られていた限界利益が、すべての販売について1個1500円へと下がってしまう。価格を下げた分を埋め合わせるだけの売上数量の増加が期待できなければ、結果として会社の利益の総額は激減してしまう。

このように、限界利益あるいは限界利益率を利用した分析は、あくまでも1つの意思決定の参考データと考えるべきであろう。会社の置かれている経営環境、市場での競争状況、あるいは製品戦略等の分析を行ったうえで、総合的に判断することが不可欠なのである。

### ◉──── 意思決定への応用

　変動費と固定費という区分により費用を把握することは、どのような意思決定を行う際に有効なのだろうか。結論から言えば、「売上高の変化に応じて利益がどう変わるか」を重視して意思決定を行う場合である。

　価格決定のケースを考えてみよう。変動費があまりかからず固定費が大部分を占める場合には、価格を相当低くしても限界利益を出すことができる。逆に言えば、それだけ価格設定の幅が大きいことになる。したがってこの場合には、価格を下げたときの1個当たりの限界利益の低下幅と、価格を下げることによる販売量の増加のどちらのインパクトが大きいのかを、幅広い価格の選択肢の中で正確に把握しながら価格を決めなくてはならない。

　一方、固定費が小さく、変動費がほとんどを占める場合には、価格設定の幅は限られてくる。なぜなら、変動費を上回る価格をつけなければ、販売数量がいくら増加しても限界利益、最終的な利益ともに得ることはできないからである。このように、同じ製品であっても費用の発生形態が異なる場合には、価格設定の許容範囲が異なってくる。

　また、変動費、固定費の区分を行う場合には、両者の中間的な性格を持つ**準変動費**のような費用もあることに注意しなくてはならない。このような費用については、売上高との関係分析を行い、実態に極力合うよう分解すべきである。

　さらに、同じ費用項目でも期間のとらえ方によっては、短期的には固定費であるものが、長期で考えると変動費となる場合がある（人件費などがそのよい例である）。したがって、意思決定を行う際には、その意思決定が影響する期間を十分に考慮したうえで費用を正確に分類する必要がある。

## 2 ◉ 直接費と間接費

　変動費と固定費の区分以外に費用を区分する方法として、**直接費**（Direct Cost）と**間接費**（Indirect Cost）の2つに区分する方法がある。直接費とは、ある特定の製品やサービスに関連して発生したことが明確にわかる費用であり、メーカーの場合で言えば、原材料費やある特定の製品の製造ラインの人件費などが代表的なものである。一方、間接費とは、そうした関連が明確にわからない費用であり、メーカーの場合には数種類の製品を作っている工場建物の減価償却費や管理部門の人件費などが代表的なものである。

　直接費、間接費という区分方法は、メーカーの製造原価の計算によく用いられる。現にメーカーの製造原価報告書を見ると、**直接材料費**、**直接労務費**、**製造間接費**の3つを

集計することによって製造原価を計算する形式となっている。

このうち、直接材料費と直接労務費は各製品のコストであることが明確にわかるものであり、各製品への割り振りも簡単かつ正確に行うことができる。しかし、製造間接費については、各製品との関係が明確でないために、ある仮定に従って割り振り計算を行わなければならない。決算書作成の場合をはじめ、通常、製造間接費については、**直接労務費**、**直接作業時間**、**機械運転時間**等、間接コストの発生と関係が深そうな基準をベースに割り振り計算をしている場合が多い。しかし、製造間接費もその発生の仕方によっていろいろなパターンがあり、これを1つないし2つの基準で割り振ることは本来望ましくない。このような点から、正確なコストを把握することを目的として、間接費の割り振り基準をいろいろな活動から探し出そうという考え方であるABC（活動基準原価計算）（第3章第3節参照）が出てきたのである。

「変動費－固定費」の区分と「直接費－間接費」の区分との関係を**図表3-3**にまとめておく。

**図表3-3** 「変動費-固定費」と「直接費-間接費」の関係

|  | 直接費 | 間接費 |
|---|---|---|
| 変動費 | 直接変動費<br>（主要原材料費、買入部品費など） | 間接変動費<br>（消耗品費、消耗工具、器具備品費） |
| 固定費 | 直接固定費<br>（直接賃金、直接経費など） | 間接固定費<br>（人件費、減価償却費、リース料など） |

出典：西田在賢、ケイミン・ワング『医療経営革命』（日経BP出版センター、1995年）に加筆修正

## 3 ● 製品原価と期間原価

**製品原価**（Product Cost）と**期間原価**（Period Cost）という区分は、コストをどのような単位で集計していくのかという、基準とする単位の違いによるものである。製

品原価とは、製品の原価として集計されていくコストのことである。つまり、製品原価として集計されるということは、工場の生産ラインで原材料を投入してから徐々に加工作業が行われていく過程で、加工途中にある場合には加工中の製品を意味する仕掛品、完成すると製品というように、まずいったん在庫の原価として集計されて**資産**となり、実際にそれが販売された段階で売上原価という費用になることを意味している。言い換えれば、製品原価は、コストが発生するタイミングと費用に計上されるタイミングに差が出てくる。

一方、期間原価とは、製品の原価としては集計されずに、発生した時点で一度に全額が費用とされるコストを指す。したがって、製品原価とは異なり、コストが発生するタイミングと費用となるタイミングに差がないことになる。

なお、原価計算の代表的手法の1つである**直接原価計算**（Variable Costing）では、製品の製造に関連するコストの中で変動費だけを製品原価に含め、固定費については期間原価とする。これに対し、**全部原価計算**（Absorption Costing、Full Costing）では、製品の製造に関連するコストはすべて製品原価に含め、それ以外の製品の販売あるいは物流などの費用については期間原価とする。

## ●──── 固定費の割り振りのトリック

工場の業績を測定するために、販売部門への製品の売却額を売上げとし、それから販売した製品の製造コストを差し引いて利益を計算している場合を想定してみよう。この場合、工場が利益を上げるためには、販売部門への売上げを増加させることが唯一の方法のように思われる。しかし、実際にはそれ以外にもう1つの秘策がある。それは、大幅な増産を図り、在庫を増やすことである。この場合、販売部門へ販売しなくても、工場の固定費が生産した製品に同じように割り振られるため、大量に生産すればするほど、製品1個当たりの固定費が下がり、結果として、製品を1個販売したときの利益が増加し、販売数量は同じでも、利益が増加するのである。ただし、実際には工場は大量の在庫を抱えることになり、また、原材料費をはじめとして生産のためのコストは大きく増加する。さらに増産して増加した在庫が売れ残ってしまうと、将来大きな損失が発生してしまう。要は、これは将来にツケを回して、現在の利益を上げようとしているということである。

このように、固定費は扱い方によっては、実態とかなりかけ離れた情報を提供する結果となってしまうので、その扱いには注意する必要がある。また、このようなことを避けるためにも、固定費は使ったときの費用として扱う直接原価計算が提唱されているのである。

### 直接原価計算

　直接原価計算とは、変動費と固定費の考え方を利用した原価計算のことである。具体的には、変動費を個々の製品に割り当てて製品原価とし、固定費についてはその総額をまとめて発生したときの費用、つまり期間費用として処理する。
　この方法によると、製品原価に集計される直接材料費、直接労務費と、物流費や在庫の管理費、修理費といった間接費の中の変動費部分で、当期に売り上げられた製品に対応する部分だけが売上原価に集計されることになる。直接原価計算では、完成品の製造量・販売量に関係なく発生する固定費、たとえば工場の管理部門の人件費、工場の設備の減価償却費などは、発生したときの費用、つまり期間費用として処理していく。
　それでは、直接原価計算にはどのようなメリットがあるのだろうか。まず、直接原価計算を採用すると「売上高−売上原価（変動費）」、つまり限界利益が経営指標として明確になる。したがって、限界利益率や、変動費と固定費のバランスなどの損益構造が明確になり、製品別あるいは事業別の利益分析や業績評価が簡単に行えるようになる。また、製品原価（在庫）は変動費のみで計算されるため、変動費の合理化をはじめ在庫管理についてもわかりやすいデータが得られることになる。さらに固定費についても期間費用としてまとめて認識することができるため、費用の発生の仕方に合わせた管理や、費用の削減という合理化にも貴重なデータが得られることになる。
　直接原価計算は、日米ともに、そのままでは外部公表データとして認められていない（外部公表データとして利用するためには全部原価計算の数値への修正が必要である）。しかし、外部公表データに利用されている全部原価計算とは別に、いろいろな意思決定や管理に利用することができるのである。

### 全部原価計算

　伝統的原価計算方法である全部原価計算では、直接原価計算とは異なり、売上原価に含まれる費用の内容は、変動費、固定費という区別に関係なく、完成品の製造原価に含めるべきか否か、つまり工場の費用か否かという点で判断される。この手法のメリットはその簡便さにあるが、直接原価計算のところで説明したメリットが失われてしまうため、利益管理の手法としての使い勝手はよくない。

## 2 ● 損益分岐点分析

### POINT

　**損益分岐点**（Break-even-Point）とは、損失と利益が分岐する点、つまり利益がゼロとなる状態（売上レベル）のことである。この利益ゼロの状態での売上高、あるいはコストを知ることによって、会社の損益予測、あるいは「ある一定のコストの下で利益を出すために最低限必要な売上高」、さらには「ある一定の売上高の下で利益を出すために必要なコストダウンの金額」等を予想することができる。このツールのことを**損益分岐点分析**（Break-even-Point Analysis）と言う。損益分岐点分析は、売上目標を立てるときだけでなく、会社全体の収益構造を変えようとするとき、あるいはプロダクト・ミックスを考える際など、非常に多くの意思決定の場において活用できる。したがって損益分岐点分析は、経営者にとっては最善の意思決定を下していくうえで不可欠なツールと言える。

●

　200X年（第40期）12月末、W社の経営状態はどん底にあった。急速な業績悪化から従来の60歳定年制を56歳に引き下げ、54～55歳の社員についても希望退職者を募るなど、500人の人員削減策を打ち出した。W社は従来、変動の大きい検査機器業界において、景気変動に対応するため設備・正社員を増やすことなく極力スリムな体制をとり、外注・臨時工を積極的に活用する戦略をとってきた。しかし、ITブームによる空前の検査機器ブームにより、人手不足、設備のフル稼動が常態化し、外注・臨時工の活用も限界となりつつあったため、それまでの戦略を変更して第37期の10月に検査機器組立工場、部品加工工場と、130億円を上回る設備投資を行い、また社員数も200人余り増加させた。

　しかし、こうした戦略が裏目に出るまでに長くはかからなかった。その後の景気悪化によって検査機器の市場規模は、37期時点の1兆円をピークに、39期は7000億円へと激減した。40期も5500億円程度と低迷する中で、ついに前述したような人員削減の発表に至ったのである。W社の第40期3月末の損益計算書と、変動費と固定費の分析資料を使い、W社の現状と今後の再構築について分析を行ったのが**図表3-4**および**図表**

## 図表3-4 W社の現状

### 損益計算書（抜粋） （単位：百万円）

| | 第39期 | 第40期 | 差 異 |
|---|---|---|---|
| Ⅰ 売上高 | 96,074 | 62,024 | 34,050 |
| Ⅱ 売上原価 | 72,184 | 53,293 | 18,891 |
| 売上総利益 | 23,890 | 8,731 | 15,159 |
| Ⅲ 販売費および一般管理費 | | | |
| 販売費 | 8,244 | 6,373 | 1,871 |
| 役員分人件費 | 380 | 319 | 61 |
| 従業員分人件費 | | | |
| 　給与、福利費他 | 2,452 | 2,393 | 59 |
| 　賞与 | 1,020 | 736 | 284 |
| 一般管理費 | 6,244 | 5,100 | 1,144 |
| 小計 | 18,340 | 14,921 | 3,419 |
| 営業利益 | 5,550 | △6,190 | 11,740 |

### ● 売上原価である製品製造原価の構成内訳 （単位：百万円）

| | | |
|---|---|---|
| 材料費 | 30,240 | 22,270 |
| 労務費 | 9,561 | 8,973 |
| 経費 | 32,383 | 22,050 |
| （外注加工費） | (20,290) | (13,384) |
| （減価償却費） | (4,260) | (2,467) |
| 合計 | 72,184 | 53,293 |

### ● 従業員の内訳

| | 人 数 | 人 件 費 | 削減予定人員数 |
|---|---|---|---|
| 工場 | 1,486 | 8,973 | 350 |
| 管理部門 | 498 | 3,129 | 150 |
| 合計 | 1,984 | 12,102 | 500 |

**図表3-5　W社の再構築プラン分析**

● **課題**

従業員500人の削減が行われた場合、損益分岐点がどれだけ変化するか試算する。

● **前提条件**

- 変動費率については第39期と第40期の売上高の変化と費用の変化から推定
- 人件費の削減額はすべて固定費の削減費と考える
- 損益分岐点の分析は営業利益の段階で行う

● **試算結果**　　　　　　　　　　　　　　　　　　　　　　（単位：百万円）

まず変動費率を求める

$$変動費率＝\{(39期\ 売上原価＋販管費) － (40期\ 売上原価＋販管費)\}$$
$$÷(39期\ 売上高－40期\ 売上高)$$
$$＝\{(72,184＋18,340)－(53,293＋14,921)\} ÷ (96,074－62,024)\}＝0.655$$

次に40期/3月末時点の固定費を求める

$$固定費＝売上高×限界利益率－営業利益$$
$$＝62,024×(1－0.655)－(－6,190)＝27,588$$

40期/3月末時点の損益分岐点売上高を求める

$$損益分岐点売上高＝固定費÷限界利益率$$
$$＝27,588÷(1－0.655)＝79,965$$

500人の人員削減により削減される固定費は、

　　工場：$8,973÷1,486×350＝2,113$
　　管理：$3,129÷498×150＝942$
　　合計：$3,055$

その場合の営業利益は、$(－6,190)＋3,055＝－3,135$

人員削減を行った場合の損益分岐点売上高は、

$$新しい損益分岐点売上高＝新しい固定費÷限界利益率$$
$$＝(27,588－3,055)÷(1－0.655)＝71,110$$

3-5である。これらを見ると、500人の従業員の削減でもまだ黒字化には遠いことがわかる。

W社の例にたがわず、検査機器業界は半導体メーカー等の設備投資圧縮、国内メーカーの海外への生産拠点移転などにより、今後も見通しがつきにくい。そもそも、検査機器業界は受注のブレ幅が非常に大きい業界であり、その意味で一時期の好況に浮かれて固定費を大幅に増加させてしまった経営陣の非は問われなければならない。今後の具体的なアクションプランとしては、

(a) 大幅な固定費削減により損益分岐点を下げ、生き残る
・特定の検査機器に特化する
・機能を絞り込んだ低価格市場に特化する
・海外への展開を積極的に行っていく
（価格競争力がポイント）
（東南アジアへの生産拠点の移転）
(b) 事業から撤退するか、事業内容を大幅に変える、または新規事業への展開を図る
(c) 同業他社と合併し、間接費を圧縮する

などによるリストラが考えられる。しかし、会計上の数字だけから短絡的にリストラを考えるのではなく、あくまでも現実の事業活動を考慮し、より高次の視点から意思決定を下さねばならないだろう。

ところで、これまでW社のような検査機器業界では、好況期には固定費の比率が上がり、不況期には変動費の比率が上がるという傾向があった。今回の不況では、外注化にシフトするのではなく、生産調整の結果、余っている工場ラインを使用して、外注している部品を自社工場で生産する方向に行かざるをえないのは、なんとも皮肉な話である。（本ケースで用いた数字は架空の数値である）

●

損益分岐点分析は、コストを売上高との関係で変動費と固定費とに区分し、これらに基づいて現状のコスト構造の下での損益分岐点を求め、利益予測や利益計画を立てる際の助けとするものである。経営者にとっては、利益を上げるために会社あるいは事業の売上高目標をどの程度に設定したらよいのか、あるいは**アウトソーシング**などによってコスト構造をどのように変えたらよいのか、といった意思決定を下すうえで重要なツールである。

## 1 ● 損益分岐点の意味

損益分岐点とは、最終的な利益がプラスマイナス・ゼロになる売上高（採算点）のことである。損益分岐点売上高が低い場合には、少ない売上高でも黒字を出すことができるため、その事業は比較的余裕があると言える。たとえば、同じような商品を取り扱っていて、規模もほとんど同じような小売業者であっても、損益分岐点売上高が10億円の会社と12億円の会社では、前者のほうが売上高が小さくても利益が出せるという意味で、利益体質の良い会社と言うことができる。

最近の日本企業は、経済のグローバル化による価格競争の激化や、それに伴った原材料などの市況の変化をはじめとした激しい経営環境の変化の中にある。そこで生き残っていくためには、工場の生産量調整や海外移転などをはじめ、生産量（売上高）の変化に柔軟に対応し、どのような状況下でも利益を上げることのできる体制づくりが必要となってきている。そして、そのための分析、あるいは判断指標の1つとして有効なのが損益分岐点分析である。

また、損益分岐点分析は会社全体の分析だけでなく、会社の中のいろいろな事業や店舗などの利益構造分析や、各事業別あるいは店舗別の目標設定、業績評価にも利用することができる。そうした点からは、会社内部において特に利用価値が高い手法と言えよう。

## 2 ● 損益分岐点の求め方

損益分岐点を計算する際には、まずすべての費用（売上原価、販売費および一般管理費、営業外費用）を変動費と固定費に分けることが必要になる。次に、そこで得られた変動費と固定費を使って損益分岐点売上高を計算する。変動費、固定費、売上高と利益には、以下のような関係が成り立っている。

$$売上高 - 変動費 - 固定費 = 利益$$

ここで「売上高 − 変動費」を「限界利益」で置き換えると、

$$限界利益 - 固定費 = 利益$$
$$限界利益 = 固定費 + 利益$$

損益分岐点売上高とは、「利益＝0」のときの売上高なので、損益分岐点売上高では、

$$限界利益 = 売上高 \times 限界利益率 = 固定費$$

が成り立つ。したがって、

$$損益分岐点売上高 = 固定費 \div 限界利益率$$

となる。

さらに、これを使って、一定の目標利益を達成するための売上高も算出することができる。つまり目標利益を達成するためには上記の計算式において、

$$限界利益 - 固定費 = 目標利益$$

が成り立っていなければならない。したがって、目標利益を達成するための売上高は、

$$目標利益達成売上高 = （固定費＋目標利益） \div 限界利益率$$

で計算できる。

また、将来、不測の事態によって売上げが減少しても利益を出すことができるか否かを見るために、損益分岐点売上高と現在の売上高の比率を計算することがある。この比率を**損益分岐点比率**と言う。これは具体的には以下のように計算し、比率が低いほど経営が安定していることになる。一般的には70％より低ければ超優良企業、80％以下であれば優良企業と言われており、逆に現在の売上高が損益分岐点売上高を下回っている赤字企業では100％を上回ることになる。

$$損益分岐点の位置（損益分岐点比率） = 損益分岐点売上高 \div 現在の売上高$$

それでは、Q社の損益計算書を使って損益分岐点売上高を計算してみよう（**図表3-6**参照）。なお、ここではケースのW社の場合とは異なり、勘定科目ごとに変動費、固定費を区分する方法を用いる（133ページ用語解説参照）。

まず、損益計算書をもとに、売上原価、販売費および一般管理費、営業外費用等の費用を固定費と変動費に分ける。一般に、変動費と固定費を正確に区分することは難しい。たとえば日本企業の人件費については、ボーナスや残業代は変動費に近いと考えられるが、通常の給与は固定費に近いと考えられる。また段階的に費用が増加していくものなど、変動費と固定費が混合しているような場合も多い。実際には手間の問題を考えて、ある程度割り切ってしまう場合が多いようである。ここでもその慣例に則り、勘定科目ごとにまとめて変動費、固定費に割り振る方法を用いている（営業外収益については営業外費用と相殺して営業外損益として考える）。

**図表3-6　変動費と固定費とを区分するための損益計算書**　　（単位：百万円）

| | | 変 動 費 | 固 定 費 |
|---|---:|---:|---:|
| 売上高 | 1,036,938 | | |
| 売上原価 | 787,019 | | |
| 　材料費 | 657,161 | 657,161 | |
| 　労務費 | 65,323 | | 65,323 |
| 　経　費 | 64,535 | | 64,535 |
| 販売費および一般管理費 | 205,787 | | |
| 　販売手数料 | 9,999 | 9,999 | |
| 　保証費 | 2,185 | 2,185 | |
| 　特許関係費 | 9,669 | 9,669 | |
| 　その他 | 183,934 | | 183,934 |
| 営業外収益 | 38,280 | | △38,280 |
| 営業外費用 | 44,979 | | 44,979 |
| 経常利益 | 37,433 | | |
| 費用合計 | | 679,014 | 320,491 |

> なお、売上原価については、製造原価報告書の材料費、労務費、経費の比率按分をしている。
> 　　　　　材料費　83.5%
> 　　　　　労務費　8.3%
> 　　　　　経　費　8.2%

ここでは変動費として以下を含めた。
- 売上原価より
　　売上高に応じて増加すると考えられる「材料費」
- 販売費および一般管理費より
　　売上高の変動と関係が深い「販売手数料」
　　売上高の変動に伴って変わると考えられる「保証費」

## 2 損益分岐点分析

売上高に応じて支払額が決められる場合が多い「特許関係費」

一方、固定費としては以下を含めることとする。
- 売上原価より
  売上高とあまり相関関係がないと考えられる「労務費」
  固定費が大部分と考えられる「経費」
- 販売費および一般管理費より
  上記の変動費に含めなかった費用
- 営業外損益すべて

**図表3-7 簡略化した損益計算書**　　　　　　　　　　（単位：百万円）

|  | 金　額 | 構成比 |
|---|---:|---:|
| 売　上　高 | 1,036,938 | 100% |
| 変　動　費 | 679,014 | 65.5% |
| 限　界　利　益 | 357,924 | 34.5% |
| 固　定　費 | 320,491 | 30.9% |
| 経　常　利　益 | 37,433 | 3.6% |

なお、損益分岐点分析を行う場合の損益分岐の利益としては、営業利益、経常利益、税金等調整前当期純利益などいろいろな利益を使うことが考えられるが、会社の本当の損益分岐を知るという意味では、通常の活動の結果として得られる利益である「経常利益」を使うことが望ましい（第1章第1節「会社の実態を見抜く」参照）。

それでは前述の計算式を使って、Q社の損益分岐点売上高を計算してみよう。

$$損益分岐点売上高 = 固定費 \div 限界利益率$$
$$= 320{,}491 \div 0.345$$
$$\fallingdotseq 928{,}959$$

これから見ると、損益分岐点売上高は現在の売上高1兆369億3800万円を下回っており、問題ないと言える。それでは、どの程度余裕があるのだろうか。余裕度を見るためにQ社の損益分岐点比率を計算してみよう。

$$損益分岐点比率 = 損益分岐点売上高 \div 現在の売上高$$
$$= 928{,}959 \div 1{,}036{,}938$$
$$\fallingdotseq 89.6\%$$

Q社の損益分岐点比率は90％に近づいており、もう少し低下させることが望ましいだろう。以上の計算過程をグラフで示したのが**図表3-8**である。

**図表3-8　損益分岐点の求め方**

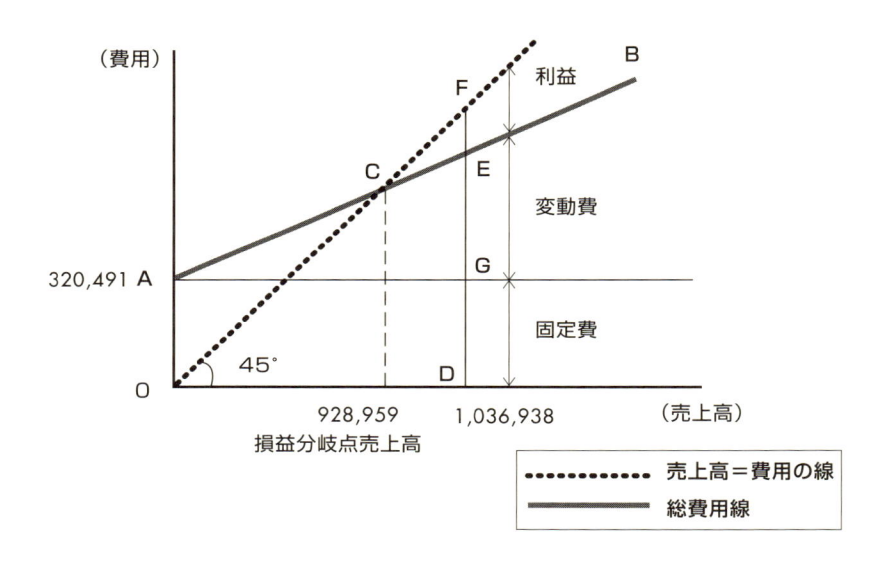

（費用）の縦軸、（売上高）の横軸に以下の点・線が示されている：
- 縦軸上にA＝320,491
- 原点Oから45°で引かれた点線（売上高＝費用の線）がFへ伸びる
- AからBへ伸びる実線（総費用線）
- 点線と実線の交点がC、Cから垂直に下ろした点がD、横軸上の値は928,959（損益分岐点売上高）
- 横軸1,036,938の位置から垂直線を上げ、総費用線との交点がE、点線との交点がF、Aの水平線との交点がG
- EとFの間に「利益」、GとEの間に「変動費」、DとGの間に「固定費」

凡例：
・・・・・・・・・ 売上高＝費用の線
―――― 総費用線

　まず縦軸に費用、横軸に売上高をとり、同じ金額単位の目盛りをつける。次に縦軸と横軸の真ん中の線、つまりどちらからも45度の角度にある直線を引く。そうするとこの45度の直線上では、「売上高 ＝ 費用」が必ず成り立っていることになる。

　次に費用を表す直線を引く。まずQ社の固定費3204億9100万円を直線AOで表す。これは売上高がゼロあるいは増加しても同じだけ発生するので、横軸と平行な直線になる。次に変動費については、Aから、売上高の増加に対応して増加していく斜めの線ABを引く。そうすると、直線ABが固定費と変動費を加えたこの会社の総費用を表すことになる。

　ここで売上高＝費用を表す直線と、総費用を表す直線とが交差するC点がこの会社の損益分岐点を表していることになる。したがって、このC点から垂直に線を引いて横軸と交わった点が損益分岐点売上高9289億5900万円を表していることになる。ここで、現在の売上高1兆369億3800万円をこの図の上に記載してみる。この点から縦軸に平行に垂直線を引くと、DE線の部分が費用総額9995億500万円を示しており、この費

用を超えたEF線の部分が利益374億3300万円を表すことになる。つまり、この図から、損益分岐点売上高を上回る売上高DFを上げた結果として、固定費DGと変動費GEを加えた総費用DEを差し引いてEFだけの利益が出たということがわかるのである。

---

**変動費と固定費の分解方法**

　変動費と固定費を区分するにはいくつかの方法があるが、ここで代表的な例について解説する。損益分岐点分析は変動費と固定費の区分が基礎になっており、この区分を誤ると分析結果が異なることもあるので、ある程度慎重に行う必要がある。ただし、変動費と固定費の区分は、あまり厳密にしすぎないことも必要である。なぜなら、あるレベル以上になると、どれだけ細かく分析しても最終結果がそれほど違わないことが多いからである。したがって、手間と効果を常に念頭に置きながら分解方法を決めていく必要がある。

- **勘定科目法**：勘定科目別に、変動費か固定費かを決めていく方法である（本文中のQ社の事例を参照）。勘定科目によっては、変動費と固定費の両方の要素が混ざり合っていることも多いので、勘定科目ごとにどちらの比重が高いのかによって、変動費、固定費のどちらに組み入れるかを割り切る必要がある。
- **定額控除法**：基本的には勘定科目法と同じであるが、売上高が変動しても変わらない定額部分と、売上高の変動に従って変わる部分とに区分することができる場合に、定額部分を固定費に、変動部分を変動費とする方法である。
- **回帰分析を利用する方法**：過去の売上高と費用の関係から回帰分析を行い、1次方程式を作成することによって固定費と変動費に区分する方法である（冒頭のW社のケースを参照）。最近の表計算ソフトにはこのような機能が含まれているので、これを使えば簡単に計算を行うことができる。

---

## 3 ● 損益分岐点分析の活用

### ● ─── 利益計画に利用する

　会社が利益を増加させるためには、「売上高－費用＝利益」の式からわかるように、売上高を増加させるか費用を減少させればよい。しかし、売上高を増加させるためには広告宣伝費などの費用も増加させなければならなかったり、逆に原材料などの費用を減らそうとすると売上高が減少したりすることも多い。利益を増加させるためには、売上高と費用の関係を上手にバランスさせることが必要である。そして、売上高と費用の関係を分析して目標利益を獲得するための計画策定に、損益分岐点分析が役立つのである。

具体的には、将来の予想売上高に基づいて、固定費、変動費の発生予想額を計算し、これに基づいて計算された予想利益が目標利益よりも低い場合には、売上高をどれだけ増加させればよいのか、あるいは費用をどれだけ減少させればよいのかを知ることができる。また、費用を減少させる場合には、その内訳として変動費と固定費をそれぞれどれだけ減少させて達成すればよいのかといった目標を知ることができるのである。

それでは先のQ社の例を使って、利益計画のための目標データを計算してみよう。

まず、Q社が将来の経営環境の変化に対応していくために設備を一部売却し、製造工程の一部を外注化するなどしてコスト削減を積極的に行った結果、固定費については3100億円まで、変動費については変動費率を64%まで削減できたとする。このとき、利益は現在よりも多く、増益を維持できるような400億円を確保したいとすると、そのために必要な売上高はどの程度になるだろうか。

$$
\begin{aligned}
目標利益達成売上高 &= （固定費 + 目標利益） \div 限界利益率 \\
&= （3100億円 + 400億円） \div （1-0.64） \\
&\fallingdotseq 9722億2200万円
\end{aligned}
$$

これは、コスト削減によって売上高が647億1600万円減収となったとしても、前期に比べて6%上回る増益となるような目標利益を上げることができる体制になったことを表している。

この結果、Q社では売上目標が9722億2200万円と明確になり、この段階での売上高を達成するためのマーケティング戦略を策定するステップへ入っていくことになる。

このように、損益分岐点分析を利用することによって、売上高をはじめとする目標が明確になり、会社が利益計画を具体的な戦略として描くことができるようになる。

次にQ社の来期の売上高が、不況と市場の競争激化によって1兆円まで低下することが予想される場合に、現在よりも多い390億円の利益を確保して増益を達成するにはどうすればよいかを考えてみよう。この目標利益を達成するためにはコスト削減が必要になるが、これを固定費の削減あるいは変動費率の削減によって達成しようとすると、それぞれどの程度の削減を行う必要があるだろうか。

まず固定費を削減する場合を考えてみる。

$$
\begin{aligned}
1兆円 &= （削減後固定費 + 390億円） \div 0.345 \\
削減後固定費 &= 3060億円
\end{aligned}
$$

現在の固定費は3204億9100万円なので、この目標利益を固定費の削減だけで達成

しようとした場合、削減しなければならない固定費は144億9100万円となる。
　次に変動費を削減する場合を考えてみる。

$$来期予想売上高 = （固定費 + 目標利益）÷ （1 - 削減後変動費率）$$
$$1兆円 = （3204億9100万円 + 390億円）÷ （1 - 削減後変動費率）$$

$$1兆円 \times （1 - 削減後変動費率） = 3594億9100万円$$
$$1 - 削減後変動費率 = 35.95\%$$
$$削減後変動費率 = 64.05\%$$

　現在の変動費率は65.5%なので、この目標利益を変動費率の低下だけで達成しようとすると、削減しなければならない変動費の比率は1.45ポイントとなる。
　これは予想売上高と目標利益が明確になったことによって、コスト削減目標が明確になったことを表しており、次のステップとして、これだけのコスト削減を実現するための戦略策定へと入っていくことになる。またこの例では、固定費だけ、あるいは変動費だけの削減を前提としたが、固定費と変動費の両方を削減させることによって、あるいは固定費を変動費化し、変動費の増加分以上の固定費を削減することによって目標利益を達成する方法など、コストの削減方法にはいろいろな組み合わせがある。状況に応じて使い分けることが必要である（**図表3-9**参照）。

◉ ─── **プロダクト・ミックスの検討に利用する（製品別利益率の分析）**

　数種類の製品を製造・販売している会社が、限られた資源をどの製品にどのような割合で投入していくのが有利か、また将来どの製品を主力製品に育てていったらよいのか、といった意思決定を行う場合に、変動費と固定費を使った分析を利用することができる。
　たとえば、Z社は3種類の製品A、B、Cを製造・販売しているとする。まず3種類の製品別の損益計算書を見てみよう（**図表3-10**参照）。

　これを見ると売上高と営業利益の金額では製品Cが最も多くなっているが、営業利益率では製品Bが高くなっている。ここで、3つの製品の市場の伸び、あるいは競争状況などに違いがなく、同じ努力つまり同じだけ経営資源を投入すれば同じ売上高が得られるとすると、この資料からは、Z社は営業利益率が最も高い製品Bに経営資源をできるだけ投入することが有利だと言えそうである。

### 図表3-9　収益構造改善と損益分岐点の引き下げ

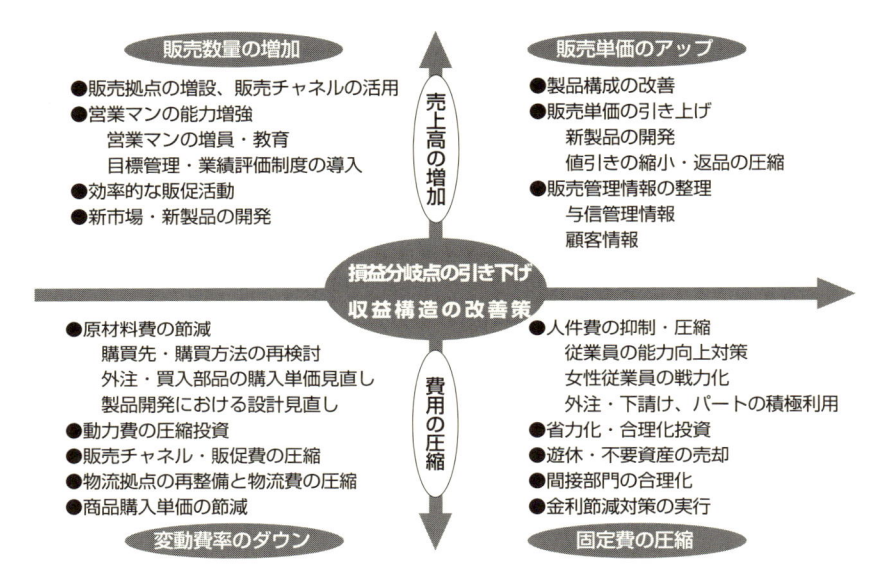

**販売数量の増加**
- 販売拠点の増設、販売チャネルの活用
- 営業マンの能力増強
  - 営業マンの増員・教育
  - 目標管理・業績評価制度の導入
- 効率的な販促活動
- 新市場・新製品の開発

**販売単価のアップ**
- 製品構成の改善
- 販売単価の引き上げ
  - 新製品の開発
  - 値引きの縮小・返品の圧縮
- 販売管理情報の整理
  - 与信管理情報
  - 顧客情報

売上高の増加

損益分岐点の引き下げ
収益構造の改善策

費用の圧縮

**変動費率のダウン**
- 原材料費の節減
  - 購買先・購買方法の再検討
  - 外注・買入部品の購入単価見直し
  - 製品開発における設計見直し
- 動力費の圧縮投資
- 販売チャネル・販促費の圧縮
- 物流拠点の再整備と物流費の圧縮
- 商品購入単価の節減

**固定費の圧縮**
- 人件費の抑制・圧縮
  - 従業員の能力向上対策
  - 女性従業員の戦力化
  - 外注・下請け、パートの積極利用
- 省力化・合理化投資
- 遊休・不要資産の売却
- 間接部門の合理化
- 金利節減対策の実行

出典：松田修一『会社の読み方入門』（日本経済新聞社、1992年）

### 図表3-10　Z社の製品別の損益計算書

| 製品別＼損益 | A | | B | | C | | 計 | |
|---|---|---|---|---|---|---|---|---|
| 売上高 | 100 | 100% | 70 | 100% | 150 | 100% | 320 | 100% |
| 売上原価 | 70 | 70% | 42 | 60% | 97.5 | 65% | 209.5 | 65.5% |
| 売上総利益 | 30 | 30% | 28 | 40% | 52.5 | 35% | 110.5 | 34.5% |
| 販管費 | 25 | 25% | 21 | 30% | 43.5 | 29% | 89.5 | 28.0% |
| 営業利益 | 5 | 5% | 7 | 10% | 9 | 6% | 21 | 6.5% |
| 売上高順位 | 2 | | 3 | | 1 | | | |
| 営業利益順位 | 3 | | 2 | | 1 | | | |
| 営業利益率順位 | 3 | | 1 | | 2 | | | |

2 損益分岐点分析

次に、3種類の製品について費用を変動費と固定費に分解した製品別損益計算書を見てみよう（**図表3-11**）。

**図表3-11　変動費と固定費に分解した製品別損益計算書**

| 損益＼製品別 | A | | B | | C | | 計 | |
|---|---|---|---|---|---|---|---|---|
| 売　上　高 | 100 | 100% | 70 | 100% | 150 | 100% | 320 | 100% |
| 変　動　費 | 40 | 40% | 35 | 50% | 80 | 53% | 155 | 48.4% |
| 限 界 利 益 | 60 | 60% | 35 | 50% | 70 | 46.7% | 165 | 51.6% |
| 固　定　費 | 55 | 55% | 28 | 40% | 61 | 40.7% | 144 | 45% |
| 営 業 利 益 | 5 | 5% | 7 | 10% | 9 | 6% | 21 | 6.6% |
| 限 界 利 益 率 | 1 | | 2 | | 3 | | | |

これを見ると、限界利益率では製品Aが最も高くなっている。先と同じように3つの製品の市場の伸び、あるいは競争状況などに違いがなく、同じ努力つまり同じだけ経営資源を投入すれば同じ売上高が得られるとすると、この資料からは、Z社は限界利益率が最も高い製品Aに経営資源を投入することが有利ということになる。

さて、ここで、2つの結論が相違することになってしまった。これをどのように考えるべきだろうか。まず、営業利益率の比較では売上原価と販売費および一般管理費の一部が固定費であるために、売上高が変化すると営業利益率が変化することになってしまい、売上高の増加額によっては営業利益率の順位が変わってしまう可能性がある。一方、限界利益率は売上高が変化しても変化しない。したがって、どの製品に経営資源を投入すれば会社全体の利益が極大化できるのかという点からは、限界利益率で比較するのが妥当と考えられる。よって、ここでは限界利益率が最も高い製品Aに力を入れるのがよいという結論となる。

このように、変動費と固定費を利用した損益分岐点分析の手法によって、会社は製品戦略についての重要な情報を得ることができるのである。

## 4 ● 景気の変動と損益分岐点

景気の変動と損益分岐点分析、つまり固定費と変動費の比率との間には何か関係があるのだろうか。

一般に、費用の削減を行おうとするとき、費用の総額を減らすことはなかなか難しく、

変動費と固定費がトレードオフの関係になる場合が多い。つまり、変動費が少なくなると固定費が増加し、固定費が少なくなると変動費が増加する。

それでは変動費と固定費の比率が異なる場合を考えてみよう。

変動費の比率が高く固定費の比率が低い場合には損益のブレが小さく、売上高が減少しても利益はそれほど減少しないが、変動費の比率が低く固定費の比率が高い場合には損益のブレが大きく、一定の売上高を超えると利益がたくさん出ることになる。したがって、不況のときには、売上高が減少しても利益が出る、あるいは利益があまり減らない体質にするために、変動費の比率を上げればよいということになる。逆に、景気が良いときには売上高の増加が予想されるので、将来に備えて自社の強みを維持し強化するための設備投資を積極的に行うことによって、固定費の比率を上げ、売上高の増加がそのまま利益の増加に結びつくようにすればよい（W社のケースをもう一度見直すとよいだろう）。

このように、会社の置かれている経営環境や業種、あるいは成長ステージなどを考慮して、変動費と固定費の比率を適切な水準にバランスさせることも重要である。

## 5 ● 経営環境の激しい変化の中での損益分岐点

最近の企業経営では、経営環境の激しい変化にいかにうまく対応していくかが最重要課題となっている。このような中で多くの企業が、**リストラ**（Restructuring）と呼ばれる「事業の再構築」を行ってきている。リストラの具体的な内容にはいろいろなものがあるが、その主たる手法は不採算部門の切り捨てと、経営資源の重点事業への集中である。特に経営環境の激変への対応という点からは、減価償却費、人件費、金融費用といった固定費の削減がポイントになる。なぜなら、費用のほとんどが変動費の会社では、小さな固定費さえカバーできる売上高が上がればすぐに利益が出るが、費用がほとんど固定費の会社では、多額の固定費を上回る売上高を維持することが難しいからである。厳しい経営環境下、絶えず利益を出していくためには、固定費の比率を下げ変動費の比率を上げることが必要になるのである。

しかし、一般に、材料費などの変動費や販売費および一般管理費の中の交際費、交通費、広告宣伝費（一般的に3K費用と呼ばれる）のような経営判断により金額を決めることができる固定費（マネージド・コスト）の削減は、経費節減といった目標を掲げ、これを実行に移すことによって比較的簡単に行うことができるが、削減が困難な固定費（コミッテッド・コスト）も多い。たとえば、減価償却費であれば償却を一度に行うか、減価償却を行っている固定資産を売却するかのいずれかが必要になり、また正社員の人

件費であれば退職金を増額して希望退職者を募るような制度を設計する必要がある。また、終身雇用や年功序列型人事体系といった固定費の比重を増加させるような戦略は、右肩上がりが続いた第2次大戦後の日本経済の下で企業経営に組み込まれてきたものであり、一朝一夕に変更することは容易ではない（特に装置産業と言われている鉄鋼業、鉄道業、通信業などでは大規模な設備投資が必要なために、必然的に固定費の比率が高くなる）。したがって今後は、固定費アップにつながる設備投資や従業員の採用を行う場合には、これを慎重に検討することはもちろん、かならず一方で変動費率を下げる努力をしなくてはならない。

---

**アウトソーシング**

　固定費の比率を下げ、その分、変動費の比率を上げていく具体的な方法として、設備投資を極力行わずに生産を外部の工場に委託したり、従業員についても正社員は必要最小限に絞り込み、できるだけパートやアルバイトの比率を上げていくことなどが考えられる。つまり、競争優位の維持強化のために社内で所有していたほうがよいものだけを社内に残し、あとはできるだけ外注化を図って変動費の比重を上げるのである。たとえばメーカーであれば、研究開発機能と必要最低限の本社管理機能だけを自社で保有し、購買、生産、物流、販売といった機能は外注化を図ることが考えられる（自前で生産設備を持たないメーカーをファブレスメーカーと呼ぶ）。このような外注化のことを、外部の資源を利用するという意味で**アウトソーシング**（Outsourcing）と言う。アウトソーシングを上手に利用して収益構造を強化することが、今後の企業戦略における重要な課題の1つと考えられる。

# 3 ● ABC（活動基準原価計算）

**POINT**

　従来の原価計算の方法では、特定の製品やサービスに帰属することが明確でない間接費については、1つか2つの基準で割り振っていたため、必ずしも正確なコストが計算されていなかった。こうした問題点を解決すべく、それぞれの間接費の発生と関係の深い活動を間接費の配賦（割り振り）基準とし、できるだけ正確なコストを計算するために生み出されたのがABC（活動基準原価計算）である。ABCは、経営戦略やマーケティング戦略の重要な前提となると同時に、コストの発生と関係の深い活動を見直すことによって、コスト削減の糸口を見つけるツールとしても使うことができる。

　BPR（ビジネス・プロセス・リエンジニアリング）とリストラの違いをご存じだろうか。前節のケースで触れたとおり、リストラは、大幅な固定費削減による損益分岐点の引き下げ、事業からの撤退、同業他社との合併などによる間接費の圧縮、などの施策により、経済やビジネス環境の変化に対応する手段である。それに対しリエンジニアリングは、業務のプロセスそのものの効率・生産性を高める手法である。そしてリエンジニアリングの前提となる「より正確な原価計算」のための有効なツールとして注目を集めてきたものがABCである。ところで、このABCとは何なのか？　あるコンピュータ・メーカーの事例を見ながら考えてみよう。

　B社はコンピュータとその周辺機器を製造し、いくつかの全国規模のコンピュータ量販店に販売する、業界では大手に属するメーカーである。平木はB社のプリンター事業部のマネジャーであり、彼の事業部ではB-727とB-747という2機種のプリンターを製造している。**図表3-12**はそれぞれのプリンターの製造原価構造であり、間接費についてはいったんまとめてプールされた後、直接労務費の金額の大きさに比例して配賦されている。

**図表3-12　プリンターの製造コスト（現行の原価計算）**

|  | B-727 | B-747 |
|---|---|---|
| 直接材料費 | 33,600 円 | 22,750 円 |
| 直接労務費 | 7,150 円 | 6,460 円 |
| 間接費 | 32,175 円 | 29,070 円 |
| トータル製造コスト | 72,925 円 | 58,280 円 |

　順調にビジネスを展開していた平木であるが、ある日、悪い知らせが営業部から舞い込んだ。B社の競合会社であるD社がB-747と非常に似ている製品D-10を発表したのである。D社の発表した価格は、平木がどう見積もってもダンピングしているとしか思えないものであった。D-10の製造コストは、価格から逆算すると5万1000円くらいであろうと推測され、B社では達成不可能な製造コストだと思われたからである。

　平木から事情を聞いた管理部のマネジャー西谷は、ちょうどいい機会と考え、以前より検討していたABCシステムをB-727とB-747に導入してみることにした。西谷はB社のプリンターの製造原価を直接製造コストと間接製造コストに分け、間接製造コストをABCシステムに基づき5つのカテゴリーにプールした（**図表3-13**）。B-727とB-747の製品製造における特性は**図表3-14**のとおりで、ABCの観点からB社の製品コストの構造をダイアグラムにまとめたものが**図表3-15**である。西谷は、実際にB-727とB-747の製造コストの計算を行った。

**図表3-13　間接製造コストの5つのカテゴリーのプール**

| 間接製造コストのプール | 配賦基準 | 配賦率 |
|---|---|---|
| 1.物流 | 部品点数 | 120円/部品 |
| 2.組み立て | 組み立て時間 | 4,000円/組み立て時間 |
| 3.自動部品実装 | 自動実装部品点数 | 70円/自動実装部品点数 |
| 4.マニュアル部品実装 | マニュアル実装部品点数 | 210円/マニュアル実装部品点数 |
| 5.品質検査 | 品質検査時間 | 2,500円/検査時間 |

**図表3-14　各々の製品製造における特性**

|  | B-727 | B-747 |
|---|---|---|
| 直接材料費 | 33,600 円 | 22,750 円 |
| 直接労務費 | 7,150 円 | 6,460 円 |
| 部品点数 | 85 部品 | 46 部品 |
| 組み立て時間 | 3.2 時間 | 1.9 時間 |
| 自動実装部品点数 | 49 部品 | 31 部品 |
| マニュアル実装部品点数 | 36 部品 | 15 部品 |
| 品質検査時間 | 1.4 時間 | 1.1 時間 |

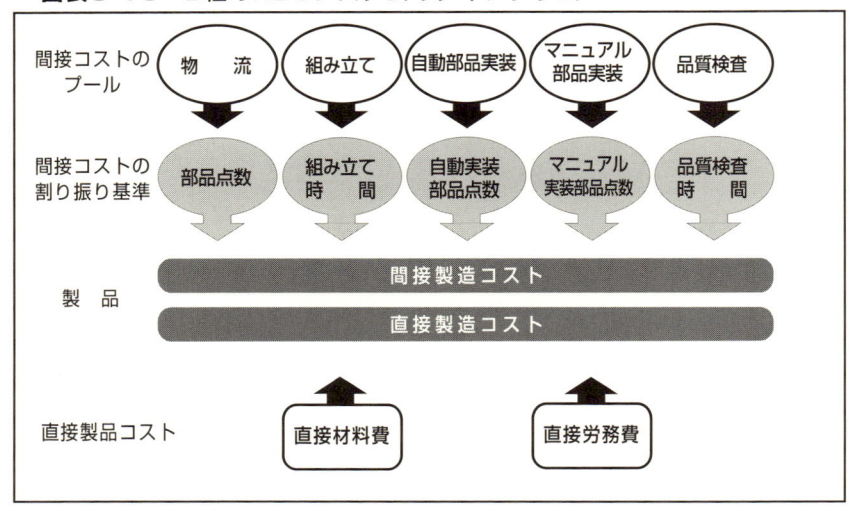

**図表3-15　B社のABCシステムのダイアグラム**

間接コストのプール：物流／組み立て／自動部品実装／マニュアル部品実装／品質検査

間接コストの割り振り基準：部品点数／組み立て時間／自動実装部品点数／マニュアル実装部品点数／品質検査時間

製品：間接製造コスト／直接製造コスト

直接製品コスト：直接材料費／直接労務費

その結果、驚くべきことが明らかになった。ABCの観点からは、D社のD-10はけっしてダンピングをしているのではなく、非常に現実的なコストであり、むしろB社がB-747に対し過剰に間接製造コストを配賦していたことがわかったのである（**図表3-16**）。平木は西谷の行ったABCの間接製造コスト配賦基準に基づき、B-747の製造コ

**図表3-16　各々のプリンターの製造コスト（ABCによる原価計算）**

| コストのカテゴリー | | B-727 | B-747 |
|---|---|---|---|
| 直接製造コスト | | | |
| 　直接材料費 | | 33,600 円 | 22,750 円 |
| 　直接労務費 | | 7,150 円 | 6,460 円 |
| | | 40,750 円 | 29,210 円 |
| 間接製造コスト | | | |
| 　物流 | （85×120円：46×120円） | 10,200 円 | 5,520 円 |
| 　組み立て | （3.2×4,000円：1.9×4,000円） | 12,800 円 | 7,600 円 |
| 　自動部品実装 | （49×70円：31×70円） | 3,430 円 | 2,170 円 |
| 　マニュアル部品実装 | （36×210円：15×210円） | 7,560 円 | 3,150 円 |
| 　品質検査 | （1.4×2,500円：1.1×2,500円） | 3,500 円 | 2,750 円 |
| | | 37,490 円 | 21,190 円 |
| トータル製造コスト | | 78,240 円 | 50,400 円 |

ストを5万400円とし、D-10と同じ価格で販売することをただちに決定した。

　ABCをベースにした価格設定を行い、しばらく順調に売上げを伸ばしていた平木であるが、ある日またもやショッキングな知らせを営業部から受け取った。D社が製品のモデルチェンジを行い、値下げをしてきたのである。平木はD社発表の価格から、B-727とB-747に類似したD社の新製品の製造コストはそれぞれ6万8000円、3万9000円ぐらいであろうと推測し、さっそく設計者と製造担当者を呼んだ。そして、D社の新製品価格に近づけるためのB-727、B-747のターゲット・コストは、それぞれ6万8000円、3万9000円にすることが妥当であるとの確証を得た。
　製品の設計者は従来とは別なアプローチで、同等の機能を持ち、かつ低コストの製品の設計に着手し、ついにB-727、B-747をリバイスしたモデルB-767、B-777を設計することに成功した。**図表3-17**はリバイスしたモデルの製造における特性である。

**図表3-17　リバイスしたモデルの製造における特性**

|  | B-767 | B-777 |
|---|---|---|
| 直接材料費 | 31,430 円 | 20,490 円 |
| 直接労務費 | 6,690 円 | 5,820 円 |
| 部品点数 | 71 部品 | 39 部品 |
| 組み立て時間 | 2.1 時間 | 1.6 時間 |
| 自動実装部品点数 | 59 部品 | 29 部品 |
| マニュアル実装部品点数 | 12 部品 | 10 部品 |
| 品質検査時間 | 1.2 時間 | 0.9 時間 |

　西谷はリバイスされたモデルの製造の特性から、B-767、B-777の製造コストを求めた（**図表3-18**）。B-767の製造コストは3310円だけターゲット・コストを下回ることに成功したが、B-777は4770円もターゲット・コストを上回ってしまった。B社は3万9000円の製造コストを持つD社のプリンターと競争していくうえで、大きな問題を抱えてしまったのである。
　平木はオリジナル・モデルとリバイスされたモデルを比較し、設計の変更によるコスト削減の要因をまとめ（**図表3-19**）、設計担当と共に設計変更によるさらなる部品点数の削減を試みた。その結果、製品の機能・品質に悪影響を与えるおそれがあるので設計変更には限界があると考え、B社のABCシステムで規定されている配賦率そのものにメスを入れるべく、プリンター工場の製造課長の大林のところに出向いた。
　大林は平木との打ち合わせ内容を受け、コストの最もかかっている組み立て工程に着

**図表3-18　リバイスしたモデルの製造コスト**

| コストのカテゴリー | | B-767 | B-777 |
|---|---|---|---|
| 直接製造コスト | | | |
| 　直接材料費 | | 31,430 円 | 20,490 円 |
| 　直接労務費 | | 6,690 円 | 5,820 円 |
| | | 38,120 円 | 26,310 円 |
| 間接製造コスト | | | |
| 　物流 | (71×120円：39×120円) | 8,520 円 | 4,680 円 |
| 　組み立て | (2.1×4,000円：1.6×4,000円) | 8,400 円 | 6,400 円 |
| 　自動部品実装 | (59×70円：29×70円) | 4,130 円 | 2,030 円 |
| 　マニュアル部品実装 | (12×210円：10×210円) | 2,520 円 | 2,100 円 |
| 　品質検査 | (1.2×2,500円：0.9×2,500円) | 3,000 円 | 2,250 円 |
| | | 26,570 円 | 17,460 円 |
| トータル製造コスト | | 64,690 円 | 43,770 円 |
| ターゲット・コスト | | 68,000 円 | 39,000 円 |

**図表3-19　設計の変更によるコスト削減の要因**

| コストのカテゴリー | B-767 | B-777 |
|---|---|---|
| 直接材料費の削減 | 2,170 円 | 2,260 円 |
| 直接労務費の削減 | 460 円 | 640 円 |
| 設計変更： | | |
| 　部品点数の減少による物流コストの削減 | | |
| 　　(85−71)×120円：(46−39)×120円 | 1,680 円 | 840 円 |
| 　組み立て時間の短縮 | | |
| 　　(3.2−2.1)×4,000円：(1.9−1.6)×4,000円 | 4,400 円 | 1,200 円 |
| 　自動実装部品点数の削減 | | |
| 　　(49−59)×70円：(31−29)×70円 | ▲ 700 円 | 140 円 |
| 　マニュアル実装部品点数の削減 | | |
| 　　(36−12)×210円：(15−10)×210円 | 5,040 円 | 1,050 円 |
| 　品質検査時間の削減 | | |
| 　　(1.4−1.2)×2,500円：(1.1−0.9)×2,500円 | 500 円 | 500 円 |
| トータル削減コスト | 13,550 円 | 6,630 円 |

目し、そのプロセスを組み直すこと（リエンジニアリング）により、いくつかの活動（アクティビティ）を減らすことに成功した。その結果、組み立てにおける配賦率が**図表3-13**に示した4000円から2800円に削減された。平木はD社並みの価格をつけた場合でもB-767の利益を大幅に上げられることはわかったが、B-777についてはブレ

ーク・イーブンに持ってくるのがやっとであることを理解した。

　平木は、一時はB-777の市場からの撤退も考えたが、コンピュータとのバンドル・セールスやプロダクト・ミックスを重視し、かつB-767の利益をB-777に補填する形でB-777の販売を継続することに決定した。いずれはB-777同等モデルをアウトソーシングし、OEMで販売したいと考えている。

## 1 ● ABCとは何か

　**ABC**（Activity-Based Costing：**活動基準原価計算**）とは、ハーバード大学ビジネススクールのロバート・キャプラン教授とロビン・クーパー助教授（当時）が提唱した新しい原価計算方法である。簡単に言えば、会社が正しい意思決定を行っていくために、どの製品やサービスのために発生したのかがなかなかわかりにくい間接費を、それぞれの製品やサービスのコストとしてできるだけ正確に割り当てることによって、製造や販売活動などのコストを正確に把握していこうという考え方である。ABCはリエンジニアリングと結びつくことで、コスト削減のポイントを浮かび上がらせるための1つの手法として、1980年代後半からアメリカで脚光を浴びるようになった。今日では日本でも、多くの企業で採用されている。

　まず、ABCの考え方について具体例で考えてみよう。たとえば、ある商品あるいは製品の価格を設定するとしよう。会社は利益を出さなければ存続できないので、コストを上回る価格を設定することが必須となる。製品については自社の工場で作るため、工場での製造原価がコストの重要な構成要素になり、商品では外部からの仕入原価がこれに対応するコストになる。そしてこれらに加えて、販売のためのコストがかかることになる。こうしたコストを正しく把握できなければ、表面的にはその製品・商品は儲かっているように見えても、実際には儲かっていない、といった事態も発生しうる。

　原材料費や生産ラインの人件費のように、直接的に特定の製品にどれだけ使われたのかが目に見えるものについてはあまり問題はない。しかし、工場の建物や機械の減価償却費、水道光熱費、あるいは管理部門の人件費のように、各製品にどれだけ使われたのかがわかりにくいものについては、何らかの推定計算を行ってそれを各製品に割り当てる必要が出てくる。このとき、この推定計算が誤っていると、実際のコストを大幅に下回った価格をつけてしまったり、逆に実際のコストを大幅に上回った価格をつけたりするおそれがある。企業戦略あるいはマーケティング戦略上、いろいろと検討したうえでコスト以外の要素を重視してそのような価格を設定しているのであればともかく、実際のコストが正しく把握されていないためにこのような結果となっていたとすると、それ

に基づいて行う意思決定は誤ったものになってしまう。

　ABCはこうした問題を解決すべく、製品あるいは商品にかかるコストをできるだけ正確に把握する方法の1つとして、間接費の配賦計算をできるだけ実態に合わせて正しく行おうという考え方から出てきたものである。

　それではこの「間接費の配賦」は、具体的にどのように行えばよいのだろうか。減価償却費や工場の管理部門の人件費などの製造間接費で考えてみよう。

　一般に財務諸表作成を目的とした伝統的な原価計算の方法では、業績をはじめタイムリーな情報提供が重要になる。そのため、直接的対応関係が明確なコストについては非常に細かく把握する傾向がある。ところが、直接的な関係がわかりにくい製造間接費については推定計算にならざるをえないために、大雑把な方法を採用する場合が多い。具体的には、製造間接費については、製品との関係が直接的にわかる工場のラインの人件費である**直接労務費**や、それぞれの製品の製造に費やした彼らの労働時間である**直接作業時間**、またそれぞれの製品の製造に使われた機械の稼動時間である**機械運転時間**のうちのどれか1つないしは2つの比率を使って各製品に割り当てる場合が多い。このように、会社の決算データを作るためのコスト計算方法が、価格設定をはじめとした意思決定のデータとしても使われるのが、これまでの一般的なパターンだったのである。

　このような、もともと決算データの作成から出発した伝統的な原価計算は、取り扱っている製品の種類が少ないうちは、コストをそれぞれの製品に関係づけて集計していくことが比較的簡単なため、正しい原価を計算する方法として適していた。しかし、今日の企業はますます多くの製品を取り扱うようになり、またFA化、社会全体のソフト化が進展した結果、直接的な材料費、あるいは労務費の比率が低下する一方で、間接費の比重が高まった。製品原価以外についても、製品の種類や販売チャネルの多様化に対応して、管理、ノウハウ、物流などに関連する間接費の比重が大きくなった結果、間接費の配賦を大雑把に行う伝統的な原価計算では、歪められた原価情報しか得られなくなったのである。

　ABCはこうした状況に1つの解を与えるものである。つまり、製造間接費をいろいろな活動に結びつけて考え、個々の製品やサービスに配賦していく。たとえば工場の間接人件費であれば、「段取り」「移動」「品質管理」などの活動にいったんプールしたうえで、たとえば段取りのコストであれば「段取り回数」で配賦するなど、できるだけ実態に近いコストを把握するために、**コストドライバー（配賦基準）**に基づいて配賦を行うのである。

　ABCの生みの親であるキャプラン教授は、ABCについてこう語っている。「会社のい

## 3 ABC（活動基準原価計算）

> **用語解説**
>
> ・ABCでは、**アクティビティ**（活動）は**資源**（人件費など）を消費してコストを発生させる、そして個々の製品やサービスなどはアクティビティを消費する、と考える。ここで、資源をアクティビティに集計する基準を**リソースドライバー**（リソース・コストドライバー）、アクティビティを個々の製品やサービスに配賦する基準を**アクティビティドライバー**（アクティビティ・コストドライバー）、両者を合わせてコストドライバーと呼ぶ。アクティビティドライバーを指して**コストドライバー**と呼ぶ場合も多い。

ろいろな活動は、ほとんどすべて、その生産や商品ならびにサービスの提供をサポートするためにあると考えられる。したがって、そのような活動はすべて製品原価、つまり製品のコストとしてとらえる必要がある。このように考えると、工場あるいは本社の間接費は、ほとんどすべてを分割し、個々の製品あるいは製品の種類別に配賦計算を行うことが（配賦することが）可能だ」（『ダイヤモンド・ハーバード・ビジネス』1989年4-5月号）。そして、間接費の例として、調達、生産、営業販売、物流、サービス、技術、財務管理、購買資源管理、一般管理といった、企業の活動のほとんどを挙げている。

教授はさらに、「伝統的な経済学や管理会計では、生産量が短期間に変化する場合のみを取り上げて、原価を変動費としてとらえているが、原価は多くの場合、短期的な生産量の変動に応じて変化するのではなく、設計、製品構成、製品種類、顧客といった点が長期間にわたって変化していく中で変動していくことがわかった」と述べており、会社のいろいろな活動がコストと密接な関係を持っていることを明確にしている。

## 2 ● ABCの実際

具体的には、ABCの考え方を使ってどのように分析を進めればよいのだろうか。

キャプラン教授によれば、ABCの最初のステップは、直接労務費と材料費の正確なデータを収集することである。直接費、つまり製品との関係がわかりやすい費用の集計については問題ない。それぞれの特定の製品が必要とし、利用あるいは消費している間接資源、つまり間接費の消費量調査が重要となる。ここでは次の3つがポイントになる。

❶高価な資源に注目する
❷製品あるいはその種類によって消費量が大きく変動する資源を重要視する。つまり多様化に注目する

❸消費パターンが、伝統的なコストドライバー、たとえば直接作業時間、機械運転時間、直接材料費などと相関関係を持たない資源に注目する

このようなポイントによって、間接費について正しいコスト計算を行うための基礎データを得て、これをもとにコストドライバーを使って各製品に割り当てていく。

また、本社費や販売費・一般管理費など、実際に企業活動に関連して発生するコストは、すべて消費する活動や消費した部門あるいはチャネルに、製品の種類ごとに配賦することが可能と考えられる。キャプラン教授も、できるだけ多くのコストを配賦することが必要だと指摘している。

また教授は、ABCから除外すべきコストとして、遊休設備のコストと新規の製品および製品種類別の研究開発費を挙げている。これは、現在の製品の製造あるいは販売には関係がなく、各製品や活動のコストとして把握する必要のないコストだからである。

## ABCのメリット

次に、ABCにはどのようなメリットがあり、どのように利用することができるのかについて述べよう。

まず、冒頭のケースでも紹介したように、企業の製品・商品戦略あるいは価格戦略策定のベースとなるコスト情報の正確性を向上させるうえで有効と考えられる。特に、伝統的な原価計算手法より実態に近いコストが把握できることから、価格設定について貴重な情報を得ることができる。また、その結果として製品あるいは商品の利益の状況が明確になるため、いずれに注力すべきかの意思決定に対するサポート・データとなる。また、各製品や活動のコストの実際の構成内容がわかるので、コストダウンの糸口をつかみやすいということもある。つまり、コストとしての構成要素の大きなものがわかれば、そのコストの削減策を考えることによって、コストを大幅に減らすことができる。またコストドライバーがある程度明確になれば、そのコストドライバーの活動量を減らすことによって、それに関連する間接費を削減することができる。

さらに、業績評価にも使用することができる。この場合は、ABCを各事業部や各担当者の業績を出すための間接費の配賦方法の1つとして使うことになる。業績評価に用いる場合には、社内での政治力の強さなどによって間接費の配賦に恣意性が入ることがないよう、公平なシステムをつくる必要がある（これについては第4章第2節「責任会計システム」を参照）。

最後に、製造技術の決定についてもABCを利用することができる。つまり、いくつかの製造技術の中からある特定の製造技術を選択する場合、それぞれの製造技術を採用したときの製品コストを計算し、比較することで、どの製造技術が製品のコストを下げ、

## 3 ● ABCと価格設定

　それでは、ABCを使うか使わないかで、実際の価格設定においてどのような違いが生じるかを考えよう。
　伝統的な原価計算、つまり、1つもしくは2つの基準（直接労務費や直接作業時間、あるいは機械運転時間など）によって間接費を各製品に割り振っている場合、大量に生産している製品、あるいは標準品のコストが実態よりも高めになる。なぜなら、一般に標準品や大量生産品については、比較的定型化された作業が多く、特殊な作業の手間などがかからない場合が多いためである。
　このとき、標準品や大量生産品の市場に新規参入を試みる会社は、ABCでコストを正確に把握し、これをもとに適切な価格を設定することによって、大きな利益を上げることも可能となる。新規参入会社の行動は、従来からその市場にいる会社にとっては、自社のコスト計算に基づく価格よりも圧倒的に低い価格をつけている、つまり大幅なダンピングをしているように見えるからだ。その結果、既存の会社は、無理なダンピングは長くは続かないだろうと考えて対策を先延ばしにしたり、場合によってはとても競争できないと考えて、本当は十分に儲かっているにもかかわらず、その市場から撤退してしまう可能性もある。
　逆に、特殊品や少量生産品については、実際のコストに比較して低い価格が設定され

---

**成熟産業とABC**

　成熟期の企業戦略においては、ABCはより重視されるべきである。これは、成熟期には市場の成長が止まり、新規需要よりも取り替え需要が主流となり、消費者も価格や製品比較に厳しくなると考えられるからである。一般に、成熟期の産業では以下の3つのポイントが重要になると考えられるが、その中でも特に❶、❷についてはABCを用いた対応が非常に有効と考えられる。

❶原価分析が重要になる、すなわち製品構成の合理化と正しい価格政策をとることが必要となる。そこで、原価計算の精度を上げ、収益性が高い製品と不採算製品とを区別して、製品構成の見直しや製品の絞り込みを行うことが必要となる
❷競争力の強化のために、製造工程の革新と製造に適した製品設計が必要となる
❸既存の顧客の購買幅を広げることが必要となる

ていることが多いと考えられるが、そうした製品は競合が少なく、いたとしても少量しか生産していない場合が多い。したがって価格弾力性が低く、価格を上げてもそれほど需要は減らないと推定される。すなわち、特殊品や少量生産品については価格を高く設定する余地があり、得られるべき利益をみすみす失っているとも言えるのである。

　このように、コストを正確に把握することは、正しい意思決定を行うためには不可欠なプロセスである。

## 4 ● ABMとABB

　ABCによるコスト情報をもとにして、それを業務の改善に結びつけ、コスト削減を図り、利益の改善を目指していく考え方のことを、**ABM**（Activity-Based Management：活動基準管理）と呼んでいる。前述のように、アメリカでは1980年代の終わり頃から多くの会社が業績立て直しのためにコストダウンの必要性に迫られ、BPRを行った。この中で、ABCが業務改善のポイントを見つけ出す手法として使われたのである。

　そこから一歩踏み込んでコストを減らすためには、機能を簡素化したり時間を短縮することなどによってコストドライバーを削減したり、在庫の保管など顧客に付加価値を生み出さない無駄なアクティビティを見直すことなどが必要になる。さらに、効率の悪いアクティビティをアウトソーシングすることや、効率よく作業が行えるように教育訓練の方法を見直すことなども考えられる。このように、ABCの情報をコスト削減へ結びつけていくための仕組みをABMと呼んでいるのである。

　近年では、ABCの考え方を予算管理にも取り入れ、活動別に予算を編成する**ABB**（Activity-Based Budgeting：活動基準予算管理）の導入を検討する企業も現れている。

# 4 ● 短期的意思決定

**POINT**

　短期的な意思決定とは、その意思決定を下し、実行したことによる影響が短期間で表れるものである。短期的な意思決定ツールの代表例としては、それぞれのオプションを採用した場合の収益、費用、利益とその差額を計算し、最も利益が大きくなるような選択肢を選ぶ「差額原価収益分析」という方法がある。経営管理者にとっては、製品やサービスの価格設定をはじめ、さまざまな意思決定を迫られる場合が多いと思われるが、こうしたツールを利用して前提条件の実現可能性を含めた十分なシミュレーションを行い、最も有利なものを選択していく必要がある。

　本節ではこれに加え、意思決定の前提となる、会社の製品やサービスの価格の内訳を知るための「付加価値分析」の手法についても学ぶ。

●

　20XX年春、東京都千代田区麹町にあるA社の本社ビル最上階役員室。マーケティング担当役員である鈴木は、皇居とその向こうに見える丸の内、銀座の夜景を眺めながら、同社にとっての重要な意思決定を行うべく、さまざまな考えをめぐらせていた。

　A社は、家庭用品を中心に広い製品ライン（石鹸、シャンプー、衣料用洗剤、歯磨き等）を製造する、業界のリーディング・カンパニーである。A社は、製品開発、流通、広告等における優れたマーケティング力により、競争の激しい業界でトップシェアを維持し続け、着実に増収増益を続けている。なお、A社の取引チャネル構成はディスカウント・ストア／ドラッグ・ストア30％、スーパー40％、コンビニエンス・ストア5％、その他25％である。

　今回、スーパーチェーンのJ社商品本部担当役員の大瀧氏より、衣料用洗剤においてPB（プライベート・ブランド）商品の製造・供給をしてくれないかという申し入れがあった。J社は全国展開をする大手スーパーチェーンの1つで、スーパー以外にもディスカウント・ストアや外食チェーン、コンビニチェーンを傘下に持っており、会社としての知名度も高い。現在さまざまなPB商品を展開しているが、低価格でありながら品

質も良いと、なかなかの評判である。衣料用洗剤についても、すでにPB商品をいくつかのメーカーとタイアップして販売しており、売上高も順調に伸びている。申し入れの生産数量は初年度1200万個。もちろん生産分すべて完全買い取りで、広告宣伝費、販促費等はすべてJ社の負担となる。現在A社が持つNB（ナショナル・ブランド）の洗剤XのJ社への販売数量は年間約2600万個なので、実現すればかなり大規模な「製販同盟」になる。

　現在、A社のスーパーチェーンとの取引高の約30％がJ社とのものであり、取引製品は家庭用品全般にわたっている。A社の主力製品である衣料用粉末洗剤Xは、A社がその技術力を駆使して開発した大ヒット商品であり、発売後も改良を重ねて着実に販売数量を伸ばしてきている。A社の家庭用品の売上高の中で衣料用洗剤の占める割合は約30％で、そのうち80％がXである。

　とはいえ、衣料用洗剤の市場は成熟しており、明らかに価格競争に入ってきている。メーカー希望小売価格が850円のところ、スーパーの店頭では平均500円で販売されるのが通常となった。A社としては、そのブランド・イメージを保つために、また開発コストを補う意味で、他社よりも高い価格をつけざるをえない。しかし、Xも他社製品および大手スーパーのPB商品の低価格攻勢を受けている。

　鈴木は、この申し入れを受けた場合と、断った場合とで数字上どのような差が出るか、経営計画部にシミュレーションを指示した。

　短期的予測、長期的シナリオ、そして競合の動きも考慮する必要があるため、かなり複雑なシミュレーションになる。鈴木は経験上、PB生産に踏み切ることによって、売上高が伸びたとしても利益率が低下し、薄利多売になるであろうと予測していた。そして、長期的にシェアを取ることでコスト・リーダーシップを実現させ、その結果として利益の確保ができるかどうかがポイントであると考えていた。

　5日後、経営計画部からシミュレーションの報告書が彼のもとに届いた。意外なことに、経営計画部から提出されてきたものは鈴木の予想に反していた（その中の最も短期的、基本的なものを**図表3-20**に示してある）。この申し入れを受けた場合、すぐさま利益額、利益率ともに向上するというのである。その報告書には、「この同盟、絶対にGOである」という担当部長のコメントが添えられていた。

　鈴木は、経営計画部からの報告書を何度も読み返し、そのシミュレーション自体に特に矛盾点がないことを確認した。ただし、このような大きな意思決定を行う際には、定量的な分析だけではなく、自社の経営資源（強み）を再確認し、戦略的マーケティングの観点から定性的な分析を行う必要があることは、過去の経験から体で覚えていた。こ

## 図表3-20 シミュレーション：PB生産供給の申し入れを受けるか否か

| | 現状のまま | | PBの申し入れを受け入れた場合 | | | | | 設定条件および備考 |
|---|---|---|---|---|---|---|---|---|
| | | | 合計 | 売上高 | 現比 | NB | PB | |
| ・衣料品洗剤市場 (1,000t) | 730 | | | | | | | |
| 内コンパクト粉末製品比率 (%) | 85 | | | | | | | |
| ・コンパクト洗剤市場 (1,000t) | 620 | | | | | | | |
| | | | | | | | | |
| ・X販売小売合計金額 (百万円) | 90,000 | | | | | | | |
| ・X販売平均単価 (円) | 500 | | | | | | | |
| ・X小売販売数量 (百万個) | 180 | | | | | | | |
| ・X小売販売重量 (1,000t) 1.5kg/個 | 270 | | | | | | | |
| | | | | | | | | |
| ・A社におけるハウスホールド | | | | | | | | |
| 製品売上高 (百万円) | 250,000 | | | | | | | |
| 内衣料用洗剤売上高割合 (%) | 30 | | | | | | | |
| ・A社衣料用洗剤売上高(百万円)卸売 | 75,000 | | | | | | | |
| 内Xの占める割合 (%) | 80 | | | | | | | |
| ・Xの卸売上高合計 (百万円) | 60,000 | | 60,966 | | 101.6 | 58,633 | 2,333 | |
| 内スーパーチャネルの | | | | | | | | |
| 占める割合 (%) | 40 | | | | | | | |
| 内ディスカウントチャネルの | | | | | | | | |
| 占める割合 (%) | 30 | | | | | | | |
| ・X卸売個数合計 (百万個) | 216 | | 223 | | 103.3 | 211 | 12 | 卸売個数／小売個数：1.20 |
| ・X卸売平均単価 (円) | 278 | | 273 | | 98.4 | 278 | 194 | 卸売単価：PB/NB：0.70 |
| ・スーパーチャネルでの | | | | | | | | |
| X卸売上高合計 (百万円) | 24,000 | | 24,833 | | 103.5 | 22,500 | 2,333 | |
| ・スーパーチャネルでの | | | | | | | | |
| X卸売個数合計 (千個) | 86,400 | | 93,480 | | 108.2 | 81,480 | 12,000 | |
| 内J社のシェア | 30 | | | | | | | |
| ・J社での売上高合計 (百万円) | 7,200 | | 8,166 | | 133.4 | 5,833 | 2,333 | |
| ・J社での販売個数 (千個) | 25,920 | | 33,000 | | 127.3 | 21,000 | 12,000 | PB受入の場合のNB販売個数落ち込み率／現状：0.81 |
| | | | | | | | | |
| ・売上高 (百万円) | 60,000 | 100.0 | 60,966 | 100.0 | 101.6 | 58,633 | 2,333 | |
| ・売上原価 | 27,000 | 45.0 | 27,575 | 45.2 | 102.1 | | | |
| 内固定費（労務費・経費） | 9,450 | 35.0 | 9,450 | 34.3 | 100.0 | | | PB受入による変化なし |
| 内変動費（原材料費） | 17,550 | 65.0 | 18,125 | 65.7 | 103.3 | | | PB受入により生産量（卸売販売個数）に正比例 |
| ・売上総利益 | 33,000 | 55.0 | 33,391 | 54.8 | 101.2 | | | |
| ・販管費 | 28,200 | 47.0 | 28,145 | 46.2 | 99.8 | | | |
| 内販売手数料・奨励金 | 8,400 | 14.0 | 8,232 | 13.5 | 98.0 | | | PB受入の場合の販売手数料・奨励金の変化率：0.98 |
| 内荷造発送費 | 1,800 | 3.0 | 1,800 | 3.0 | 100.0 | | | PB受入による変化なし |
| 内広告宣伝費 | 4,200 | 7.0 | 4,200 | 6.9 | 100.0 | | | PB受入による変化なし |
| 内その他販管費 | 13,800 | 23.0 | 13,913 | 22.8 | 100.8 | | | |
| 内固定費 | 10,350 | 75.0 | 10,350 | 74.4 | 100.0 | | | PB受入による変化なし |
| 内変動費 | 3,450 | 25.0 | 3,563 | 25.6 | 103.3 | | | PB受入により生産量（卸売販売個数）に正比例 |
| ・営業利益 | 4,800 | 8.0 | 5,246 | 8.6 | 109.3 | | | |

注）端数調整により、数値には若干の誤差がある。

の意思決定はA社のみならず業界、いや他業界の方向性をも左右することになるだろう。最高経営会議まであと1週間。時刻は22時を回っており、ガラス越しに見る大都会の夜景は心なしかいつもよりも鮮やかに感じられた。

さて、あなたが鈴木氏の立場だったら、大瀧氏からの申し入れを受け入れますか？ それとも断りますか？

●

# 1 ● 差額原価収益分析

　意思決定、特に短期的な意思決定のツールの1つに**差額原価収益分析**（Incremental Differential Cost Revenue Analysis）という方法がある。これは、会社が意思決定を行わなければならない場合に、いくつかのオプションの中から会社にとって最も有利なオプションを選択するために、それぞれのオプションを比較し、評価する方法である。

　具体的には、あるオプションを選択した場合に獲得することができる収益と、他のオプションを選択した場合に得られる収益との差額（**差額収益**：Differential Revenue）、逆に発生するコストの差額（**差額原価**：Differential Cost）を見積もり、その差額として、あるオプションを採用した場合に得られるであろう利益と他のオプションを採用した場合の利益との差額（**差額利益**：Differential Profit）を算出することによって、会社にとって最も有利なオプションを選択するものである。

　この方法は実際の経営の意思決定の場面でよく使われており、また、日常生活の中でもいろいろな意思決定の場面においてこの考え方を無意識に使っていることも多い。ただし、このような考え方は、あくまでも会社内部の意思決定において用いられるものであり、会社の決算に用いられるものではない。

　メーカーE社の生産に関する意思決定を例に考えてみよう。E社では、顧客Aから製品aの、顧客Bから製品bの委託生産をそれぞれ打診されている。しかし、工場の規模が小さいため、どちらか片方の製品しか製造することができない。顧客Aから製品aの製造を受注すると売上高は1億円となるが、原材料費で3000万円のコストがかかる。一方、顧客Bから製品bの製造を受注すると売上高は8000万円になるが、原材料費で2000万円のコストがかかる。製品a、bのいずれを製造する場合でも、ラインの人件費、水道光熱費などのコストは1000万円であり、生産をしなくても発生する工場の維持費は500万円である。製品a、bそれぞれいずれかを生産した場合の利益は**図表3-21**のようになる。

**図表3-21　受託生産による利益**　　　（単位：百万円）

|  | 製品a | 製品b |
|---|---|---|
| 売上高 | 100 | 80 |
| コスト | 45 | 35 |
| 　原材料費 | 30 | 20 |
| 　人件費・水道光熱費 | 10 | 10 |
| 　工場維持費 | 5 | 5 |
| 利益 | 55 | 45 |

　この結果から、製品aを製造するほうが利益は多くなるため、有利となることがわかる。この事例は最も単純なケースであるが、実際のビジネスの場においても、この手法は大きな威力を発揮する。

### ◉ 定性的分析との組み合わせ

　短期的な意思決定では、数値分析に加え、定性的な経営戦略やマーケティング戦略などを併せて考えていく必要がある。これを、コストを例に考えてみよう。

　ハーバード大学ビジネススクールのマイケル・E・ポーター教授によれば、ある事業について、他の競争相手に対する強み、つまり**競争優位**（Competitive Advantage）を確立するための方法には、❶市場のどの競争相手よりも低いコストを達成することによって低価格を実現しようという**低コスト戦略**、❷製品の品質や種類、あるいはメインテナンス・サービスなどの点で、製品の付加価値を増加させることによって競争相手の製品よりも高い価値を認めてもらおうという**差別化戦略**、❸特定の市場に的を絞って経営資源を集中的に投入し、その限定された市場の中で低コストもしくは差別化を達成しようという**集中戦略**の3つがある。

　このうち、低コスト戦略あるいは低コストによる集中戦略を採用しようという場合には、できる限りコストダウンを図ることが最重要課題になる。一方、差別化戦略や差別化をベースとした集中戦略を採用しようという場合でも、コストへの注目度は下がるとはいえ無視することはできないので、この場合でもコストを考えたうえで差別化を図っていくことが必要になる。特に、原材料や部品の海外調達等によって低価格化戦略をとろうとする企業にとっては、製品コストダウンとともに、低い利益率でも利益を出すことができるような価格を設定することが重要になる。そして、そのためには本当のコストを把握することが重要なポイントになる。このように、コストのデータに基づく意思決定は、企業の経営戦略と密接に結びつけて考えていく必要がある。

　また、コストの問題はマーケティング戦略とも大きく関わってくる。ある市場についてマーケティング戦略を検討し、いわゆる**4P**（Product－製品戦略、Price－価格戦

略、Place－チャネル戦略、Promotion－コミュニケーション戦略）で示されるマーケティング・ミックスが決定されたとする。そうすると、価格戦略で決定された消費者の購入可能価格、つまり製品の販売可能価格で十分な利益が出るような範囲に製造コストを抑えなければ、利益が出ないことになってしまう。このような場合には、他のマーケティング・ミックスに影響を与えない範囲内でコストをできるだけ削減することが必要となってくる。

これとは逆に、マーケティング・ミックスの中で決められた価格が、コストと比較して低すぎると予想される場合には、設定した価格の変更を含め、製品の仕様の変更などマーケティング・ミックス全体を、そのコストでも利益を上げられるようなものに練り直さなければならない。

重要なことは、価格戦略をはじめとしたマーケティング・ミックスの選択肢をできるだけ多くする、つまりマーケティング戦略構築上の制限を最小化するために、コストを正確に把握し、常にコストダウンを図るべく努力することである。

---

**用語解説**

「差額原価収益分析」を行うときにしばしば使われる重要な概念や用語がある。それらについて整理しておこう。

- **関連原価**（Relevant Cost）：どのオプションを選択するのかという意思決定によって金額が変化するコストであり、意思決定に「関連」して変化するため、関連原価と言う。Ｅ社のケースでは原材料費がそれに当たり、製品ａの場合には3000万円、製品ｂの場合には2000万円となる。
- **無関連原価**（Irrelevant Cost）：どのオプションを選択するのかという意思決定によって金額が変化しないコストであり、意思決定に関連なく発生するコストであるため無関連原価と言う。無関連原価の代表例が下記の埋没原価である。Ｅ社のケースでは、製品ａ、ｂのどちらを製造しても同じ金額だけ発生するラインの人件費、水道光熱費の1000万円と、製造するしないにかかわらず発生するコストの工場維持費500万円が該当する。
- **埋没原価**（Sunk Cost）：どのオプションを採用しても発生する原価のことであり、意思決定には関係なく、考慮の対象から埋没しているコストである。Ｅ社のケースでは、製品ａ、ｂの生産をしなくても発生する工場の維持費500万円が該当する。なお、本来このコストは「合理的」意思決定には影響しないはずであるが、しばしば心理的な影響を与えるため、注意しなくてはならない（例：事業から撤退するかそのまま続けるかの選択において、過去に大きな累損がある場合、なかなか撤

## 2 ● 付加価値分析

**付加価値**（Value Added）という言葉は、「付加価値の高い製品」といった使い方をはじめとして、ビジネスのいろいろな場面でよく使われている。このような場合の付加価値とは、会社が行ういろいろな事業活動の結果として生み出された製品あるいはサービスなどの価値の中で、それぞれの会社がその活動自体から生み出し、付け加えた価値のことを意味している。つまり「付加価値の高い製品」と言う場合には、会社が生み出している価値が多く含まれており、利益がたくさん得られる製品を指している。

このような付加価値の考え方を使って、会社がどのくらいの価値を生み出しているか、また、生み出された価値がどのように配分されているのかを知り、それに基づいて意思決定を行うことができる。

以下、**付加価値分析**（Value Added Analysis）の内容と、利用法について解説する。

---

退に踏み切れない）。
- **機会原価**（Opportunity Cost）：いくつかのオプションの中で1つのオプションしか選択することができないような場合は、ある特定のオプションを選んだ結果として、他のオプションを選択することはできなくなる。その選択することができなくなったオプションの中で最も有利なものを採用したときに得られるであろう利益を指す。E社のケースでは、製品 b を製造するとした場合、製品 a を製造したら得られるはずの利益5500万円が失われる。この5500万円が、製品 b を製造する場合に失われる利益ということで、機会原価に該当する。
- **差額収益**（Differential Revenue）：いくつかのオプションがある場合に、それぞれのオプションの収益を比較して算出した差額のことである。E社のケースでは2000万円となる。
- **差額原価**（Differential Cost）：いくつかのオプションがある場合に、それぞれのオプションのコストの総額を比較して算出した差額のことである。E社のケースでは1000万円となる。なお、コストの総額を比較する方法のほかに、それぞれのオプションの関連原価のみを集計して差額を算出することもできる。
- **差額利益**（Differential Profit）：差額収益から差額原価を引いたもので、E社のケースでは1000万円となる。

◉──── **計算方法**

まず、付加価値の計算方法には**控除法**、**積上法**という、大きく分けて2つの方法がある。

このうち控除法は、会社の売上高から、他の会社が生み出した価値を差し引いて（控除して）計算する方法である。この控除法の場合に差し引く「他の会社の生み出した価値」、つまり外部からの購入価値のことを、取引の流れの中で自社の前に位置する供給会社に対して給付したコストという意味で**前給付原価**と言うが、具体的には、売上原価に含まれている原材料費、外注加工費、水道光熱費、消耗品費、当期商品仕入高などがこれに該当する。これらはそれぞれ、自社で生み出した価値ではないと考えられるために、付加価値には含まれない。**たな卸資産**がある場合には、それぞれに含まれる上記コストについて、期首・期末の増減分だけ調整する必要がある。

以上をまとめると、控除法の場合には次の計算式で付加価値を計算することになる。

　　付加価値　＝　売上高－（原材料費 ＋ 外注加工費 ＋ 水道光熱費 ＋ 消耗品費
　　　　　　　　＋ 当期商品仕入高）± たな卸資産に含まれる前給付原価の修正

一方、積上法は、控除法とは逆に、会社が生み出した価値である費用や利益を加算して計算する方法である。具体的には、労務費・人件費、賃借料、租税公課（印紙代など）、特許権使用料、純金融費用（支払利息割引料－受取利息配当金）、利払後事業利益（営業利益－純金融費用＝法人税等＋配当金＋役員賞与金＋留保事業利益）を付加価値として集計していくことになる。

これらはそれぞれ、外部からの購入価値ではないと考えられるものだが、単純には理解できないものもある。それは、外部からのサービスの購入分とも考えられる賃借料、特許権使用料、純金融費用である。

まず、賃借料については、オーナーからスペースなどの利用というサービスを購入しているとも考えられるが、後述するように減価償却費を付加価値に含める場合も多く、賃借料を付加価値に含めないとすると、固定資産を賃借するのか自社で所有するのかによって付加価値の金額が変わってきてしまい、付加価値分析が正しく行われないことにもなると考えられるため、一般的には付加価値に含めている。特許権使用料についても、これを付加価値に含めないとすると、自社で所有している特許を利用した場合とで違いが出る可能性があるため、通常付加価値に含められる。また、純金融費用についても、金融機関から資金の提供というサービスを購入しているとも考えられるが、借金あるいは自己資金のいずれで事業を行っているのかによって付加価値の金額が変わってしまう

**図表3-22　いろいろな付加価値（X社の事例）**

（単位：億円）

| 損益 | | 金額 | 控除法 付加価値 | 積上法 粗付加価値 | 積上法 純付加価値 |
|---|---|---|---|---|---|
| 売上高 | | 6,000 | 6,000 | | |
| 費用および損益 / 製造原価・売上原価 | 原材料費 | 2,700 | △2,700 | | |
| | 労務費 | 400 | | 400 | 400 |
| | 経費 | 1,200 | | | |
| | （減価償却費） | 200 | | 200 | |
| | （賃借料） | 30 | | 30 | 30 |
| | （水道光熱費） | 20 | △20 | | |
| | （消耗品費） | 10 | △10 | | |
| | 当期商品仕入高 | 700 | △700 | | |
| 販管費 | 役員報酬 | 1 | | 1 | 1 |
| | 従業員人件費 | 200 | | 200 | 200 |
| | 減価償却費 | 40 | | 40 | |
| | 賃借料 | 50 | | 50 | 50 |
| | 租税公課 | 50 | | 50 | 50 |
| | 特許権使用料 | 40 | | 40 | 40 |
| | その他販管費 | 1,500 | | | |
| | 純金融費用 | 0 | | 0 | 0 |
| | 利払後事業利益 | 2,500 | | | |
| | 法人税等 | 1,000 | | 1,000 | 1,000 |
| | 株主配当金 | 250 | | 250 | 250 |
| | 役員賞与金 | 0 | | 0 | 0 |
| | その他（内部留保） | 1,250 | | 1,250 | 1,250 |
| | 合計 | | 2,570 | 3,511 | 3,271 |

注）控除法の計算結果と積上法の計算結果は若干異なるのが通常である。

ため、これも付加価値と見なされる。

　また、ここでは**減価償却費**（Depreciation）が含まれてはいないが、減価償却費については付加価値に含めるという考え方と、含めないという考え方がある。上記のように含めないで計算した付加価値のことを**純付加価値**、含めて計算した付加価値のことを**粗付加価値**と呼んでいる。減価償却費を付加価値に含めるという考え方は、有形固定資産は本来は外部のメーカーや建設会社などからの購入価値であるが、原材料や人件費などとは違って、減価償却というある仮定に従って規則的また計画的に徐々に費用とされていくものであること、また当期の外部からの購入価値ではないことから、付加価値に算入すべきであるという考え方に従ったものである。

$$純付加価値 = 労務費・人件費 + 賃借料 + 租税公課 + 特許権使用料 + 純金融費用 + 利払後事業利益$$

$$利払後事業利益 = 営業利益 - 純金融費用$$
$$= 法人税等 + 配当金 + 役員賞与金 + 留保事業利益$$

$$粗付加価値 = 純付加価値 + 減価償却費$$

このように、減価償却費を含めるか否かをはじめ、付加価値の定義にはややあいまいな点がある。したがって経営分析を行う際には、業種の特殊性や分析の目的などを考慮して付加価値に含めるものを明確にし、同じルールの下で同業他社比較あるいは期間比較を行う必要がある（**図表3-22**参照）。

### ◉──── 活用方法

付加価値分析はどのように利用すればよいのだろうか。第1に、会社が生み出した価値が会社の関係者にどのように配分されているかに注目することで、それぞれの関係者の会社における重要度がわかる。具体的には、付加価値は、役員、従業員、資産の提供者、特許等のノウハウの提供者、資金の提供者、国や地方公共団体、株主といった関係者に配分された価値から構成されている（一例を下に示した）。

| | |
|---|---|
| 役員報酬・役員賞与： | 役員へ |
| 人件費・労務費： | 従業員へ |
| 賃借料： | 資産提供者へ |
| 特許権使用料： | ノウハウ提供者へ |
| 純金融費用： | 資金提供者へ |
| 法人税・租税公課： | 国・地方団体へ |
| 株主配当金： | 株主へ |

それぞれに対する配分金額や配分比率を知ることによって、各関係者の企業活動における重要度、あるいは貢献度を知ることができる。会社は株主、従業員、金融機関などいろいろな関係者と密接な関係を持ち、彼らからいろいろな貢献を受け、それに対する配分を行うことで成り立っている。したがって、付加価値を重視してこれを極大化し、それを適切に配分することは、会社にとって重要な目標なのである。

第2に、付加価値を使ったいろいろな分析指標を算出し、分析することによって、会社がどのような経営資源をどのように使って、どれだけの価値を生み出したのかを知り、それをもとに業務プロセスを改善するなどの活用法が考えられる。具体的な分析指標には、❶付加価値増加率、❷付加価値率、❸労働生産性および資本生産性、❹労働分配率、

❺**従業員1人当たり人件費**などがある。これらの指標の意味を理解し、それを的確に経営に反映していくことが望まれる(これらの分析意義については、第1章第2節の比率分析とも比較のこと)。
❶**付加価値増加率**

*付加価値増加率 = 当期付加価値増加額 ÷ 前期付加価値額*

　付加価値増加率は、付加価値がどの程度増加したのかを表す指標である。これが売上高成長率(増加率)を上回っている場合には、会社の基本的な収益力が高まってきていると言えるが、逆に下回っている場合には、基本的な収益力が低下しており、製品やサービスの価値を差別化などによって高めることが必要と考えられる。
❷**付加価値率**

*付加価値率 = 付加価値 ÷ 売上高*

　付加価値率は、売上高に対して付加価値がどの程度生み出されているのかを表す指標である。これが高ければ、会社が製品やサービスに対して付け加えている価値が多いことを意味しており、1単位当たりの売上高から得られる基本的な収益率が高いと言うことができる。逆に低い場合には、会社の付け加えている価値があまりないことを意味しており、1単位当たりの売上高から得られる基本的な収益率が低いと言える。
❸**労働生産性および資本生産性**

*労働生産性 = 付加価値 ÷ 従業員数*
*資本生産性 = 付加価値 ÷ 有形固定資産*

　これは、従業員1人当たり、また有形固定資産1単位当たり、どれだけの付加価値を生み出しているのかを表す指標である。労働生産性が高い会社では、少ない従業員で大きな付加価値を獲得しており、資本生産性が高い会社では、少ない有形固定資産を使って大きな付加価値を獲得していることになる。

　なお、この2つの指標は、一般的にはトレードオフの関係にある。たとえばロボットを使うことなどによって自動化が進んだメーカーでは、有形固定資産が増加するために資本生産性は低くなり、一方で自動化によって従業員は少なくて済むことになるので、労働生産性は高くなる。しかし、わが国でも今後はいままで以上に労働者がサービス業にシフトし、その比率が増加していくと考えられる。サービス業においては機械に依存することができず、人手に頼らざるをえない部分が多いため、労働生産性が低く、資本生産性が高い会社が増加することが予想される。

### ❹労働分配率

$$労働分配率 \ = \ 人件費・労務費 \ \div \ 付加価値$$

労働分配率は、付加価値の中で役員や従業員の人件費として配分された部分がどの程度あるかを表す指標である。これが高い場合には人件費に対する配分が多いことから、給与が高い会社、あるいはサービス業のように人手に依存しなければならない会社、あるいは付加価値の総額に対して人件費が多くなってしまっている会社と考えられる。したがって、高い場合にはその理由について、業種の特性なのか、いろいろな問題があるためなのか、よく検討する必要がある。なお、この指標が低い会社は、機械化が進んでいる場合が多い。このような会社では、減価償却費として設備などの提供者に配分される部分が多くなる一方で、人件費の比率が減少していることが予想される。

### ❺従業員1人当たり人件費

$$従業員1人当たり人件費 \ = \ 人件費・労務費 \ \div \ 従業員数$$

この比率が高いほど、従業員にとっては待遇の良い会社ということができ、人材の質やモチベーションも高いことが予想される。しかし、あまり高すぎると利益が圧迫されることになるので、付加価値の総額、あるいは他の関係者への配分額とのバランスが重要になる。

> **注**
>
> 景気の後退期などには、いろいろな業務を外注して固定費の比率を下げ、変動費率を増加させることが多い。このような場合に、外注部分を付加価値に含めないものとすると、外注化すればするほど付加価値の絶対額が減少してしまう。したがって、正しく比較するためには、たとえば人材派遣会社からの派遣社員の給与については人件費として付加価値の中に含めるなど、外注化した部分についても付加価値に含めることが望ましい。

## 3 ● 5つの力

いろいろな会社が属している業界を見ると、ある業界は競争が激しく、どの会社もずば抜けた収益を上げられない構造になっていたり、一方では比較的競争が緩やかで、どの会社もそろって高収益を上げているなど、業界によって大きな違いがあるのが一般的

である。これは、それぞれの業界の構造の違いを分析することによって説明できる。会社が事業戦略を立てる際には、その事業を取り巻く外部の環境、つまりその事業が属する業界の構造を分析して、競争要因を理解することが重要になる。このような業界の分析、つまり事業を取り巻く外部環境分析を行うときに、業界の競争状況に影響を与えるような要因を大きく5つにまとめたものが、**5つの力**（Five Forces）である。

**図表3-23 5つの力**

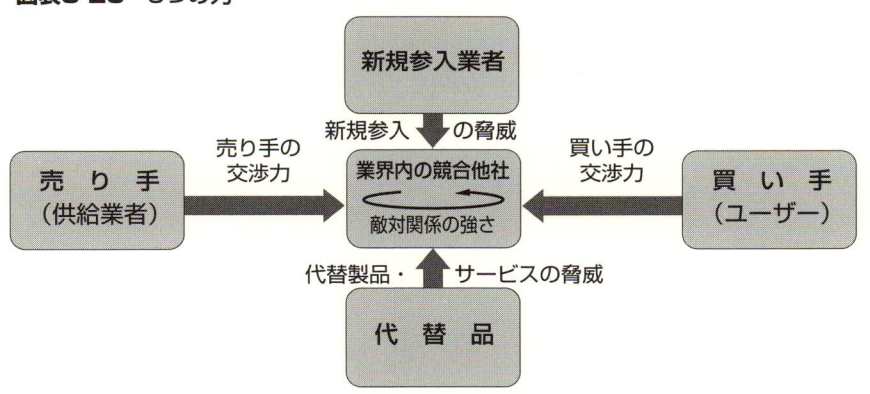

```
                    新規参入業者
                      ↓
           新規参入     の脅威
   売り手の              買い手の
売り手 → 交渉力 → 業界内の競合他社 ← 交渉力 ← 買い手
(供給業者)          敵対関係の強さ          (ユーザー)
           代替製品・    サービスの脅威
                      ↑
                    代替品
```

出典：M.E.ポーター「［新訂］競争の戦略」（ダイヤモンド社、1995年）

5つの力とは、具体的には、新規参入の脅威、代替製品・サービスの脅威、買い手の交渉力、売り手の交渉力、競争業者間の敵対関係である。この5つの競争要因が、業界全体の価格、コスト、必要投資額、つまり投資収益率などに影響を与え、結果として業界の収益性に影響を与えている。

これも前出のポーター教授が提唱している分析方法であるが、このような考え方が出てきた結果として、競争の理解を業界内部の構造から、業界の置かれた構造に広げることが可能になった。5つの力を分析することによって、業界の競争の鍵を発見したり、将来の競争の変化を予想したりできるようになったのである。

---

**用語解説**

- **新規参入の脅威**：新規参入の起こる可能性がどの程度あるのか、つまり参入障壁がどの程度高いのかということである。新規参入の可能性がほとんどない場合には、競争状態はそれほど激しくはならないが、新規参入の可能性（脅威）が大きければ、競争状態は激しくなる。また、新規参入の脅威は価格に影響を与えるとともに、採算の合う投資額のレベルにも影響を与える。

- **代替製品・サービスの脅威**：自社の製品・サービスよりも、価格に比べて性能が格段に良くなる傾向を持つ製品・サービスが存在する場合には、大きな脅威となる。これは会社の価格設定に対して影響を与える。
- **買い手の交渉力**：製品・サービスなどの買い手、つまり顧客が売り手に対してどの程度交渉力を持っているのかということである。買い手の交渉力が強いケースとしては、買い手が集中していて、売り手の総取引量に対してかなりの量を購入する場合や、その製品・サービスが差別化されておらず、どこの競合他社でも作っている場合、買い手が川上統合に積極的に進もうとしているような場合が挙げられる。これは、会社が設定する価格に影響を与える。
- **売り手の交渉力**：製品・サービスなどの売り手、つまり仕入先が買い手に対してどの程度交渉力を持っているのかということである。売り手の業界が、少数の会社によって牛耳られている場合、売り手にとって買い手が重要な顧客でない場合、売り手の製品・サービスが買い手にとって大きな価値を持つ場合などに、売り手の交渉力は高まることになる。売り手の交渉力は、会社が購入する原材料や資材をはじめとするコストに影響を与える。
- **既存競争業者間の敵対関係の強さ**：業界内の既存業者間の敵対関係の強さのことである。この敵対関係が強ければ競争が激しくなり、弱ければ競争状況はそれほど激しくないことになる。一般的に、同業者が多い、似たり寄ったりの規模の会社がひしめき合っている、業界の成長が遅い、固定費の割合が大きい、といった条件がそろっている業界ほど、敵対関係は激しくなる。既存業者の敵対関係の強さは、価格とともに、工場、製品開発、広告、営業担当者などの競争手段のコストにも影響を与えることになる。

## 4 ● 価値連鎖（バリューチェーン）

　会社が提供する製品やサービスについて、その価値が会社のいろいろな活動の中のどの部分で付加されているのかを分析する有効な方法として、**価値連鎖**（Value Chain）という考え方がある（**図表3-24**参照）。
　この手法もポーター教授が考え出したもので、このツールを使うことによって、自社の優位性の源泉を探ることができ、また原材料などを外部から調達し、製品やサービスが顧客に提供されるまでの内部のいろいろな活動の中で、優位性をどのように構築していったらよいのかといった、戦略の構築に有用な情報が得られることになる。

**図表3-24　価値連鎖（Value Chain）**

| 支援活動 | 全般管理（インフラストラクチャー） | | | | | マージン |
| | 人事・労務管理 | | | | | |
| | 技術開発 | | | | | |
| | 調達活動 | | | | | |
| | 購買物流 | 製造 | 出荷物流 | 販売・マーケティング | サービス | |
| | 主活動 | | | | | |

出典：M.E.ポーター『競争優位の戦略』（ダイヤモンド社、1985年）

　このような価値を生み出す活動は、図のように会社の本業のサイクルそのものに関連する「購買物流」「製造」「出荷物流」「販売・マーケティング」「サービス」の5つの「主活動」と、そのような主活動をサポートする「調達」「技術開発」「人事・労務管理」「全般管理」の4つの「支援活動」とに区分することができる。

　この価値連鎖の考え方をコスト分析の基本ツールとして利用するためには、各価値連鎖に関係する運用コストと資産を区分して各項目に割り振り、これを利用して、各価値連鎖の集合体である会社全体のコストの状況を分析することが必要となる。

　さらに、コスト優位を確立するためには、❶自社と競争相手の価値連鎖の構成を比較し、個々の活動のコストについて会社の状況を分析することによってコストドライバーをコントロールし、トータルコストに大きな部分を占める付加価値活動のコストドライバーを有利に動かす、❷価値連鎖を再編成して、製品の設計、製造、流通、販売について、効率の良い新しい方法を採用する、という2つの方法がある。

　このうち、特に❶のコストドライバーをコントロールするためには、以下に示した戦略を実施することが有効と考えられる。

- **規模のコントロール**：コスト的に有利な適正規模を確保する
- **習熟のコントロール**：習熟曲線を管理する。習熟の独自性を維持する。競争相手から習熟を盗む
- **キャパシティ利用の効果をコントロールする**：生産量を常に平均化することによって生産量の変動による損害を減らす

- **連結関係**：価値連鎖内部でコスト的に有利になるような連結関係を探す。または、垂直連結を求めて、供給業者およびチャネルと共同行動をとる
- **相互関係**：会社内の他の事業と共同行動をとる。また、類似の活動で得られたノウハウを移す
- **統合**：自社内で行うか外注するのかといった統合あるいは脱統合の可能性を体系的に調べておく
- **タイミング**：先発会社あるいは後発会社の利点を探す。景気変動の有利な時期に購買する
- **ポリシーのコントロール**：差別化に寄与しないコスト高のポリシー、たとえば製品の設計などを改良したり、余分な経費を避ける
- **ロケーションのコントロール**：立地条件を最適化する
- **制度要因のコントロール**：制度要因を与件とせず、いくらでも変えられるものと考える

---

注

　ポーターの言うコストドライバーは、ABCで用いるコストドライバー（146ページ参照）とは異なる意味合いで用いられているので注意されたい。

---

用語解説

- **購買物流**：製品の原材料を外部から受け取って、貯蔵し、配分する活動のことで、具体的には、原材料の計量、保管、在庫統制、輸送計画、供給業者への返品などの活動が含まれる。
- **製造**：原材料を最終製品に加工していく活動のことで、具体的には、機械の操作、包装、アセンブリー、機器のメインテナンス、テスト（検査）、印刷、設備の整備などの活動が含まれる。
- **出荷物流**：完成した製品を集めて、保管し、買い手に届けるまでの活動のことで、具体的には、最終製品の保管、梱包、輸送、受注処理、出荷計画などの活動が含まれる。
- **販売・マーケティング**：買い手（顧客）に製品を買える場所や手段を提供し、買い手（顧客）が買いたくなるように仕向ける活動のことで、具体的には、広告、プロモーション、セールス、市場調査、流通チャネルの選択あるいは構築、価格政策などの活動が含まれる。

なお、このような考え方に基づいて戦略的なコスト分析を進めるためには、以下のようなステップに従っていくことが望ましい。
❶適切な価値連鎖を見つけて、それにコストと資産を配分する
❷価値活動それぞれのコストドライバーを診断し、それらの相互作用を知る
❸競争相手の価値連鎖を知り、その相対的コストおよびコストの差の有無、源泉を明確にする
❹コストドライバーをコントロールすることで、あるいは自社および流通チャネルの価値連鎖を再編成することによって、相対的にコストを下げる戦略を策定する
❺コスト削減の努力が差別化を損なわないようにするか、もし損なわざるをえないとしても、それは意図的なポリシーの選択として行わなければならない
❻コスト削減戦略の実施にあたっては、コスト優位の持続性をテストしなければならない

---

・**サービス**：製品の価値を高める、あるいは維持するための活動のことで、具体的には、据付工事、修理、技術者訓練、部品供給、製品整備などの活動が含まれる。

・**調達**：原材料から経営コンサルティングなどのサービスまで、いろいろなモノやサービスを社外から購入する活動のことで、具体的には、新しい供給業者の選択方法、取引の手順などの活動が含まれる。

・**技術開発**：いろいろな付加価値活動の中の技術的な側面に関連する活動のことで、具体的には、設計、市場テスト、どの技術を選択するのかといった活動が含まれる。

・**人事労務管理**：社員の募集、採用、訓練、教育、給与の支払いなどに関連する活動のことである。

・**全般管理**：本社経営、企画、財務、経理、法規制対策、対政府関連業務、品質管理などの、全般的な管理に関する多数の活動の集合体のことである。これは、普通は価値連鎖全体を支援するものであり、個々の活動には関連していない。

# 5 ● 長期的意思決定

## POINT

　会社が行う意思決定の中には、工場を新設するか否か、同じ機械設備をリースにするのか購入するのかというように、その意思決定の結果が長期間にわたって会社の活動や業績に影響を及ぼすものがある。一般に、こうした長期の経営課題については、将来の経営戦略、会社の歴史的背景、政治的要因、市場の動向、顧客のニーズ、経済や世の中の動きなどを予測し、それに基づいて意思決定することになる。そしてその際には、定性的な分析を行うと同時に、定量的な分析によってそれを裏づけていくことが望ましい。

　定量的な長期的意思決定のツールは、大きく2つに分けることができる。第1は、あるビジネスについてどれだけのキャッシュを使い、最終的にどれだけのキャッシュを獲得することができたのかを重視する「キャッシュ」ベースの考え方である。このキャッシュをベースに評価をする方法のことを**DCF法**（Discounted Cash Flow）と呼んでいるが、その具体的な方法には、**NPV**（Net Present Value）と**IRR**（Internal Rate of Return）を使う2つがある。第2は、会計のルールをもとに計算した「利益」をベースにして考える方法である。具体的には、**回収期間法（ペイバック法）**がある（ただし、ペイバック法は、キャッシュフロー、利益のいずれでも算出することが可能である）。

● 

　長期的な意思決定を行う際によく利用されるDCF法というツールを使って、リースと購入ではどちらが得なのかを検討してみることにしよう。

● 

　ワンマンで有名な先代社長が高齢を理由に引退してから約2カ月、入社して5年目の山田君が総務部購買課に配属されてきた。上司からの最初の指示は、今般新規事業部に導入するサーバー5000万円を購入したほうがよいのか、リースにしたほうがよいのかを検討し、報告書にまとめることだった。

　実はこの会社では、これまでリースというものを利用したことがなかった。先代社長

のポリシーだったのである。いわく「設備を借りるなどとんでもない。資産は所有してこそ意味がある。わが社が銀行から金を借りられるのも、これだけの資産を持っているからこそだ」。

一方、2代目社長はアメリカに留学していた経験もあって、合理的なものなら何でも採用していこうとする人物だった。

さて、山田君はさしあたって、定量的な分析を行ってみる必要があると考えた。とりあえず噂を聞いて駆けつけてきたリース会社の営業担当に、リース料の見積もりを依頼した。

  サーバー一式　（法定耐用年数6年）　購入価格5000万円
  4年リースの場合の年間リース料　1500万円

単純に計算してみると1500万円×4年＝6000万円であり、金利が含まれているとしても、購入価格5000万円と比べずいぶんかかるようである。しかし、このような判断でよいのか。

山田君は最近本で知ったばかりのDCF法をもとに判断してみることにした。DCF法の考え方というのは、「現在の1億円と10年後の1億円では価値が違う」ところから、投資の効果が長期にわたるものについては、資金の収支をすべて現時点の価値に修正して判断すべきというものである。

また、リースを考えるうえでは必ず税効果を加味して比較しなければならない、というのがリース会社の営業担当が強調していたところである。

山田君は、現在価値への割引率を10％、実効税率を50％と仮定し、シミュレーションを行った。

まず、リースの場合（リース料は毎年先払いとする）。

（単位：千円）

|  | 0年目 | 1年目 | 2年目 | 3年目 | 4年目 |
|---|---|---|---|---|---|
| リース料 | △15,000 | △15,000 | △15,000 | △15,000 |  |
| 税金 |  | 7,500 | 7,500 | 7,500 | 7,500 |
| キャッシュフロー | △15,000 | △7,500 | △7,500 | △7,500 | 7,500 |
| 割引率 | 1/1 | 1/1.1 | $1/(1.1)^2$ | $1/(1.1)^3$ | $1/(1.1)^4$ |
| 現在価値 | △15,000 | △6,818 | △6,198 | △5,635 | 5,123 |

現在価値の合計：$(-15,000)+(-6,818)+(-6,198)+(-5,635)+5,123=-28,528$

したがって、実質的な現金ベースでの負担額は、現時点での貨幣価値で2852万8000円。

一方、購入の場合はどうか（減価償却は6年の定率法を採用している。償却率は0.319。技術進化が早く、5年目の末には処分価格ゼロで廃棄処分するものとする。なお、減価償却法の詳細については第2章第1節を参照）。

（単位：千円）

|  | 0年目 | 1年目 | 2年目 | 3年目 | 4年目 |
|---|---|---|---|---|---|
| 購入 | △50,000 |  |  |  |  |
| 減価償却 |  | 15,950 | 10,862 | 7,397 | 5,037 |
| 減価償却による節税分 |  | 7,975 | 5,431 | 3,699 | 2,519 |
| 廃棄損 |  |  |  |  | 10,754 |
| 廃棄損による節税分 |  |  |  |  | 5,377 |
| キャッシュフロー | △50,000 | 7,975 | 5,431 | 3,699 | 7,896 |
| 割引率 |  | $1/1.1$ | $1/(1.1)^2$ | $1/(1.1)^3$ | $1/(1.1)^4$ |
| 現在価値 | △50,000 | 7,250 | 4,488 | 2,779 | 5,393 |

*現在価値の合計：$(-50,000)+7,250+4,488+2,779+5,393=-30,090$*

したがって、購入の場合の負担額3009万円はリースよりも156万2000円多いので、リースのほうが有利となる。ただし、以上の計算をしていく過程で、前提条件が1つ変わるだけで結果がまったく異なることもよくわかった。つまり、割引率、リース料、購入金額、減価償却の方法、場合によっては4年後の物件の残存価値など、さまざまな条件によってケース・バイ・ケースで判断しなければならない。また、今回購入の例では自己資金を使う前提で考えたが、5000万円を銀行から借り入れたとするとまた違った結果になってくる。

当然ながら、こうした数字上の分析に加え、定性的な分析も付け加えなくてはならない。たとえば、購入した場合、製品の陳腐化のリスクをどのように見積もればよいのだろうか？

さらに付け加えるならば、今回は検討しなかった第3の選択肢、レンタルについても研究する必要があるだろう。特にサーバーはグレードアップ、低価格化のサイクルがますます速くなっている。そもそもサーバーへの投資を長期投資と判断すべきものかどうか。サーバーは消費財として考えるべきではないのか。山田君は考え出すときりがなくなり、眠い目をこすりながら、自宅のパソコンの電源をオフにした。

> **参考：リースによる節税とリース会計**
>
> 　リースとは、飛行機やパソコン等のいろいろな資産を、リース料を払うことによって一定期間借り受けることを言う。リースのメリットとしては、一度に購入代金を支払う必要がなく、資金的な負担が少ないこと、購入に伴う陳腐化のリスクを回避できることが考えられる（97ページも参照）。
>
> 　リース料は税務上、全額損金算入できる。したがって年間1500万円のリース料を支払った場合、税率を40％とすると600万円分の税を軽減できたことになる（つまり税金の還付を受けたのと同じ効果がある）。「減価償却による節税分」も同様の効果である。ただし、節税効果を出すためには、リース料や減価償却費を差し引いた後に利益があることが前提である。

## 1● キャッシュフローをベースに考える

　なぜ**キャッシュフロー**（Cash Flow）で考える必要があるのだろうか。
　利益は、会計のルールに従って会社の業績を測定したものであり、ある一定期間の業績を表すうえでは有用な情報と言える。しかし、会社が長期の意思決定を行う場合には、プロジェクトごとに、どれだけの投資に対してどれだけのリターンがあるのかを個別に考えていく必要がある。そしてその場合は、投資時にはどれだけキャッシュを投入するかを考える。したがって、その効果、つまりリターンについても同じくキャッシュベースで考えていくことが望ましい。
　さらに、会社は、最終的に収益と費用の差額で計算される利益を現金（キャッシュ）の形で回収して、初めて儲けを確実なものとして獲得することができ、そしてそのキャッシュを新たな投資に振り向けることによって、持続的成長を図ることができる。その意味で、意思決定を行う場合にはキャッシュフローをもとに考えていくことが望ましいと考えられるのである。
　長期間の累計をとれば、タイムラグこそあれ、「利益＝キャッシュ」が成立するから、どちらを採用してもいいとも考えられるが、時間価値（後述）の考え方を取り入れると、利益とキャッシュフローはタイムラグの分だけ差が出ることになる。

◉────── フリー・キャッシュフロー

　投資判断や企業価値の算定といった長期の意思決定を行う場合には、**フリー・キャッシュフロー**（Free Cash Flow：**FCF**）が一般的に利用される。これは、金融活動を除

いた会社の事業活動から発生するキャッシュフローから税金を差し引いたものであり、会社に資金を提供している金融機関（負債の提供者）や株主（資本の提供者）に、それぞれ分配できるキャッシュフローの合計額である。つまり、フリー・キャッシュフローには本来の事業活動ではない財務活動から発生するキャッシュフロー（支払利息）が含まれないため、会社がどのような形で必要な資金を調達しているのかには関係なく、純粋な意味で事業から生み出されたものと言うことができる。

フリー・キャッシュフローは、通常、会社の通常の活動から生み出された利益である「経常利益」を出発点として、以下のような修正を加えていくことによって求められる。

❶**財務活動を除いた本業からの税引後利益**（**NOPAT**：Net Operating Profit After Tax）を算出する

損益計算書の経常利益（英文の場合はEarning Before Tax）から受取利息を引き、支払利息を加えて、**財務活動を除いた本業からの税引前利益**（**EBIT**：Earning Before Interest and Tax）を計算する。この利益をもとに、実質的な税率である**実効税率**（Effective Tax Rate：日本の場合は現在約40％）を掛けて税金を計算し、これを差し引いて本業からの税引後利益を算出する。

❷実際にキャッシュの支払いがない費用の修正を行う

キャッシュの支払いがない費用を、「本業からの税引後利益」に加える。このような費用には、減価償却費、営業権などの無形固定資産の償却費などがある。

❸費用ではないがキャッシュの支払いが行われるものの修正を行う

費用ではないがキャッシュの支払いが行われるものを、❷で算出した金額から差し引く。具体的には、設備投資の支払金額などが該当する。

❹**運転資本**（Working Capital）の変化による修正を行う

会計ルールでの収益、費用と、キャッシュの動きのタイムラグの修正を行う。会計ルールでは発生主義的な考え方に従って、売上代金の回収時点にかかわらず製品の出荷時に売上げを計上したり、広告宣伝費を支払いのタイミングにかかわらずサービスを提供してもらったときに費用にするなど、それぞれの取引が実際に行われた時点で収益や費用として認識している。

したがって、収益と入金、費用と出金の間にはタイムラグが発生するため、その分を修正する必要が出てくる。具体的には、売掛金、受取手形、たな卸資産といった営業サ

イクルの中に出てくる資産については、その増加分をキャッシュフローのマイナスとして控除し、逆に買掛金、支払手形といった負債については、その増加分だけキャッシュフローのプラスとして加える。その結果残る金額が、フリー・キャッシュフローとなる。

## ● 運転資本の意義

上記❹の修正に関連する運転資本について、ここで確認しておこう。

会社の事業活動は、メーカーの場合には、原材料を仕入れ、それを加工して製品を作り、それを販売して現金収入を得るというサイクルで行われている。通常、原材料の仕入れから売上げまでには一定の期間がかかるが、これをキャッシュの面から見ると、普通は原材料の仕入代金などの支払いが先行し、販売代金などの受け取りは後になる。したがって、支払いと受け取りの間にタイムラグがあっても、資金ショートを起こさずに会社を運営していくためには、一定のキャッシュが必要になる。これを運転資本と呼ぶ。これはある意味で、会社が事業を継続していくのに不可欠な燃料と言える。

具体的には、事業活動に伴い、原材料やサービスの購入代金の未払分が仕入債務(支払手形・買掛金)の形で、原材料や製品の未販売分がたな卸資産(在庫:商品、製品、原材料など)の形で、製品を販売した場合にはその代金の未回収分が売上債権(受取手形・売掛金)の形で、会計ルールから見た取引の動きとキャッシュの動きとのタイムラグとして貸借対照表の上に表れてくる。

売上債権とたな卸資産は、活動を継続していくためにそれだけの資金が必要となることを意味しており、逆に仕入債務は支払いを待ってもらっていることを意味している。したがって、売上債権、たな卸資産、仕入債務の3つの項目を加減することによって、必要な運転資本を求めることができる(運転資本は「流動資産－有利子負債を除く流動負債」で求めることも多い)。

$$運転資本 \;=\; 売上債権 \;+\; たな卸資産 \;-\; 仕入債務$$

この運転資本の変動が、各事業年度のキャッシュフローに影響を与えることになる。たとえば、前期に500万円の運転資本が発生していたとする。この500万円は今期に遅れて現金化される。毎期の運転資本が一定であれば、今期も前期と同じ500万円の運転資本が発生するが、今期に現金化される前期の運転資本500万円と相殺され、実際に追加で必要となるキャッシュはゼロになる。したがって、運転資本が増加している場合には、その増加分だけキャッシュフローが減少し、逆に運転資本が減少している場合には、その減少分だけキャッシュフローが増加することになる。

> 運転資本として追加で必要なキャッシュフロー
> ＝ 増加運転資本 ＝ 今期運転資本 － 前期運転資本

◉ ── **金銭の時間的価値**

　長期の意思決定を行うと、キャッシュフローが長期間にわたって発生することになる。そのときキャッシュフローについて、現在の額と将来の額を同じ価値として考えてよいのだろうか。一般的には、同じ1億円であっても、現在手元にある1億円と将来の1億円とでは、その価値に差があると考えられる。これを金銭の時間的価値と言う。これは2つの理由により説明される。まず、現在の1億円は銀行に預けておくと1年後には金利分だけ価値が増加する。同じ1億円でも現在の1億円は1年後には、金利＋1億円となるので、1年後の1億円よりも価値が高いことになるのである。次に、現在の1億円は現実に手元にあるが、1年後の1億円は、本当に1億円が入手できるか否かについて若干のリスクがある。つまり、1年後の1億円は1億円以上となる可能性があると同時に、1億円を下回る可能性もある。したがって、確実なもののほうがリスクは少ないという意味で、現在の1億円のほうが価値が高いと考えられるのである。以上の考え方が、「今日の1円は明日の1円よりも価値がある」「安全な円は危険な円よりも価値がある」という2つの基本原則である。長期のプロジェクトについて正しい意思決定を行うためには、このような時間的価値をキャッシュフローに加味して考えることが必須である。

　具体的には、一般に毎年$r_n$（年率）の利払いのあるｎ年物の債券にキャッシュ$CF_0$を投資する場合（これを1年複利による投資と言う）のｎ年後の将来価値$CF_n$は、

$$CF_n = CF_0 \times (1+r_n)^n$$

で表されることになる。ｎ年後のキャッシュフロー$CF_n$の現在価値$PV(CF_n)$は$CF_0$と同じであるから、

$$PV(CF_n) = \frac{CF_n}{(1+r_n)^n} = CF_0$$

となる。

　この式からわかるように、現在価値（PV）を算出する場合には、将来発生するキャッシュフローを同じような投資機会によって得られるであろう利回りで割り引くことになる。この利回りのことを**割引率（ディスカウント・レート）**と言う。割引率は、時間

とリスクをベースに、金融市場における利回りにより決定される。この場合、割引率は、あるプロジェクトに投資することによって、似たようなプロジェクトに投資をしたら得られるであろう儲けが失われたというように考えると、一種の機会費用と考えられる。

> **リスクと割引率**
>
> 「安全な円は危険な円よりも価値がある」という考え方に基づき、リスクのあるプロジェクトの現在価値を求めるには、そのプロジェクトのキャッシュフローを同じようなリスクを有する投資プロジェクトの利回りで割り引くことになる。
>
> 　このときの割引率は、会社が現在の資金調達構造の下で新たな投資を行う際に、最低限満たさなければならない収益率（**ハードル・レート**）を意味している。というのは、会社が調達する資金には後述するコストが必ずかかっており、そのコスト分を上回る利益が得られなければ投資をする意味がなくなるからだ。会社の資金調達レート、つまりバランスシートの右側にある**負債**（Liabilities）と**株主資本**（Equity）について、その資金調達にかかる平均的なコストのことを**資本コスト**（Cost of Capital）と言い、具体的には負債と株主資本それぞれの調達コストの加重平均（**WACC**：Weighted-Average Cost of Capital・通常ワックと呼ぶ）として、以下の計算式によって算出することになる。
>
> $$WACC = r_D \times (1-t) \times \frac{D}{(D+E)} + \{r_f + \beta(r_m - r_f)\} \times \frac{E}{(D+E)}$$
>
> WACC：資本コスト
> D：負債金額（時価）
> E：株主資本（時価）
> t：法人税率
> $r_D$：利子率
> $r_f$：リスクフリー・レート
> $r_m - r_f$：リスク・プレミアム
> $r_m$：株式市場全体の期待収益率
> $\beta$：ベータ値
>
> 　それではここで、WACCの構成要素について簡単に解説しよう。まず負債のコストとは、銀行をはじめとした債権者に対して支払うコストのことである。具体的には、通常の借入金や社債などの金利に加えて、手形割引の割引料やクレジットカー

ドの手数料なども含まれる。この負債のコスト（金利・割引料など）は税金計算の際に費用となるため節税効果があり、会社にとってはこの分だけコスト減となるので、($1-t$）を掛けることになる。

一方、株主資本（Equity）のコストは株主に対して支払うコストのことであるが、会社側から見た株主資本コストは、投資家側から見た期待収益率に一致すると考えられる。なぜなら、会社が株式を発行して資金調達する場合には、投資家の期待に見合った収益——その源泉は**配当**と**キャピタルゲイン**（株式の売却益）——を提供しなければ購入してもらえないからである。株主資本のコストの算定には、効率的な資本市場を前提とした場合のリスクとリターン（投資収益率）の関係について表した**資本資産価格モデル**（**CAPM**：Capital Asset Pricing Model）を利用することが一般的である。なお、CAPMを利用して株主資本コストを算定するには、**リスクフリー・レート**（**非危険利子率**）、市場の**リスク・プレミアム**（$r_m - r_f$）、個別企業の**ベータ値**（$\beta$）、の3つの要素が必要になる。

リスクフリー・レートには、非危険資産の中で最も代表的な長期国債の利回りを使うのが一般的である。これは、国債は国が崩壊しない限り確実に金利という利益を生み出すためリスクがなく、また会社の投資は通常長期にわたるため、短期利子率よりも長期利子率を使うべきと考えられるからである。

市場のリスク・プレミアムは、株式投資からの期待収益率とリスクフリー・レートの差のことである。通常、株式は価格変動を伴うリスクのある資産であるため、その投資の期待収益率が、リスクがなく確実なリターンを生み出す資産（たとえば国債）の収益率を上回っていなければ（つまりリスク・プレミアムがなければ）株主には投資する意味がない。

ベータ値は、自社の株価と、市場全体の株価の動きとの相関関係のことである。市場の動きを1としたとき自社の株価がどの程度変動するのかを表すもので、市場よりも株価の変動激しい株式の場合にはベータ値は1を超え、逆に市場の動きよりも激しくなければベータ値は1未満になる。

それでは具体的な数字に基づいて、資本コスト（WACC）を算出してみよう。

　　　　D：負債金額（時価）　　120億円
　　　　E：株主資本（時価）　　80億円
　　　　t：法人税率（実効税率）　　40％
　　　　$r_D$：利子率（負債の調達利子率）　　4％
　　　　$r_f$：リスクフリー・レート（長期国債の利子率）　　3％
　　　　$r_m - r_f$：市場のリスク・プレミアム　　5％

> β：ベータ値　1.2
>
> とすると、
>
> $$WACC = 4\% \times (1-40\%) \times 120億円 \div 200億円$$
> $$+ (3\% + 1.2 \times 5\%) \times 80億円 \div 200億円$$
> $$= 5.04\%$$
>
> となる。これは、この会社の平均的な資金調達コストが5.04％であると同時に、この会社が利益を上げていくためには、調達した資金を5.04％を上回る収益率が期待できるプロジェクトに投資しなければならないことを意味している。この資本コストを下回る収益率しか上げられないようなプロジェクトに投資してしまうと、将来的に企業価値が低下し、株価に悪影響を及ぼすことになってしまう。

### ディスカウンテッド・キャッシュフロー（DCF）法

これは、将来獲得できると思われるキャッシュフローの予測をもとに、現在価値の考え方を使って、プロジェクトの評価を行う方法のことである。具体的には、**NPV**（Net Present Value：**正味現在価値**）と、**IRR**（Internal Rate of Return：**内部収益率**）を使う方法がある。

### NPV（Net Present Value：正味現在価値）

**NPV**（Net Present Value：**正味現在価値**）とは、現在価値の考え方を使って、あるプロジェクトから結果としてどれだけの儲けを生み出すことができるのかを表したもので、具体的には、将来生み出せるであろうキャッシュフローの現在価値から初期投資額を差し引いた金額を指す。NPVがプラスであることは、その投資からのリターンが市場にある同等のリスクを有する投資案件よりも高いことを意味している。すなわち、割引率で運用するより、この投資プロジェクトを行うほうが有利であることを意味する。なお、NPVを使ったDCF法では割引率を何％に設定するのかによって結論が変わってしまうこと、また将来のキャッシュフローの予測が難しく、楽観的な予測と悲観的な予測で大きな差が出てくる可能性がある点に注意する必要がある。

この考え方に従って、今後n年にわたり毎年キャッシュフローが発生するプロジェクトの現在価値を表すと、次の式になる。

$$PV(CF_{1 \sim n}) = CF_1 \times \left(\frac{1}{(1+r_1)}\right)$$
$$+ CF_2 \times \left(\frac{1}{(1+r_2)^2}\right) + \cdots\cdots$$
$$+ CF_n \times \left(\frac{1}{(1+r_n)^n}\right) = \sum_{t=1}^{n} \left[CF_t \times \frac{1}{(1+r_t)^t}\right]$$

PV：現在価値  
r：割引率  
$CF_n$：n年のキャッシュフロー

さらに、これを用いてキャッシュフローのNPVを表すと次の式となる。

$$NPV(CF_{0 \sim n}) = CF_0 + PV(CF_{1 \sim n})$$

$CF_0$：初期投資額でありマイナスとなる

　現実には、将来をいくつかの期間に分けて考えると、それぞれの期間ごとに異なる割引率が存在すると考えられ、上記のDCF公式においても、期間ごとに違った割引率を用いることを前提としている。しかしながら、将来を予測することは難しいため、割引率はキャッシュフローの発生時期にかかわらず一定と仮定して計算する場合が多い。

　この方法の長所の1つは、現在の通貨価値で表されるという点である。したがって、キャッシュフローAの現在価値とキャッシュフローBの現在価値を合計して、キャッシュフロー（A＋B）の現在価値とするなど、現在価値同士を加えることもできるし、差額を算出することも容易である。この性質は、長期にわたってキャッシュフローが発生する資産（たとえば有価証券や投資プロジェクトなど）の価値を検討するときにきわめて重要な意味を持つ。

◉────── IRR（Internal Rate of Return：内部収益率）

　**IRR**（Internal Rate of Return：**内部収益率**）とは、NPV＝0となる割引率のことであり、この方法による投資決定では、「いかなるプロジェクトでも資本の機会費用、つまり会社の資本コストを超えるIRRが得られるならば採用する」ことになる。n年の期間にわたる投資プロジェクトのIRRは、次の計算式を利用して求めることができる。

$$PV(CF_{0 \sim n}) = CF_0 + CF_1 \times \left(\frac{1}{(1+IRR)}\right)$$

$$+CF_2 \times \left(\frac{1}{(1+IRR)^2}\right) + \cdots\cdots$$

$$+CF_n \times \left(\frac{1}{(1+IRR)^n}\right) = 0$$

（実際にIRRを算出するにはトライアル・アンド・エラーを繰り返しながら現在価値が0となる割引率を算出していくこともできるが、金融計算用の電卓やパソコンの表計算ソフトを使うと、簡単に求めることができる）

　IRRはパーセンテージ表示で簡単に比較することができるため、投資金額が一定限度に抑えられた中で最も有利なプロジェクトを見つける場合には良い方法と言えるが、収益の規模に関係なく収益率で判断する方法であるため、投資金額にあまり制限がない場合には必ずしも正しい結論を導くとは言えない。また、キャッシュフローの金額とタイミングによってはＮＰＶによる評価とは異なる結論が導かれることがあるので、注意が必要である。

　下記のプロジェクトAとBでこれを確認してみよう。

|  |  |  |  |
|---|---|---|---|
| プロジェクトＡ：初期投資額 |  | 10億円 |
| キャッシュフローの推移 | 1年目 | 6億円 |
|  | 2年目 | 4億円 |
|  | 3年目 | 3億円 |
|  | 4年目 | 3億円 |
|  |  |  |
| プロジェクトＢ：初期投資額 |  | 1億円 |
| キャッシュフローの推移 | 1年目 | 0.5億円 |
|  | 2年目 | 0.5億円 |
|  | 3年目 | 0.5億円 |
|  | 4年目 | 0.5億円 |
|  | 5年目 | 0.5億円 |

IRR　　　　プロジェクト　Ａ：　25.8%
　　　　　　プロジェクト　Ｂ：　41.0%

NPV（割引率を10％とする）
　　　　　　プロジェクト　Ａ：　3.06億円

$-10+6×(1÷(1.1))+4×(1÷(1.1)^2)+3×(1÷(1.1)^3)$
$+3×(1÷(1.1)^4)$
$=3.06$

　　　プロジェクト　B：　0.89億円

$-1+0.5×(1÷(1.1))+0.5×(1÷(1.1)^2)+0.5×(1÷(1.1)^3)$
$+0.5×(1÷(1.1)^4)+0.5×(1÷(1.1)^5)$
$=0.89$

　NPVとIRRの特徴がよくわかるであろう。このように異なる結論が導かれた場合は、最終的には規模、つまり金額での評価が重要となるため、一般的にはNPV評価に従ってAを選択することになる。

## 2 ● 利益をベースに考える

　ここまではキャッシュフローをベースにした考え方について解説してきたが、実際には簡易的に利益をベースとして長期的意思決定を行うケースも多い。ここでは、その代表的手法である**ペイバック法**（Payback Method：**回収期間法**）について簡単に見ていこう。

### ● ── ペイバック法（Payback Method：回収期間法）

　**ペイバック法**とは、プロジェクトの初期投資額が、会社で決めた一定の期間内（**カットオフ期間**）に回収されるものに対してのみ投資する、という投資決定方法である。プロジェクトから将来得られると予測される利益の合計が、初期投資額に等しくなるまでに要する期間のことを**回収期間**（Payback Period）と言い、この期間が会社で決められたカットオフ期間より短いプロジェクトにだけ投資することになる。下記のプロジェクトAとプロジェクトBについて、ペイバック法で評価してみよう。

　　　プロジェクトA：　初期投資額　　　　　　10億円
　　　　　　　　　　　利益の推移　　1年目　　6億円
　　　　　　　　　　　　　　　　　　2年目　　4億円
　　　　　　　　　　　　　　　　　　3年目　　3億円
　　　　　　　　　　　　　　　　　　4年目　　3億円

プロジェクトB： 初期投資額　　　　　　　　5億円
　　　　　　　　利益の推移　　1年目　　2億円
　　　　　　　　　　　　　　　2年目　　1億円
　　　　　　　　　　　　　　　3年目　　2億円
　　　　　　　　　　　　　　　4年目　　4億円
　　　　　　　　　　　　　　　5年目　　3億円

プロジェクトAでは10億円の初期投資額を2年後に回収することができるが、プロジェクトBでは3年間かかる。仮に会社のカットオフ期間が2年とすると、初期投資額が2年以内の収益で回収されるプロジェクトAだけを採用することになる。またカットオフが3年以上なら、AとBの両方を選択することになる。なお、この事例をNPVを使ったDCF法で評価すると、別の結果が得られることになる。

割引率を10%とすると、プロジェクトAのNPVは、

$$-10+6\times(1\div(1.1))+4\times(1\div(1.1)^2)+3\times(1\div(1.1)^3)$$
$$+3\times(1\div(1.1)^4)$$
$$=3.06$$

一方プロジェクトBのNPVは、

$$-5+2\times(1\div(1.1))+1\times(1\div(1.1)^2)+2\times(1\div(1.1)^3)$$
$$+4\times(1\div(1.1)^4)+3\times(1\div(1.1)^5)$$
$$=3.74$$

となり、プロジェクトBのほうが有利となる。
この違いは、以下の理由により生じる。
❶ペイバック法ではペイバック期間内の利益だけが考慮され、ペイバック期間後の利益についてはまったく無視されている
❷ペイバック法では利益の時間的価値が考慮されていない

日本では、1990年代前半まではペイバック法で投資評価を行う会社が多かった。しかし、この方法はわかりやすいというメリットがあるものの、効果のある実質的な投資評価の視点からは、あまり望ましい方法とは言えない。そのため90年代後半以降は、日本でもNPVやIRRを使って投資評価を行う会社が増加している。

### 株主から見た企業の価値

　M&A（Merger and Acquisition：**企業の合併・買収**）などによって企業を買収するとき、買収金額をどのようにして決めたらよいのだろうか。いくらなら安い、高いと言えるのだろうか。上場企業の場合は、取引所で株価が日々発表されているので、その株価に発行されている株式総数を掛けたものが株主から見た企業の価値と考えられる。しかし、株価は景気、為替、金利、政治情勢、証券行政といった外部要因（環境要因）や、個別企業の経営政策、資本政策、業績、開発能力等の需給といった内部要因（個別要因）など、さまざまな要因によって日々変動しており、その時点の株主から見た企業の価値を正確に表しているとは言えないこともある。また、株式を上場あるいは店頭公開していない企業の場合には明確な株価がないため、株主から見た企業の価値は明確にはわからないことになる。ここでは、株主から見た企業の価値をどう評価すべきかを考えよう。

### 株主から見た企業の価値の算出方法

　企業の価値を算出するには、大きく分けて3つの方法がある。1つめは、企業が毎年生み出すキャッシュフローをもとに、企業活動のフローの面から企業価値を推定し、そこから債権者の取り分を差し引く方法であり、これは今後ともその企業が事業活動を継続していくことを前提とする価値（**継続価値**：Going-Concern Value）と言える。2つめは、企業がある時点で所有している財産をもとに、企業活動の結果としてのストックの面から企業価値を推定する方法であり、これは解散するとした場合の価値（**清算価値**：Liquidation Value）と言うことができる。3つめは、事業内容などが似ている企業の利益やキャッシュフロー、あるいは売上高などと株価との比率から、同じような事業を行っていればその比率が同じになってもおかしくないといった考え方をもとに、企業の利益やキャッシュフロー、あるいは売上高にその比率を掛け合わせて企業の価値を推定する方法である。

#### ❶DCF法による株主から見た企業価値

　フローの面からの企業価値の算出方法の中で、最も一般的なのが、企業が将来生み出すであろうキャッシュフロー（一般的にはフリー・キャッシュフロー）の現在価値に基づいて企業価値を算出していく方法である。これは前述のDCF法の1つである。

　この場合の企業価値は、以下の公式により算出することができる。

$$V_0 = CF_1 \div (r-g)$$

$V_0$：0期における企業価値
CF₁：1期におけるキャッシュフロー
r：将来にわたって一定の割引率
g：キャッシュフローの成長率

　しかし実際には、将来のキャッシュフローの予測や、絶えず変化する資本コストの設定など、将来の予測に依存する部分があり、これらがDCF法で算出した企業の価値に大きな影響を与えるため、評価する立場などの違いによって差が出る可能性がある。したがって、将来のキャッシュフローや資本コストについて複数のシナリオを用意し、それぞれに基づいた企業の価値を計算して比較することが望ましい。なお、この方法では最後に債権者の取り分である借入金と社債の合計金額を差し引いていく。

**❷所有財産をもとに計算した株主から見た企業価値**

　企業のストック、つまり、いま所有している資産をもとに企業の価値を評価する方法である。この方法では、資産や負債をすべて時価に置き換えて評価していく。そのうえで、時価で集計した資産と負債の差額から純資産を算出し、その時価純資産を株主から見た企業の価値とするのである。

**❸類似企業の株価と利益やキャッシュフローなどの比率をもとに計算した**
　**株主から見た企業価値**

　これは、事業内容が類似している企業は、利益やキャッシュフロー、あるいは売上高と株価の比率がだいたい同じになるはずである、という考えに基づいて株主から見た企業の価値を計算していく方法である。たとえば利益で考えると、同業他社の1株当たりの利益と株価の倍率、すなわち**株価収益率**（**PER**：Price Earning Ratio）を計算し、その比率を評価したい企業の**1株当たり利益**（**EPS**：Earning Per Share）に掛け合わせていく。数式で表すと次のようになる。

$$PER = S \div (EAT \div N) = SN \div EAT$$

EAT：今期予想税引後利益（Earning After Tax）
N：発行済み株式総数
S：株価

　この式からわかるように、PERは株主から見た企業の価値（株価で計った株主資本の時価総額）が税引後利益の何倍となっているかを表している。

なお、PERについては、何倍でなければならないという絶対的な数字はない。欧米では平均して20倍前後の企業が多いようであるが、日本では1980年代の後半には一時70倍になったこともあった。しかし、近年は、およそ30倍から50倍程度で推移している。PERが高いということは、現在の利益を当該企業が上げ続けている期間が長い、もしくは今後もいま以上に利益を上げられると市場が予測していることを意味している。したがって、成長産業においてはPERを高めに、成熟・安定産業においては低めに見積もる必要がある。一般的には、現在の当該企業の業績と業種の平均をベースに決定する。

　以上のような方法の中で、企業の状況に最も合った方法をベースに求めた株主から見た企業価値がM＆Aの場合の買収価格となる。また、上場企業の株価も、長期的には株主から見た企業価値に見合ったレベルに落ち着くと考えられる。
　なお、上場企業の経営者は、市場における株価の短期的な動きとは別に、自社の理論的株価をある程度客観的に知っておく必要がある。なぜなら、そうすることで、株価が理論値よりも過大評価されているときには、価値自体を高めていく努力を積極的に行い、過小評価されているときには自社株買いを実施して、株価が実力よりも低すぎることをアピールし、株価を高める努力をするといったように、機動的な財務戦略をとることが可能になるからである。

## ● EBITDAによる株価の評価

　最近、**EBITDA**（Earnings Before Interest, Tax, Depreciation and Amortization）という財務数値が企業の株価の評価によく使われている。これは、**金利**（Interest）、**税金**（Tax）、**減価償却費**（Depreciation）、無形資産の**償却費**（Amortization）の4つを差し引く前の（Before）**利益**（Earnings）という意味である。このうち前半の**EBIT**（Earnings Before Interest and Tax）までは、借入金や社債の支払金利と税金を差し引く前の利益のことであり、実質的には本業で儲けた営業利益とほぼ同じような利益を意味している。後半の**DA**（Depreciation and Amortization）は、設備投資の金額をその利用可能期間にわたって割り振った費用である**減価償却費**（Depreciation）と、特許権や営業権といった無形固定資産の購入金額をその効果があると考えられる期間にわたって割り振った費用である**償却費**（Amortization）のことである。これらの費用は利益（Earnings）を計算するときには差し引かれるが、実際には費用が発生したときにキャッシュの支払いが行われている

わけではない。したがって、この2つの費用をEBITに足し戻すことによって、DAを差し引く前の利益、つまりキャッシュフローベースに置き直したのである。つまり、EBITDAはキャッシュフローをベースに計算した本業からの儲けを意味していることになる。

EBITDAが注目される理由としては、以下の3つが考えられる。

❶ DAを足し戻したキャッシュフローベースでの財務数値であるため、減価償却の方法の変更をはじめとする利益調整を排除した、より客観的な業績を知ることができる

❷ 設備投資や買収をはじめとする投資により発生するDAの費用を差し引く前の財務数値であるため、投資を積極的に行っているために赤字になっている企業でも数値がプラスになる可能性があり、投資の効果が本業の業績にどのように反映されているのかを知ることができる

❸ 金利（Interest）を差し引く前の財務数値であるため、借入金や社債といった外部からの負債が多いか否かといった、資金の調達方法に関係ない本業の業績を知ることができる

それでは、EBITDAを企業の株価の評価にどのように使うのであろうか。EBITDAは、前述のように企業が本業から生み出したキャッシュフローのことであり、企業が事業を行うために資金を提供した株主と債権者に分配されるべきものである。したがって、EBITDAが多いほど、債権者や株主の取り分も多くなり、結果として債権者が供給した資金である借入金や社債の金額と、株主価値を意味する時価総額を合計したものも多くなるというように、両者は連動すると考えられる。そこで、この関連性に注目して、企業ごとに借入金および社債と時価総額の合計がEBITDAの何倍になっているのかを計算する（この比率を**EBITDA倍率**と呼んでいる）。

EBITDA倍率は、大きな設備投資が必要な業種では、EBITDAが高めであっても、実際の投資まで考えると最終的な債権者や株主の取り分は少なくなるため倍率は低めになるというように、業種によって大きく違ってくる可能性が高い。逆に、同じ業種の企業ではほぼ似通った数値になる可能性が高い。したがって、この関係性を利用して、株価の評価を行いたい企業のEBITDAを計算し、それにその企業と事業の内容が類似した企業のEBITDA倍率を掛けて、あるべき借入金および社債と時価総額の合計を計算する。そこから借入金と社債の金額を差し引いて、理論的な時価総額を計算していくのである。

ただし、上記の計算を行う際には、借入金と社債の金額は、それらの返済にすぐ利用できる現金預金や有価証券などを差し引いた、純粋な借入金と社債の金額を使うことに

注意が必要である。
　EBITDAを使った企業の株価評価には、以下のような注意点がある。
❶EBITDA は前述のように投資を差し引いていないので、必ずしも投資まで含めた最終的な業績を表しているわけではない。そのため、投資まで考えると実際には赤字にもかかわらず、EBITDAがプラスの数字になることもある。したがって、投資がかさむ成長ステージにある企業などでは、投資金額まで考慮しても将来本当に儲かるようになるかどうかの見極めが必要である
❷かなりの投資を必要とする設備投資型の事業を行っている企業などでは、EBITDAが高めでも、実際は投資まで考慮するとあまり大きな儲けが出ていないことも考えられるので、注意が必要である
❸税金が差し引かれていないため、実際のリターンは税金分だけ低下する

　このような注意点はあるものの、EBITDAには前述のようなメリットがあることから、近年、企業の株価評価の物差しの1つとしてよく使われている。メリットと注意点をしっかりと理解して、上手に利用することをお勧めしたい。

# 第4章
## 組織管理の管理会計

## ◉第4章のはじめに
### [的確なコントロールなくして的確な組織運営なし]

◉

　企業は、利益の向上や市場シェア獲得、良い製品・サービスの提供を通じた社会への貢献など、さまざまな目標を設定し、それを達成するために日々活動している。しかし、そうした目標を達成していくためには、経営の意思を組織の末端まで正しく伝え、会社が所有しているヒト、モノ、カネといった経営資源をできるだけ最高の状態で組み合わせ、それを最も効率よくアウトプットに結びつけていくことが必要になる。そして、これを実現するためには、経営計画を作り、企業の目標を現場レベルまでブレークダウンして明確化し、それが達成されるように「コントロール」（統制）することが不可欠である。

　このコントロールが適切に行われなければ、どのような不都合が生じるだろうか。まず、経営資源の組み合わせがうまくいかない、会社全体として経営資源の配分が非効率的になる、などの事態が考えられる。すなわち、あまり利益の上がらないビジネスに多くの経営資源が配分されてしまい、将来性があり利益が日々増えていくようなビジネスにはわずかな経営資源しか配分されないおそれが出てくるのである。

　コントロールを上手に行うことができれば、ヒトの面ではモチベーションを高めさせ、100の能力を120まで出させることができるようになる、また、モノの面ではそれぞれの機械の稼動時間をコントロールすることによって、機械の劣化を抑え、長持ちさせられるようになる。

　次に、組織の規模の点からコントロールを考えてみよう。組織の規模が小さいときには、経営トップが現場の状況を把握し、経営資源のコントロールを行うことが比較的容易である。しかし、規模が大きくなり、管理者の階層が増えてくると、いかに経営トップがすばらしい戦略を策定しても、実際の業務を行う現場において、経営トップの意図どおりに経営資源が活用されるとは限らない。したがって大規模な組織では、企業活動を分担している各部門や各管理者の行動、あるいは経営資源の状況を、組織全体の視点から効果的にコントロールし、組織を合理的に運営していくことがより重要となる。

　なお、コントロールは、経営戦略に沿った具体的な経営資源の利用方法に対して行わ

れるものであるため、当然ながら、経営戦略や目標が変わればコントロールの程度や対象も異なってくる。逆に、コントロールの方法を変えることで、従業員の行動をはじめ、経営資源の配分や利用の仕方などを通じて会社の方向性を変えることもできる。たとえば、営業担当者の業績評価の基準を利益から売上高に変更したとすると、彼らは利益が出ないような案件をも受けてしまい、その結果、会社全体の売上高は伸びるものの、利益率は下がってしまうだろう。つまり、コントロールの手法は、経営者が従業員に対して発するメッセージととらえることもできるのである。

　昨今の厳しい経営環境の中では、経営者は、経営環境の変化に合わせて会社の目的を柔軟に変化させ、その目的に合わせたコントロール・システムを作っていかなくてはならない。本章では、コントロールの中でも特に経営者が理解していなくてはならない予算管理、および責任会計制度について解説していく。こうしたコントロール・システムが、いかに企業経営において大きな武器になるかを実感していただきたい。

# 1● 予算管理とコントロール

**POINT**

　予算とは、会社が経営ビジョンに基づいて設定した具体的な目標を、数字として表現したものである。会社の規模が小さいときには、経営者自らが個々の売上高や費用を把握することも可能であるが、規模が大きくなってくると、個々の数字をすべてチェックすることは難しくなる。したがって、鳥瞰図的に売上高や費用を部門別など一定のグループごとにまとめて総額として把握し、これによって会社の実情を理解し、適切なコントロールを行っていかなくてはならない。

　また、予算は、理想的な水準に設定するか、あるいは現実的な水準に設定するかによって、組織に異なったインパクトを与える。これについてはその目的に応じて使い分けることが望ましい。

●

「もはやこれまでか」
　経理部長からの報告を聞いたU社の田中社長はがっくりとうなだれた。時計の針は午後2時50分を指していた。銀行閉店までにあと10分しかない。手形の支払いに充てる資金が調達できなかったのだ。すなわち、倒産である。ここ数年の不景気から売上高の伸びが若干鈍化していたとはいえ、仕事がなくて困るという状況ではなかったはずだ。いったいどうして、こんなことになってしまったのだろうか？
　パソコン周辺機器の販売を業とするU社は、業界でも屈指の成長率で注目を浴びていたベンチャー企業である。設立以来売上げは倍々ゲームで伸び、数年前には設立以来わずか10年で店頭公開を成し遂げた。10年前には150人程度の組織規模だったのが、業界の成長と規模のメリットを狙った合併により、直近では約2000人まで増え、上場企業並みの規模となっていた。
　同社がここまでの成長を遂げたのは、創業者である田中社長の手腕によるところが大きい。田中の経営方針は徹底したノルマ主義にあった。店舗ごと、部課ごと、さらに個人ごとに予算が振り分けられ、月、週、日の各単位で徹底的に管理がなされる。一方で、

目標をクリアした者に対しては厚い報奨が与えられる。事実、同社の従業員の平均給与は業界の中でも突出していた。その半面、積極的な人材採用を行う一方で、退職率の高いことも広く知られていた。

U社は店頭公開の時点ですでに関東一円に店舗網を張り巡らしていたが、その後も積極的に新規出店を進めていた。競合他社がアクションを起こす前に出店するというのが田中のやり方であった。

こうして同社は破竹の勢いで成長してきたが、その過程で次のようなことが起こった。まず、本社機能が強化された。それまでは基本的に小規模のチームで顧客に接する業務形態をとっていたが、このチームを管理するための間接部門が強化されたのである。これは、合併により若干やり方の異なるチームが増えてきたこと、また規模の拡大に伴ってチーム自体の数も増えたことによる。つまり、何らかの形でコントロールしなければ、各チームの業務の均質性が保てなくなるおそれが出てきたことが直接的な原因であった。その結果、現場では業務マニュアルやチェックシートが多用されるようになった。従来もチーム相互のチェック業務は存在していたのだが、これが「実態に即した業務をしているか」という点より、「提出された資料には必要な記載がなされているか」という点を重視する、お役所的なものになってしまったのである。

現場の人間は、顧客との折衝という本来の仕事より、面倒な書類作成に時間を取られるようになり、フラストレーションが高まっていた。仕事の量が増えても、それで顧客に喜んでもらえるわけではないし、自分たちの仕事の質が高まるとも思えないからである。そのため、次第に業務レポートは形骸化し、いいかげんな報告内容を書く者が増えていった。

個人ベースでは、組織が大きくなって他の部門の様子が見えなくなった。10年前は部屋が小さかったため、残業中など人が少なくなったときに部屋を一回りすると、別の部門であってもだれがどういう顧客の仕事をしているのか一目でわかった。そのため、自分が仕事上で困ったときにだれに相談に行けばよいのかもわかっていたのである。「風通しが良い」というのが、U社を語るときによく使われる言葉だった。しかし組織が大きくなるにつれ、部門ごとにフロアが分かれ、よその部門の様子が見えにくくなった。同時に、組織間の意思の統一や調整にも手数を要するようになった。

こうした過程で、トップと現場の意識はどんどん乖離していった。にもかかわらずノルマ主義を貫いた結果、売上高至上主義が横行し、プロジェクトの採算性に対する意識は薄まっていった。

ある営業担当者はこう語っている。

「競合が強そうなときには、とにかく値を下げます。利益が薄くなるからといって取ら

なければゼロですからね」
「売上高が足りなければ、すぐにそれが給料に跳ね返ってくるんですよ」
　それでも業界全体が順調に伸びている間は、同社もひたすら成長路線を突っ走ることができた。しかし、ひとたび業界の成長にかげりが見え始めると、急ぎすぎた新規出店、抱え込んだ人員、営業費用の増大、売上げ重視で遅れがちだった債権回収のすべてがマイナス要因となって、同社の財務体質を圧迫し始めたのである。その間にも営業担当者は利益に貢献しない仕事を取り続けていた。
　同社にとって不幸だったのは、業界成長の失速があまりに急だったことである。管理部門の人員削減と営業部門への配置替え、在庫管理の徹底等を進めても、もはやその程度では焼け石に水だった。販促費の削減は現場のモラール・ダウンを招いた。
　一方、このような状況の中でも、わずかではあるが売上高は伸び続けていた。それゆえ現場が感じているほどには、トップ・マネジメントは経営の危機を認識していなかったのである。

◉

「支店長、U社ですが、とうとう資金ショートしてしまったようですね」
「そうか」
　吸いかけた煙草の火をもみ消しながら、X銀行東京支店の鈴木支店長は、半年ほど前にU社の田中社長とやり合ったことを思い出していた。同社の経営状態を懸念して銀行関係者の受け入れ出向を申し出たのだが、田中氏はまったく聞く耳を持たなかったのである。すでに本部からの指示で、同社への金融支援は打ち切られていた。
「山田君、また債権処理で忙しくなるが、ひとつよろしく頼むよ」

# 1 ◉ 予算管理の意義

　会社は、将来の目標利益を設定し、それを達成するために努力する。しかし、目標利益を設定するだけでは、その利益を確保するためにどの程度の売上高を達成しなければならないのか、また費用をどの程度まで使ってもよいのか、といった具体的な行動目標が明確にならない。したがって、目標利益をわかりやすい具体的な売上高、あるいは費用の目標にブレークダウンすることが必要になる。こうして得られる売上高、費用の目標を**利益計画**と言う。この利益計画を実行に移し、達成していくための具体的で総合的な計画表が**予算**（Budget）である。そして、予算を確実に実現できるようなシステムをつくり、運営していくことを**予算管理**と言う。これは、Plan（計画）、Do（実行）、Check（評価）、Action（修正行動）という、一連の管理システムのサイクル（**マネジ**

メント・サイクルと言う）に沿って行う必要がある。

　具体的には、まず会社全体、あるいは個別の部門ごとに、将来の売上高、費用、利益の数値目標である予算を作る。そして、予算に基づいて実際に活動を行っていく。この実際の活動結果を実績として集計し、最初に決めた予算と比較することによって会社の業績結果についての分析を行う。次に、その分析結果をそれぞれの現場にフィードバックし、戦術や行動の修正などの必要なアクションを起こしていく。

　予算管理を効果的に行うためには、以下の条件が満たされなくてはならない。

❶トップ・マネジメントから現場の担当者に至るまで、全社員が予算管理の必要性を認識しており、また積極的にその運営に参加する態勢が整っている
❷予算管理の基本的な方法が理解されている
❸全社的な管理組織体制が確立されている
❹予算、実績、両者の差異、といった数値情報の処理システムが構築されている
❺企業規模に適した管理会計制度が整備されている

　また、予算は利益実現のための計画表としてだけではなく、業績評価などの管理ツールとしても大きな威力を発揮する。なぜなら、予算は過去からの趨勢、経営環境の変化、市場の変化など、会社のいろいろな状況を加味して設定されており、それを実績値と比較することで多くの有用な情報が得られるからである（このほかにも業績評価には、今期の業績を過去の業績と比較する期間比較、同業他社の業績と比較する同業他社比較などがある。しかし、期間比較では、過去と現在で経営環境が変化しているかもしれず、また同業他社比較では、規模や取り扱っている製品やサービス、市場などが異なっていることも多い）。したがって、会社の業績評価をしっかりと行い、それに基づいて組織をコントロールしていくためにも、予算管理が非常に重要となる。

　なお、予算を業績評価や組織のコントロールに活用するためには、適切な予算を設定するように仕向けるインセンティブが不可欠である。なぜなら、これがなければ本来の予算よりも低め、あるいは高めに予算を設定する、あるいは予算の設定段階で社内の力関係が各部門への費用の配賦に影響するおそれがあるからだ。予算が恣意的で不平等なものにならないよう、配賦基準は公平かつ合理的なものにすることが望まれる。

### 予算統制

　予算と実績を比較してその差額である差異を算出し、その結果に基づいて企業の行動を変化させていくことを予算統制と言う。具体的には2つの方法が考えられる。1つは、現場が自主的に統制を行う方法であり、もう1つは、予算統制担当のスタッフ部門が第三者として統制を行う方法である。しかし、前者はチェックが甘くな

りがちで、後者は責任追及に重点が置かれがちになるという欠点がある。したがって、両者を上手に組み合わせていく必要がある。

## 2● 予算の設定方法

　予算の設定には2通りの方法が考えられる。1つは、会社全体の予算に基づいて、経営陣が一方的に各部門の予算を割り振る**トップダウン方式**、もう1つは、現場の担当者が自主的に予算を設定し、これを集計することによって会社全体の予算をはじき出す**ボトムアップ方式**である。このうちトップダウン方式は、現場の意見が無視され、予算を「ノルマ」と取られる可能性が高いため、動機づけが難しいという欠点がある。一方、ボトムアップ方式ではトップの意思が反映されないために、現場の予算の合計が会社全体の利益目標とかけ離れてしまい、現場担当者がプレッシャーを感じないような甘い予算になるおそれが出てくる。したがって、効果的な予算を設定するためには2つの方法を併用することが必要となる。たとえば、トップが利益計画に基づいた予算の大枠の方針（**予算編成方針**）を設定し、その方針に基づいて各現場で予算原案を作成する。そしてこれを積み上げたものと方針が一致するように、社内の予算委員会等の組織で調整し、最終的な予算を作成する方法が考えられる。現在では一般的に、予算の設定段階でできるだけ現場の担当者を参加させ、予算目標達成の動機づけを喚起していくことが重要と考えられている。

　また、経営環境が大きく変化して予測と現実が合わなくなり、設定した予算が現実味を失うことがある。このような場合には、既定の予算を見直し、一定のルールに基づいて修正を加えなくてはならない。一般的には、1年間の予算をその前年に設定し、その年度がスタートした後で、実績の推移と経営環境の変化に合わせて2度ほど修正を行うケースが多いようである。なお、予算管理の仕方は国によって違いがある。一般に、アメリカ企業の予算管理は厳しく、予算を月次までブレークダウンして設定し、これを実績と比較して毎月予算統制を行っているところが多い。一方、日本およびヨーロッパの企業はアメリカ企業に比べると柔軟で、実質的な予算統制を四半期あるいは半期ベースで行っている企業が多い。

　具体的な予算数値を設定する際には、通常、前年の実績をベースにその何％増といった形で設定されることが多い。しかし、この方法ではコストの上昇を避けることができず、また本当に必要なものにだけ支出することも難しい。こうした問題に対処するために考え出されたのが、**ゼロベース予算**（Zero Base Budgeting）である。

ゼロベース予算とは、いろいろなプロジェクトの計画を前年の実績などに関係なくすべてゼロベースで設定し、その計画の内容を検討して優先順位をつけ、その順位に従って予算枠で足切りを行い、採用された計画にだけ予算を設定する方法である。もともとは1969年にテキサス・インスツルメンツ社の管理スタッフであったピーター・ピアーが生み出した手法であったが、ジミー・カーターがジョージア州知事時代に州の予算設定に採用し、さらに大統領となったときに連邦政府にも導入したことから、一躍有名になった。そして経済の低成長と国家、州の財政悪化を背景に、連邦政府や州政府だけではなく、ゼロックス、ウエスチングハウスなど、多くの民間企業で採用された。

この方法の長所としては、❶経営者が組織の末端まで十分に把握することができない大企業において、毎年プロジェクトについての検討を行うことになるため、組織の硬直化——経営環境が変化しているにもかかわらず、いったん採用したプロジェクトを継続する、また新規のものはなかなか採用しない等——を防ぐことができる、❷経営トップの戦略目標を予算にはっきりと表すことができる、❸毎年プロジェクトの優先順位を決め、それに従って予算が決められていくので、経営環境の変化などに対して柔軟性、機動性がある、などが考えられる。

一方、短所としては、予算編成業務の労力が相当増加することなどが考えられる。

総じて、この方法は環境変化への柔軟な対応やコスト削減といった面では望ましい方法だが、実際に利用する場合には、その長所・短所を十分に認識することが必要である。

## 3 ● 予算のタイプ

予算にはさまざまな種類があるが、大きな区分としては、❶損益計算書の各項目に関する、売上高予算、売上原価予算、販売費および一般管理費予算、営業外損益予算などの**損益予算**、❷現金の出入りを中心とした資金繰りに関する、現金収支予算、借入返済予算などの**資金予算**、❸設備投資に関係した設備予算や、有価証券などの投資に関する投資予算などの**資本予算**がある（**図表4-1**参照）。

もちろん、これはあくまでも一例であり、会社の業務内容、どこまで予算管理を細かくするのかといった方針の違いによって、区分方法も変化する。

| 具体的な予算の立て方 |
|---|
| 最も一般的な予算である**売上高予算**、**営業費予算**、**製造予算**について、その作成方法を見てみよう。 |

- **売上高予算**

　売上高予算を立てるためには、過去の売上高などをベースに将来の売上高を予想する販売分析と、市場環境の動向に関する市場分析、そして経営方針との整合性の3つを総合的に考える必要がある。

　販売分析では、人口や所得などの長期的な趨勢、周期的な変動、シーズンごとの季節的な変動などから、最小自乗法（近似のトレンド線を求める方法）などによって将来の予想数値を計算する。市場分析では、人口、世帯数、所得、在庫、銀行預金高などから市場の動向を把握して、将来の予測を行う。また、経営方針との整合性については、経営計画の段階で決められた目標利益などを達成できるような予算となっているかを確認する。

　売上高予算は、必要に応じて担当者別予算、得意先別予算、製品別予算、月別予算、製品別生産予算、担当者行動計画などに細分化することも考えられる。

- **営業費予算**

　営業費予算は、売上高、売上原価と目標利益から逆算して、営業費の最高限度を算出するのが一般的である。

　営業費の中で、包装、輸送、保管などに関係する物流費については、時間当たり、あるいは数量当たりで比例的に発生する場合が多いため、予定売上数量などに基づいて予算を立てる。一方、総務部や経理部等の管理業務に関連するコストについては、それぞれの金額を固定費的に見積もる。残りの営業費（広告宣伝費、販売促進費、販売員人件費など）については、過去の実績や競争相手の状況、新製品・新市場の開拓に必要なもの、あるいは販売費と売上高の相関関係を調査して予算を設定することになる。

- **製造予算**

　製品の製造予定数は、期末在庫の予想を立てることによって自動的に決まる。なぜなら、利益計画から売上数量が決まり、また期首在庫数量はすでにわかっているからである。

　そこから設定する製造予算は、売上高予算に対して十分か、製品をはじめとする在庫が適正な水準になっているか、生産能力から見て適切な生産水準になっているか、製造コストが適当な水準になっているか、などに留意して検討する必要がある。また、コスト低減の観点からは、一時的な残業などを減らすために操業度を安定させることも必要である。

　製造予算は、直接材料費、直接労務費、製造間接費の3つに分けて予算を設定することが一般的である。このうち、製造する製品に直接結びつけて求められる直接

材料費の予算は、製品の単位当たりの材料消費量に予定製造量を乗じて予定材料消費量を求め、これに予算で使用される予定単価を掛けて求める。次に、製造する製品に直接結びつけて求められる直接労務費の予算は、製品の単位当たりの直接作業時間に予定製造量を乗じて予定直接作業時間を求め、これに予算で使用される予定賃率を掛けて求める。

製造間接費については、これを変動費と固定費、部門共通費と部門個別費、管理可能費と管理不能費といった区分で割り振ることによって、コントロールを効果的に行えるようになる。

**図表4-1　総合予算の体系図**

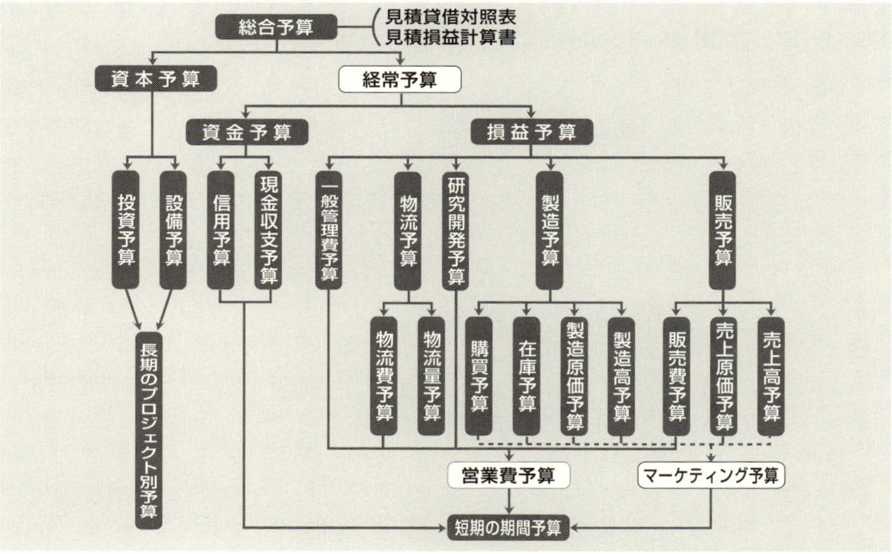

出典：西澤脩『経営管理会計』（中央経済社、1996年）

## 4 ● 予算差異分析

**予算差異分析**とは、予算と実績値を比較し、その差額を算出することによって、それぞれの期間にどのような変化が起こったのかを分析し、現在の経営上の問題点を見つけることである。また、予算差異分析を業績の評価に利用すれば、企業目標の達成に向けてそれぞれの役割を果たした企業内のすべての人々の努力の結果に対し、ある種の価値

判断を行うことになる。ここでは、経営管理に有効な予算差異分析の枠組みを見てみよう。以下のアプローチの違いを理解できれば、予算管理を業績評価に応用することはそれほど難しくないはずである。

**アプローチ1：単純比較による差異分析**

これは実績の利益と予算の利益を単純に比較し、その差を差異として計算するもので、その簡便性から最もよく用いられる方法である。しかし、この方法は経営環境にまったく変化がないときには有効であるが、いくつか大きな変化が発生すると、その変化の影響が差異に含まれてしまうために、差異の発生理由の分析ができなくなってしまう。したがって、会社の経営実態を正確に把握するという観点からは、あまり望ましくない。

**アプローチ2：経営適応アプローチによる差異分析**

この方法では、予算と実績の利益差異を、**収益差異**（販売価格差異、販売数量差異）と**原価差異**（価格差異、数量差異、操業度差異等）に分解する。さらに、それぞれの差異を市場数量差異、市場占有率差異、製品配合差異、販売費差異、製造原価差異、固定費差異などに分解し、それぞれの差異の発生原因を明らかにして、利益改善策の検討や経営環境に適応するための戦略の変更、あるいは意思決定に役立てる。

このアプローチでは、以下のステップに従って差異分析を行っていく。
❶利益に影響する重要な要因を明らかにする
❷それらの要因による利益差異をブレークダウンする
❸それぞれの要因が利益に与えるインパクトを、個々の要因に焦点を当てて考える
❹他のすべての要因を一定として、ある要因だけを変化させたとき、それぞれの要因が利益に対してどの程度のインパクトを与えるかを計算する
❺最も基礎的なレベルから分析を始め、徐々にいろいろな角度から複雑な見方を加えていく
❻ ❺の複雑な見方が利益差異分析の結果と整合しないときには、このプロセスを終了させる

アプローチ2はより詳しい分析を行っているという点で、アプローチ1よりも優れている。

**アプローチ3：戦略的なフレームワークを使った差異分析**

これは、戦略が正しく実行されているかをモニタリングするために、より実態を把握しやすい切り口で差異分析を行うものである。たとえば、新規顧客売上高を以下のよう

補　標準原価とコントロール

にブレークダウンしてモニタリングすることで、どこで計画とのずれが生じているのかが明確になる。

$$新規顧客売上高 ＝ 営業担当者数 × 営業担当者当たりリード数 × 受注率 × 顧客当たり売上高$$

　業績評価は、会社あるいは事業単位の戦略の方向と合ったシステムで行う必要がある。なぜなら、経営戦略が異なれば、従業員にも異なった行動が要求されるからである。言い換えれば、従業員は業績評価を行う統制システム、すなわちチェック・システムの中で評価されるように行動する。したがって、ある特定の経営戦略を成功させるためには、その戦略に合った業績評価システムを作り、従業員の行動を導いていく必要がある。

## 補 ● 標準原価とコントロール

　会社が存続し、成長していくためには、利益を上げていくことが必要である。利益を生み出すためには、売上高をはじめとする収益を増加させるか、逆にコストを減らすかのいずれかが必要になる。このうち、コストを減らすことによって利益を上げるためには、目標となる原価のレベルをあらかじめ設定しておくことが望ましい。この目標となる原価の1つが**標準原価**（Standard Cost）である。
　標準原価は、材料や労働時間などの消費量について、科学的あるいは統計的な調査を行い、能率的な状態での消費量を求め、それに通常の状態で予想される価格を乗じて算出する。
　標準原価はその厳しさのレベル、つまりコスト削減の目標をどの程度低く設定するのかによってさまざまな種類のものが考えられるが、これは、コスト削減目標を与えられる現場担当者の動機づけの問題と非常に密接に結びついてくる。たとえば、あまりに厳しい目標、つまり非常に低い標準原価を設定してしまうと、目標達成を初めからあきらめてしまう。逆に、あまりに緩やかな目標、つまり高めの標準原価を設定してしまうと、目標が簡単に達成できてしまうため、真剣にコスト削減に取り組まないことになってしまう。したがって、標準原価については目標としての意味を持たせるために、その厳しさのレベルを慎重に検討する必要がある。

### ◉ ─── 標準原価の意義

　標準原価はなぜ必要なのだろうか。いま説明したように、標準原価は能率的な状態を

前提とした原価の目標である。会社が計画的に利益を上げていくためには、漠然とした目標ではなく、売上高、原価、費用、利益について、具体的な数値目標を設定しなくてはならない。感覚だけではなく、数字でしっかりと裏づけされた行動をとることが経営には不可欠であり、その目標として原価あるいは費用について標準原価が設定されるのである。

具体的には、予算設定の段階で原価予算の基礎資料として利用する、標準原価と実際原価の差異を計算し、差異の大きなものをピックアップすることによって製造現場における問題点を発見するために利用する、あるいは各現場担当者の行動が効率的であったか否かの基準として業績評価に利用するのである。

また、標準原価は、消費量が把握できれば価格はあらかじめ決められていることから、簡単に計算できる。そのため、事務処理が簡便になるとともに、会社の状況の速報値として利用することも可能である。さらに、標準原価には市況や為替などの変動による価格の大きな変化は反映されないため、生産活動の効率性を純粋に反映した利益を知ることもできるのである。

## 標準原価の種類

標準原価はその厳しさのレベルによって、2つのものが考えられる。

1つは、技術的に達成可能な最大の操業度の下で、仕損（製造失敗による欠陥品を意味する）や減損（原材料の無駄を意味する）がなく、また遊休時間がまったくない最高の能率で業務を行っている場合を前提とした**理想的標準原価**（Ideal Standard Cost）である。

もう1つは、普通の状態で発生する可能性のある仕損や減損、あるいは遊休時間を考慮したうえで、効率的な状態の中で業務を行う場合を前提とした、**現実に達成可能な標準原価**（Currently Attainable Standards）である。

実際には、現場担当者の動機づけを高めるうえからも、後者を標準原価として採用している会社が多い。

## 標準原価の求め方

標準原価を設定するときは、プロジェクトチームを組み、技術、製造、購買、生産管理の各担当者の意見に基づいて検討していくことが望ましい。具体的には、直接材料費、直接労務費、製造間接費の3つに区分して、それぞれ以下のように設定していくのが一般的である。

## ❶標準直接材料費の求め方

$$標準直接材料費 = 標準消費量 \times 標準価格$$

このうち材料の標準消費量は、技術的なレベル、過去からの実績、試作した場合の消費量などを参考にして求める。標準価格は、原則として異常な価格の変動などがない通常の状態での価格を意味する正常価格、もしくは将来の予想価格である予定価格のことであり、過去の実績値と将来の変動予想を考慮して決定する。

## ❷標準直接労務費の求め方

$$標準直接労務費 = 標準直接作業時間 \times 標準賃率$$

このうち作業者の標準直接作業時間は、作業の内容、過去からの実績、現場担当者の見積もりや試験的な作業などに基づいて決める。標準賃率は、原則として異常な賃率の変動がない通常の状態での時間当たりの労賃、つまり賃率を意味する正常賃率か、将来の予想賃率である予定賃率のことであり、過去の実績値と変動予想を考慮して決定する。

## ❸標準製造間接費の求め方

標準製造間接費は固定予算または変動予算といった形で設定する。固定予算とは、ある1つの予算額をあらゆる操業度に当てはめる方法である。一方、変動予算とは、**図表**

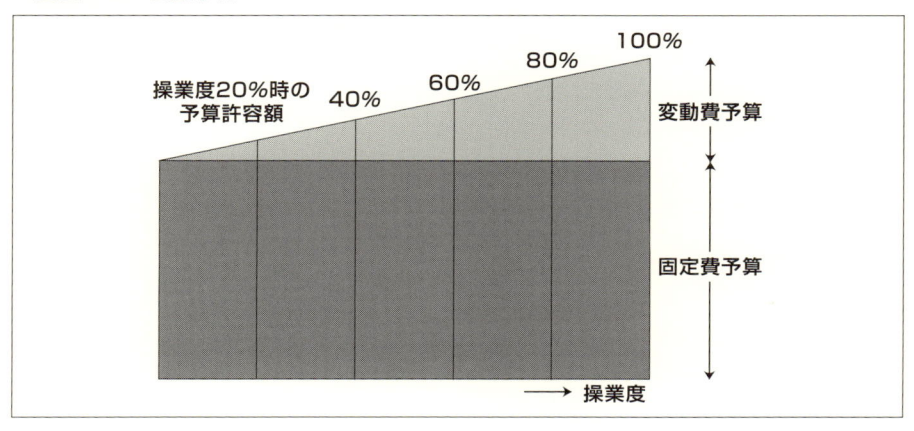

**図表4-2　変動予算**

4-2に示したように何段階かの操業度を予想し、その操業度ごとに許容予算額を見積もる方法である。

製品1単位当たりの標準製造間接費は、各操業度における予算許容額をそれぞれの生産量で割ることで求められるが、図表からもわかるとおり、操業度が変化するごとに、まったく異なる標準製造間接費が得られる。

◉─── **標準原価の活用**

標準原価はあくまでも目標となる原価のレベルであり、設定するだけでなく、実際の活動の結果である実際原価と比較する必要がある（差異分析）。

この比較の結果、発生する標準原価と実際原価との差異は、以下のステップで分析していく。

**❶直接材料費の差異分析**

**価格差異**（Price Variance）には購入担当者の購入タイミングの判断や交渉力の有無が反映されるので、購買部門（担当者）の責任となり、**消費量差異**（Quantity Variance）は製造担当者の材料の使い方に無駄があったり、不良品が多くなると増加するため、製造部門（担当者）の責任となる。

なお、価格と消費量の双方がミックスされた差異の部分については、価格差異に含め

**図表4-3　直接材料費の差異**

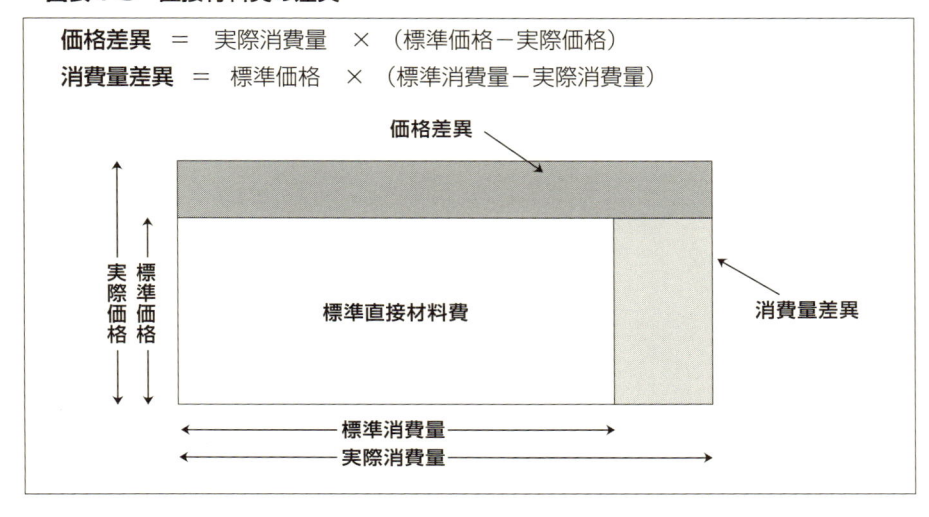

**価格差異** ＝ 実際消費量 × （標準価格－実際価格）
**消費量差異** ＝ 標準価格 × （標準消費量－実際消費量）

```
                    価格差異
  ┌─────────────────────────┐
  │                          │
  ├──────────────────┬───────┤
実│標│                  │       │
際│準│                  │消費量差異
価│価│   標準直接材料費 │       │
格│格│                  │       │
  │  │                  │       │
  └──┴──────────────────┴───────┘
       ←──標準消費量──→
       ←────実際消費量────→
```

補　標準原価とコントロール

ることが一般的である。なぜなら、価格差異は材料価格の変動をはじめとして会社の外部環境の変化が反映される部分が多いが、消費量差異については製造部門の生産の効率性が反映されていると考えられるため、会社の管理（コントロール）という目的、問題点の抽出、あるいは業績評価という観点からは、純粋な消費量の差異を計算することが適切と考えられるからである。

### ❷直接労務費の差異分析

　**賃率差異**（Rate Variance）は、現場に割り当てる作業者の賃金レベルに採用や教育あるいは配置の良し悪しが反映されるため、全社あるいは工場の人事部門や管理部門（担当者）の責任となる。**作業時間差異**（Efficiency Variance）は製造担当者の時間の使い方に無駄があったり、また不良品が多くなったりすると増加するため、製造部門（担当者）の責任となる。

　なお、賃率と作業時間の双方がミックスされた部分の差異については、賃率差異に含めることが一般的である。なぜなら、賃率差異は雇用状況の変化をはじめとして企業の外部環境の変化が反映される部分が多いが、作業時間差異については製造部門の生産の効率性が反映されていると考えられるからである。したがって、会社の管理（コントロール）という目的、問題点の抽出、あるいは業績評価という観点からは、純粋な作業時間の差異を計算することが適切と考えられる。

**図表4-4　直接労務費の差異**

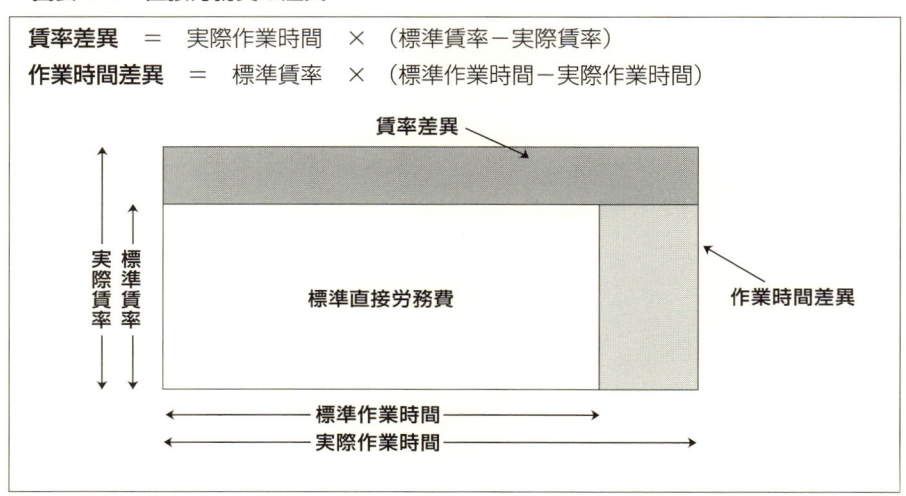

賃率差異　＝　実際作業時間　×　（標準賃率－実際賃率）
作業時間差異　＝　標準賃率　×　（標準作業時間－実際作業時間）

## ❸製造間接費の差異分析

差異をそれぞれいくつの項目にブレークダウンするかにより、二分法、三分法、四分法等の手法がある。ここでは三分法の場合を**図表4-5**に示した。

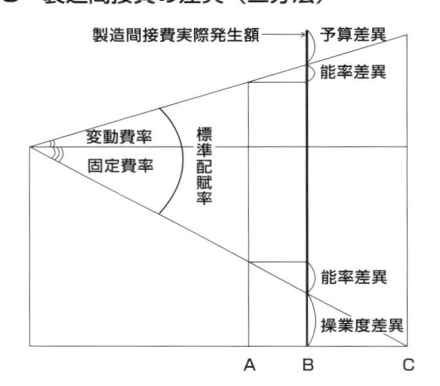

**図表4-5　製造間接費の差異（三分法）**

```
              製造間接費実際発生額 ──→ 予算差異
                                     能率差異
         変動費率   標
                   準
         固定費率   配
                   賦
                   率
                                     能率差異
                                     操業度差異
              A    B         C

                              A：標準作業時間
                              B：実際作業時間
                              C：正常作業時間
```

**予算差異**（Budget Variance）は製造間接費全体について、どの価格レベルのものを使ったのかが反映されるため、全社あるいは工場の購買部門や管理部門（担当者）の責任となり、**能率差異**（Efficiency Variance）は製造担当者の時間や補助材料などの間接費の使い方や生産効率が反映されるため、製造部門（担当者）の責任となる。なお、**操業度差異**（Volume Variance）については、その責任を個別の部門に押しつけることはできない。

## ◉ 差異分析の報告

いろいろな角度からの差異を求めたら、次にその理由、あるいは原因を考える必要がある。

たとえば、製造部門の効率性が反映される消費量差異、作業時間差異の発生原因としては、以下のようなものが考えられる。

### ❶消費量差異

製品の仕様変更、製造工程・方法の変更、規格外の材料の使用、材料の歩留まりの変化、仕損・屑の発生度の変化、材料の減損・盗難・無駄

### ❷作業時間差異

　作業員の作業能率の変化、機械装置の故障、作業員の選択・訓練・配置の相違、作業員の交替・移動、作業条件・環境の変化、機械設計の不良、設計仕様書などの不備、不正確な作業時間標準の設定

　このようにして差異の原因を分析したら、次にその原因に応じた対応策を考え、早急に実行に移す必要がある。なお、差異の原因分析、改善策の実施には各現場とのコミュニケーションが必要になるが、そのための報告においては以下の3点が重要になる。

### ❶タイムリーな報告

　生産の現場においては、1カ月も前の差異分析結果を入手しても、あまり役に立たない。したがって、コンピュータの活用等により、できるだけ早く、またタイムリーに情報提供ができるような仕組みを構築する必要がある。

### ❷製造現場の人たちにもわかりやすい報告

　製造現場の担当者には会計の知識や経験がないことが多いため、わかりやすい様式で報告する必要がある。また、担当者のレベルに応じて、報告書の詳細度や要約度を変えていく必要もある。

### ❸例外管理報告

　緊急の対応が求められる特別な場合（異常に金額の多い差異が発生した場合など）についてのみ、現場に報告する方法もある。

## ◉──── 標準原価導入のための準備

　標準原価を効果的に導入していくためには、次に挙げるような準備をしておくことが望ましい。

### ❶製品の標準化

　原材料の消費量や作業時間をできるだけ定型化あるいは標準化すれば、材料の標準消費量や作業者の標準作業時間などが設定しやすくなる。そのためには、製造工程の標準化や製品自体の標準化を図ることが必要である。

### ❷責任所在の明確化

差異の原因分析をスムーズに行い、業績評価に結びつけていくためには、各部門あるいは生産ラインなどの区分を明確にするとともに、各担当責任者を明確にしておく必要がある。

### ❸原価意識の高揚

コスト削減という標準原価の目的を達成するためには、その前提として原価についての意識を高め、従業員や経営者の理解と協力を得られるようにする必要がある。

### ❹計算体制の整備

設定した標準原価を実績値と迅速に比較して、差異の原因を素早く分析するためには、信頼に足る標準原価を設定すると同時に、実績値を早く集計できる体制を作ることが必要である。

## ◉ 標準原価の限界と今後

ここまで標準原価について解説してきたが、今日、多くの会社においては、標準原価を利用する意義が薄れてきていると言われている。それは以下の3つの理由からである。

第1に、製品のライフサイクルが短くなるなど、激しい環境の変化に直面している会社が多くなっていることに関連している。このような状況の中では、ある程度信頼性の高い標準原価が設定される頃には、製品が陳腐化して製造中止になってしまったり、コスト低減のために生産拠点や組織、生産工程などが変わることも多く、そうなると標準原価を設定し直さなければならない。

第2に、もともと標準原価は、直接工の作業を標準化してコストダウンを図ろうという、直接労務費の管理が中心的な目的であった。しかし、昨今の工場の機械化・自動化によって直接労務費が減少し、一方で標準原価を使ったコントロールが難しい間接費や、大きな設備投資による固定費が増大した結果、標準原価によって作業能率を改善する余地が少なくなっている。

第3に、顧客志向の戦略のために、多くのメーカーが少品種大量生産から多品種少量生産へ移行したことによって、製品ごとの微妙な違いを反映した標準原価の設定が難しくなった。

それ以外にも、差異分析に時間がかかる、合理化効果を織り込むことが難しい、時系列比較が難しい、操業度の変化が激しく標準原価の設定自体が難しいといった限界も指

摘されている。

　ただし、このような理由が当てはまらない会社、つまり製品のライフサイクルがまだ比較的長く、生産方法や拠点の大がかりな変更の予定もなく、人の作業に依存している部分が多く、少品種大量生産を行っている会社では、標準原価を採用する意味は依然として大きい。また、標準原価計算の前提となっている作業や工程の標準化は、作業を効率的に行い、コストダウンを実現するという意味では、どのような会社にとっても重要である。したがって、標準原価の考え方を経営管理のいろいろな場面で参考にすることも必要であろう。

# 2 ● 責任会計システム

**POINT**

　組織の設計は、評価システム、責任範囲と併せ、経営環境と戦略の変化に応じてそのあり方を考えていく必要がある。今日のように変化が激しく、的確な意思決定を素早く行う必要があるときには、分権的な組織である事業部別組織、分社制、カンパニー制などが望ましいであろう。分権的組織はまた、幹部の経営能力養成の面でも望ましい。しかし、分権的な組織をスムーズに運営するためには、内部監査をはじめとしたチェック体制が不可欠である。

●

　大手玩具メーカーＢ社に勤める太田課長は、給与明細書を開いた瞬間、思わず「ここまでするか!?」と心の中で叫んだ。太田課長は現在、赤字のＸ製品部門を立て直すべく出向中であり、Ｘ製品部門の全損益責任を負っているのだが、2年間の努力のかいもなく、いまだ業績を黒字に転じさせることができていない。今回支給された太田課長の賞与は、入社2年次の一般職社員よりも少なかったのである。Ｂ社は完全能力主義を早くから採用し、それを徹底している。同期入社の大卒社員で取締役と係長という開きすらある。こうした徹底した実力主義、加えて製品事業部間の強烈なライバル意識こそが、かつては中堅どころであったＢ社を業界大手に押し上げた原動力であった。

●

　こうした実力主義を前面に押し出した評価システムは、なにもＢ社に限ったことではない。たとえば金型やＦＡ部品などの専門商社として知られるミスミグループ本社は、「単黒ボーナス制度」と呼ばれる、チームの業績に強く連動するボーナスを数年前に導入した（当時の社名はミスミ）。その結果、新規事業を成功に導いた功労者には、中堅社員であっても単年で数千万円のボーナスが支給されるようになった。逆に、何年たっても事業を軌道に乗せることができなければ、基本年俸からの上乗せはほとんどない。数千万円単位の報奨を受け取る社員が現れたことに刺激された結果、社員たちは積極的に新規部門に異動し、そこで利益を上げようと必死でがんばるようになったという。

この制度は、新規事業に力を入れる田口弘社長（当時）の発案によるもので、田口氏は、「新規事業を黒字化すれば『家が1軒建つくらい』の報酬制度を用意することで、社員の起業家精神を喚起・促進することが狙い」とこの制度の目的を語っている。その後、この制度には変更が加えられ、「利益の『更新額』に応じてボーナスを配分する」「ボーナスは青天井ではなく年俸と同額まで」とややマイルドな制度となったが、社内に明確な市場原理と成果主義を導入するという趣旨は変わっていない。
　ミスミほどの明確な動機づけを行っている会社は、わが国ではまだ少ないとはいうものの、だれもが年さえ重ねれば悪くとも課長までは昇進できた時代は、すでに過去の話である。高度経済成長の終焉と経済のソフト化・サービス化を背景に、今後ますます能力主義の評価システムがわが国の企業に浸透していくことは間違いないであろう。

●

　太田課長は帰宅の道すがら、あらためてこう考えた。
「ここまでドライにやるのか……。たしかに、こうした実力主義こそが、わが社の成長の原動力だった。しかし、こうしたシステムは必ずプラスに作用するものだろうか？　どこかに脆さが潜んでいるのではないだろうか？　考えてみれば、うちの部門の業績を悪化させたのは、私の責任ではないはずだ。そもそも、うちの部門の業績がなかなか回復しないのは、C部門との間でお客さんの取り合いがあるからだ」
　あれこれとりとめもなく考えた太田課長であったが、家の前にたどり着いたときにはこうつぶやいた。
「いずれにせよ、次はいいボーナスをもらえるよう、がんばらなきゃな」

●

　アジアをはじめとする発展途上国の経済成長に伴って、世界中の企業が全世界を1つの市場として競争する時代を迎えている。このような流れの中、企業活動を行っていくうえで必要なヒト、モノ、カネ、情報といった経営資源についても、大きな変化が起こりつつある。
　モノについては、一部の付加価値の高い複雑な製品や部品以外は、多くの国で作ることが可能となってきている。加えて、運送も徐々に容易になりつつあり、世界中であらゆるものが入手できる環境が整いつつある。
　カネについては、国や地域によって購買力の違いはあるにせよ、また国の規制によって入手しやすさに差があるにせよ、世界のどこであろうが入手できるカネに大きな差はなくなりつつある。情報については、通信あるいはメディアの発達によって、同じ情報

が世界中で時差なく入手できるようになりつつある。

しかし、ヒトについてはそう簡単にはいかない。現在は、ヒトこそが企業力の差を生み出す最大の要素なのである。特に、付加価値の高い製品やサービスを生み出していくためには、カネ、モノ、情報といった経営資源を組み合わせ、より良いアウトプットが出せるようコーディネートする人が必要である。今後は、ヒトの能力を十分に発揮することができる仕組みを企業が作りうるか否かで、業績が大きく左右されるであろう。

本節では、今後、企業の発展にとってキーとなるヒトという経営資源をいかにコントロールしていくべきかを学んでいく。具体的には、ヒトに動機づけを与え、企業の目的が達成可能となるようなコントロール手法、すなわち組織の設計および業績評価システムについて考えていく。

## 1 ● 組織の設計

本節の後半では業績管理システムについて解説するが、業績管理システムを理解するためには、その前に組織形態についての理解を深めておかなくてはならない。なぜなら、組織形態の違いは、組織の管理方法にも非常に大きなインパクトを与えるからである。

組織設計にあたっては、組織の効率を最大化するよう、どのようなグループに分けて業務を行うのか、だれがどのような意思決定権限と責任を持つのか、どのように情報伝達を行うのか、どのようにして人にモチベーションを与えていくのか、といった点について総合的に考える必要がある。

また、これが絶対という組織形態はないので、定期的に、あるいは経営環境が大きく変化したときなどに、顧客の立場から業務プロセスを見直す、組織や業務をゼロベースから設計し直す（例：指揮命令系統の見直し、重複の排除、複雑性の排除、中間管理層の見直し等）必要がある。

以下、代表的な組織形態について、その長所および短所、どのような場合にその組織形態が有効かを解説していく。

### ● ヒエラルキー型組織（Hierarchical Structure）

#### ❶職能別組織

**職能別組織**（Functional Structure）とは、研究開発、調達（購買）、製造、営業、財務、人事、経理といった会社内部での機能（職能）別にグループ化した組織のことである。機能別組織ともいう。これは、機能や専門性といった社内合理性の視点で作られた組織形態であり、経営環境が安定しているときには、質の高い専門性によって高い効

率性をもたらす。しかし、各機能グループの権限や責任が限定されているため、会社全体の視点を持ちにくく、それぞれが自部門の視点に片寄る傾向がある。その結果、機能グループ間での意見対立が起こる、全社的な視点で考えられるマネジャーの育成が難しいなどの欠点がある。また、機能グループ間の意見調整に手間取って意思決定に時間がかかることが多く、事業責任の所在が不明確になる傾向もある。

したがって職能別組織は、事業形態が単純で製品の種類も少なく、仕事の効率性が最も重要視されるような会社、あるいは経営者がトップダウンで組織を動かしていくような会社に適していると言える。

### ❷事業部別組織

**事業部別組織**（Divisionalized Structure）とは、製品や市場、顧客、地域といったターゲット別にグループ化した組織のことである。これは、社内の視点で作られた機能別組織とは違って、社外に対するアウトプットに焦点を当てた組織形態であり、権限と責任を各グループに委譲している場合が多いため、**分権的な組織**（Decentralized Organization）と言うことができる。この組織では権限の委譲が進んでいるために意思決定が速く、またマネジャーの育成にも適しており、事業部間の競争が組織全体の活性化につながるメリットがある。しかし、各事業部の競争が激しくなりすぎると、全社的には協力したほうがよい場合でも協力しなかったり、各事業部がスタッフ機能を重複して持つなど、会社全体としては経営資源が効率的に利用されない欠点もある。

したがって、事業部別組織は、事業形態が比較的複雑で、製品の種類も多い会社に有効であり、多国籍化あるいは多角化が進んだ大規模な会社に適していると言うことができる。

また、事業部別組織では事業部長に権限をどの程度まで与えるかが大きなポイントとなるが、基本的には分権的な組織としてできるだけ多くの権限を委譲することが望ましい。しかし、その場合でも、本社が1つの組織としての統制を行えるよう、各事業部に対して最低限のコントロールをしなくてはならない。そうした観点から、事業部長をはじめとする事業部幹部社員の任免権、事業部の改廃、重要な投融資の決定権、人員・資金等の資源の配分権などについては、本社機構に残すことが必要であろう。さらに、事業部門の管理スタッフを本社管理部門のコントロール下に置くことも必要であるが、あまり強くコントロールしすぎると、かえって事業部との関係がしっくりいかなくなるおそれもある。したがって、事業部門の管理スタッフに対するコントロールについては、本社と事業部間の力関係のバランスをとることが必要である。

また、この形態では、社長直轄の内部監査部門が各事業部の活動状況を定期的にチェ

ックすることも有効である。

　これ以外にも、事業部別組織を採用する際には以下の点に注意する必要がある。
- どういう基準（製品別、地域別、顧客別）で事業部を作っていくのか、何をベースにグルーピングしていくと効率的でまとまりのよいグループとなるのか
- 事業部の意思決定と会社の経営戦略の整合性をどのように維持するのか
- 各事業部にどの程度まで権限を与えるか
- 既存の事業部でカバーすることのできない製品あるいは技術に対して、どのように対応していくのか

　なお、職能別組織および事業部別組織は、環境への対応と専門的技術などへの対応という2つの観点から、**図表4-6**のように整理される。

### ◉ その他の組織

#### ❶マトリックス組織

　職能別組織と事業部別組織の両方の長所を融合させて作った組織が、**マトリックス組織**（Matrix Structure）である。マトリックス組織では、従業員は製造、販売といった機能と、日本国内、東南アジアといった（あるいはA製品、B製品といった）ターゲ

**図表4-6　職能別組織と事業部別組織**

| | 目的 | 長所 | 短所 |
|---|---|---|---|
| 職能別組織 | 責任・権限を明確にすることにより最大の効果を発揮する | 高度なスペシャリティ、知識、ノウハウを蓄積できる | 全般的管理能力が養成されにくい<br><br>部門主義の硬直性による顧客主義型発想の欠如<br><br>利益責任が不明確である |
| 事業部別組織 | 各事業部門への権限委譲により経営意識・能力が向上する | 市場への迅速な対応を実現するための自己完結型<br><br>機能のワンセット化のため市場志向の強い経営を具現化できる<br><br>利益創出のための経営意識・能力が全社的に向上する<br><br>迅速な意思決定<br><br>各々の事業部門の競争によって社内に活気 | 事業部門の協調的対応力における限界<br><br>資源の事業部内における抱え込み<br><br>目先の利益追求による短期的視点（長期的視点に立った製品・事業の開発努力の欠如） |

ットの2つのグループに所属し、それぞれ2つの役割を果たすことになる。うまくいけば情報伝達が円滑になり、1人の人間を2つの目的から有効活用できるというメリットがあるが、2人以上のボスがいることになるために権限や責任が不明確になり、指揮命令系統に混乱をきたすおそれもある。

### ❷プロジェクトチーム

**プロジェクトチーム**（Task Force）とは、いろいろな問題を解決するために組織横断的に作ったグループのことである。プロジェクトチームを作るときには、その目的を明確にするとともに、各メンバーがそのプロジェクトのために使うことのできる時間、プロジェクトの活動期限、チームの決定権や報告先、予算、運営方法などを明確化することが必要になる。加えて、プロジェクトの運営に十分な知識を持ち、前向きにチーム活動に参加できるメンバーを選ぶことが重要である。

### ❸**分社化、カンパニー制**

会社の規模が大きくなり、複数の製品を扱うようになると、事業部別組織やマトリックス組織を採用して分権化を図り、意思決定を迅速化するのが一般的であるが、最近ではそれをさらに進めて、製品別あるいは市場別に分社化して大幅な権限委譲を行う会社が増えてきた。アメリカのゼネラル・エレクトリック（GE）は、1990年代前半、12の事業部を**分社化**して、各事業部（ビジネス・コンポーネント）にプレジデントを置き、大幅な権限委譲を行った（その後、ビジネス・コンポーネント数は若干変化している）。また、日本企業の中でも、1994年にソニーが、製品別に細分化されていたそれまでの事業本部制をやめ、製品群ごとに3つのグループ・カンパニーと5つのディビジョン・カンパニーに分社化した（**カンパニー制**）。各カンパニーにはプレジデントが置かれ、ある一定レベルまでの投資の権限も委譲された。その結果、それまでの19事業本部と8営業本部、その下の50以上の事業部は、各カンパニーの下に位置づけられることになった。なお、ソニーに倣い、多くの日本企業がカンパニー制を導入したが、その先駆けであったソニーは、2005年にカンパニー制を廃止し、事業本部制に立ち返るという意思決定を行っている。

これらの例では、事業部を完全な子会社にするのではなく、事業部を製品群ごとに再編することによって権限委譲を行い、1つの独立した会社のように意思決定できる組織を目指している。これは、激しく変化する経営環境に迅速に対応することを第一の目的としたものであるが、今後もさまざまな組織形態が模索されるだろう。

## 2 ● コストセンターとプロフィットセンター

コストセンターとプロフィットセンターは、社内の事業部門などを業績評価の観点からどのように位置づけるのか、といった考え方に基づく組織区分である。

**コストセンター**（Cost Center）とは、コストだけが集計され、収益は集計されない部門のことである。したがって会社全体の損益の面からは、同じ効果をできるだけ少ないコストで上げていくことがコストセンターの目標となり、その成果で評価されることになる。たとえば工場をコストセンターにすると、コストダウンが至上命令になり、生産工程を単純化することが目標となる。その結果、柔軟な生産体制が要求されるような複雑な注文を受け付けなくなる傾向が出てくる。つまりコストダウンしやすい標準的な製品の生産には積極的になるが、コストがかさむ特注品については、いくら高い利益が得られる製品であっても生産に消極的になるおそれが出てくるのである。

一方、**プロフィットセンター**（Profit Center）とは、収益と費用が集計される部門のことである。プロフィットセンターでは、集計された収益から費用を差し引いた利益を極大化することが目標となり、業績評価も利益を指標にして行われる。したがって収益と費用の差額を大きくすること、つまり収入はできるだけ多く、支出はできるだけ少なくすることが目標になる。工場をプロフィットセンターにすると、利益が得られるものであれば、生産工程を改善するなどして、特注品でも積極的に受注していこうというインセンティブが働くことになる。

したがって、標準品の比重が高い会社ではコストセンターでも問題ないが、特注品の比重が高い会社ではプロフィットセンターのほうが望ましいことになる。また、経営参加意識を高める分権化・分社化の大きな流れの中では、各グループに損益責任を持たせる意味で、プロフィットセンターにするほうが望ましいと言えよう。ただし、分権化が強調されすぎると、個々の事業部の利益が優先され、会社全体の利益が犠牲にされるおそれがあるため、注意が必要である。

## 3 ● 業績評価の手法

経済が成熟化し、本格的な低成長時代に入った今日、企業にとって最も重要な経営資源である「ヒト」のモチベーションを高め、それを維持することは必須課題である。そしてそのためには、業績評価を正しく行うことがきわめて重要である。

業績評価と言うと、人の評価や選抜、あるいは給与の支払いといった点にのみ注意が

向けられがちだが、その本来の目的は、それを通して組織効率の改善を図っていくことにある。業績評価を実践するには、**評価単位（業績単位）** を明確化し、適切な管理会計システムを導入して、全社的に取り組んでいく必要がある。

## ❶業績評価の意義

多くの伝統ある日本企業では、社内秩序の維持を最重視した経営が行われてきた。その典型が、右肩上がりの成長ステージに見事なまでに適合した年功序列、終身雇用等のシステムである。しかし今日では、このような経営システムが有効であった時代とは経営環境が大きく変化してしまった。大量生産・大量販売でスケールメリットを求めた時代から、市場の細分化、多品種少量生産、ソフト化・サービス化が要求される時代への転換が起こり、また、付加価値の小さい製品の生産現場が発展途上国に移転するに伴って、国内ではより優れた先端技術を使う研究開発が求められるようになってきている。このような構造変化の下、日本的経営は「新しいシステム」を必要としている。

そしてこの「新しいシステム」に強く求められるものの1つが、「適切な業績評価」である。これは、業績評価の基準をできるだけ明確化し、それを公平に行うことである。具体的には、あいまいになりがちな、人柄、協調性、やる気、勤務態度等で評価するのではなく、業績の達成度に比重を置いて評価する方法が考えられる。こうすることで従業員のモラールを向上させ、自分の能力を高めようというインセンティブを与え、独創的なアイデアを生み出すことが可能な土壌を作ろうというのである。また、これを給与に結びつけることによって**ペイ・フォー・パフォーマンス**（Pay for Performance）を徹底し、収益とコストをバランスさせることができるのである。

このように、業績評価システムは、「業績目標→計画→実行→測定→評価」というサイクルに基づいて、真の意味での成果主義を可能にさせるものである。以下、業績評価の手法について解説する。

## ❷業績評価の単位

業績評価を行うためには、評価されるグループに基本的な事業権限を与えると同時に事業に対する責任も持たせ、彼らに対して定量的に評価・測定できる結果をフィードバックする必要がある。

業績評価を行うためのグループ分けの方法には、2通りの考え方がある（210ページ「1．組織の設計」で解説した組織形態を参照）。1つは職能の違いによってグループ分けをする方法で、具体的には人事、財務、購買、製造、販売等の機能に応じて業績評価グループを設定し、そのグループごとに業績を評価する。企業の規模がそれほど大きくな

く、トップダウンで動いている場合には、この方法が有効と言われている。しかし、企業規模が大きくなると（1つの目安は従業員100人程度）、各グループのレベルでは会社全体の動きがわかりづらくなる、各グループの業務が専門化するため公正な評価基準を設定することが難しくなる、などの欠点が表れるようになる。

　もう1つの方法は、製品別あるいは地域別に、事業として一定のまとまった単位に対して責任を持たせる方法である。たとえば製品別事業部であれば、それぞれの製品に対するマーケティング、企画、製造、販売のすべてを各事業部が権限を持って遂行し、すべての責任を負う。また全国的な規模で事業を行っている大企業においては、製品別のほかに地域別の事業単位を採用する場合もある。このような地域別の単位が有効なのは、地域ごとにマーケティング戦略を変える必要がある場合、あるいは地域ごとに顧客の特性が異なり、それに合わせて活動したほうが効率が良いような場合である。実際には多くの企業がこのような事業グループ（地域別、製品別）を業績評価グループとして採用している。

　ここで重要なのは　責任と共に可能な限り多くの権限・裁量を、それぞれの評価単位に与えることである。これによって従業員のやる気が刺激され、また事業の川下から川上までの仕事を経験することが可能となる。

　これはけっして事業部に限られたことではなく、事業部の中の課単位といった小さなものまで、さまざまな種類が考えられる。わが国では松下電器産業の事業本部制や、多くのメーカーの工場単位制等が有名である。

　なお、業績評価グループは、組織の成長ステージや経営環境等の変化に合わせて適宜変えていかなくてはならない。前述したように、業績単位は業績評価のためだけにあるのではなく、会社全体としての組織の効率的な運営を目的にしているからである。したがって、その設計・構築にあたっては、さまざまな要素を総合的に判断する必要がある。

### ❸業績評価の基準

　業績評価の基準にはいろいろなものがあるが、その中で多くの日本企業が従来から重視してきたのは売上高である。しかし、こうした売上高偏重の考え方は見直されつつある。そして今後、規模よりも収益力を重視する流れの中で重要性が増してくると考えられるのが、**貢献利益**（Contribution Margin）である。これは売上高から各責任単位が管理可能な費用を差し引いて算出した利益のことで、各部門が全体の利益にどれだけ貢献したのかという意味で貢献利益と呼ばれている。ここで言う管理可能な費用とは、各部門の費用であることが明確にわかる部門個別費を指す。管理可能な費用のみを差し引くのは、管理不能な費用についてまで責任を問うと、業績管理としての意味がなくなっ

てしまうからである。業績評価では、これらの数字を前年度比、予算比、他部門比等の観点から管理していくのが一般的である。

それではここで、事業部および事業部長の業績評価について考えてみよう。

**図表4-7　事業部制における損益計算書とその評価（例）**

| 項目 | 事業部A | 事業部B | 全社 | |
|---|---|---|---|---|
| a．売上高 | ××× | ○○○ | △△△ | |
| b．変動費 | ××× | ○○○ | △△△ | |
| c．限界利益（a−b） | ××× | ○○○ | △△△ | ←現場業績 |
| d．管理可能費 | ××× | ○○○ | △△△ | |
| e．貢献利益（c−d） | ××× | ○○○ | △△△ | ←事業部長業績 |
| f．設備費 | ××× | ○○○ | △△△ | |
| g．事業部利益（e−f） | ××× | ○○○ | △△△ | ←事業部業績 |
| h．共通本社費 | | | △△△ | |
| i．純利益（g−h） | | | △△△ | ←全社業績 |
| | | | | 経営陣業績 |

事業部別損益計算書の各段階の利益は、それぞれ以下のものを意味している。

- **限界利益**：変動費の管理、製品ミックスや製品価格決定の良否を示す指標で、製品のブランド力やコストダウン効果などが表れている
- **貢献利益**：事業部長が管理可能な利益金額を示す
- **事業部利益**：事業部の直接的な利益業績を表す。ただし事業部長にとって管理不能な費用も含んでいる
- **純利益**：本社費用の事業部への割当分である本社共通費を配賦した後の利益であり、全社的な利益を計算するための利益である

さて、事業部別組織において、事業部長の経営意識を高め、組織を活性化させるためには、この各段階の利益のどれをベースに業績評価を行うべきだろうか。一般には、事業部長の業績評価には、事業部長が管理可能な費用だけを考慮した貢献利益が望ましいと考えられる。ただし、全社的な利益、あるいは事業部の直接的な利益を事業部長に意識させるために、事業部利益あるいは純利益を評価の対象とすることも考えられる。

また、業績評価については、それぞれの会社の目的に応じて、会計数値以外にも、品質、納期、代金回収、設備稼動率、不良品率、出勤率、在庫量、災害の減少、クレームの減少、環境改善、研究開発など、さまざまな基準を併用することも必要である。

なお、ここでは貢献利益に特に注目したが、これ以外にも最近注目されている評価指

標として、EVAやMVAといった企業価値に直接結びつく指標がある。また、財務的な指標だけではなく、さまざまな評価指標を多面的に活用する、バランスト・スコアカードと呼ばれる評価・管理ツールを導入する企業も増えつつある。EVAとMVA、バランスト・スコアカードについては、224ページ以降の補論で解説する。

## 4● 具体的な業績管理のシステム

　効果的な業績評価を行うためには、しっかりとした管理会計のシステムを導入し、責任単位ごとに、収益、費用などのフロー項目（損益計算書項目）と、債権や在庫などのストック項目（貸借対照表項目）を割り当てていくことが必要である。また、使用している資産や資金の量に応じた**社内金利**や**社内資本金**を各部門に割り当てる方法も考えられる。

　その理由としては、❶ROEやROAの数値が高い会社が総合力のある会社と考えるのであれば（第1章第2節参照）、当然、各事業部においても損益計算書項目だけでなく、貸借対照表項目についても注意を払うようにさせるべきである、❷債権、在庫といった事業部の活動が直接影響を及ぼす貸借対照表の項目については、各事業部に権限と責任を持たせるほうが改善されやすい、❸貸借対照表項目を各事業部に割り当て、独立した1つの企業に近づけることによって、独立したグループとしての意識が強調され、業績管理も明確になる、などが考えられる。

　このように、業績管理をより徹底するためには、各責任単位の売上高、原価を厳格に決定する損益計算ルールを明確化することに加え、責任単位別貸借対照表の作成ルールをも設定することが望ましい。

　以下、業績管理システムに関連するトピックについて解説する。

### ●──── 社内金利制度

　**社内金利制度**とは、事業部の業績評価を公正に行うために、各事業部の資金の使用量に応じて金利を負担させる制度である。資金の使用量としては、事業部の総資産から借入金を除く流動負債を差し引いたものを利用する場合が多い。

　適用する利率としては、
　❶財務部の実効金利に合わせて決める
　❷市中金利の動きに合わせて決める
　などの方法があるが、❶は財務部の運用の巧拙が事業部の業績に反映されてしまうためあまり好ましくなく、❷を採用するのが一般的である。

## ● 社内振替価格

**社内振替価格**（Transfer Pricing）とは、社内の事業部門間の製品やサービスの取引価格のことである。これを**移転価格**、あるいは社内取引価格と言うこともある。

適切な業績評価を行うためには、事業部をそれぞれ独立会社と見なし、製造部門から販売部門への製品の移動についても取引価格を設定し、各部門をプロフィットセンターとして利益を計算していくことが望ましい。取引価格は各部門の利益に大きなインパクトを与え、必然的に業績評価や各部門の戦略策定にも大きな影響を及ぼすことになるので、その決定は慎重に行う必要がある。

具体的には、社内振替価格は、原価と市場価格の間で適当な価格に設定するのが一般的である。製造部門から販売部門への社内振替価格が原価に近く設定されれば販売部門が有利となり、販売部門の努力次第で利益が決まるようになる。一方、社内振替価格が市場価格に近く設定されれば製造部門のほうが利益を出しやすくなり、販売部門は自社内部から購入するメリットを感じなくなる。しかし、製造部門で一定の利益を獲得したうえで社内振替価格をベースに販売部門が努力をするようになるため、会社全体としてはより高い利益を獲得する可能性が出てくる。

事業部門間の取引については、社内だからという理由で、どんなに価格が高かろうが、あるいは品質が悪かろうが、無条件に取引を行うことは避けなくてはならない。取引価格についても事業部間の直接交渉に任せ、交渉がまとまらない場合には他社に販売したり、他社から仕入れたりすることができる制度を採用し、それぞれが独立した企業のように活動していくことが望ましい。

しかし一方では、社内間での取引価格設定の交渉がパイの奪い合いになれば、徒労感やむなしさを伴うことになる。事業部間の競争を促す半面、事業部の利益のため会社全体の利益が犠牲にされることも十分予想される。また、製造部門が市場ではなく営業からの情報のみで意思決定を行うようになる危険性もあるため、コミュニケーションを良くすることが必要である。

## ● 本社共通費

**本社共通費**とは、全社の費用の中で、ある特定のグループが使用したことが明確に特定できない費用（たとえば本社社屋の修理費）のことである。このような本社共通費については、これを配賦しない方法と配賦する方法の2つが考えられる。

配賦しない方法を採用するのは、直接的な関連が特定できない費用を何らかの基準で配賦すると、かえって業績評価を混乱させるおそれがあるからである。一方、配賦する

方法を用いるのは、そうすることによって各事業部が最低限クリアすべきハードルを設定できるからである。

具体的な配賦方法としては、各部門が受けたサービスの程度によって配賦する方法と、各事業部の規模に応じて配賦する方法がある。前者の例としては、購買費用を注文件数によって配賦する方法が考えられ、後者の例としては、売上高、人員数、人件費、総経費などを基準として配賦する方法が考えられる。ただし、費用を細かく分けてそれぞれ別の基準で配賦するのは手間がかかるため、状況に応じて判断する必要がある。一般的には、まず各事業部との関連を極力見つけて配賦し、共通費の総額を減らしたうえで、残りを各事業部に配賦していくことが望ましい。

### ●──── 社内資本金制度

**社内資本金制度**とは、会社の資本金を各事業部に配賦する制度のことである。これは各事業部に貸借対照表も配賦することによって、損益だけでなく、投入した資本、あるいは資産に対する利益率も重視させることを目的としたものである。配賦された資本金をもとに、ROEなどで各事業部の業績評価を行うことも考えられるため、配賦される資本金は多いほどよいというわけではない。また、利益が出れば、内部留保として事業部の資本の額を増やすことも考えられる。

## 5 ● 業績評価のステップと留意事項

**業績評価**を行う際には、次のようなステップを踏んでいくことが望ましい。
❶特定の業務目標の確定
❷その目標を達成するための、個々の被評価者に対する期待レベルの設定と確認
❸実際の業務遂行
❹遂行結果の評価
❺被評価者との評価についての面談

具体的な評価の方法としては、❶評価点方式：業務のいろいろな点について5段階（あるいは10段階）で評価する方式、❷重要事項記載法：評価者が被評価者の業務の中で特別なことがあったときにそのつど記録し、それを評価に利用する方式、❸**目標管理法**（**MBO**：Management By Objective）：あらかじめ設定した業務目標の達成度によって評価する方式、などがある。最近では❸の目標管理法を採用する会社が多く、あらかじめ被評価者との間で目標に関する合意を結び、それに対する達成度合いで評価を行うようになりつつある。

## 評価のフィードバック

　評価は、その結果を評価された本人に**フィードバック**することによって初めて、本人が自分の長所・短所を明確につかみ、長所を伸ばしたり、短所を改善したりすることに利用できるようになる。これまで評価結果を本人にフィードバックする会社は少なかったが、自己分析のためのデータの1つとして評価結果をフィードバックすることは大切だ。また、業績評価は以下のことにも活用できる。

- 業績評価のデータは、被評価者の能力を最大限に発揮させることができるような昇進や再配置のための基礎データを提供する。
- 個人の得意・不得意分野を積み上げることで組織全体の強みと弱みもわかるようになるため、組織強化のための対策を立てやすくなる。
- 学歴、職歴をはじめ、入社前の経歴や経験と会社での活躍が関連している場合には、評価結果を採用活動にフィードバックすることで、効果的な採用活動を行える。
- フィードバックをもとに新しい目標を設定し、さらに良い成果を達成するといった好循環を通して、経営効率の改善が図られる。

## 報奨

　**報奨**（Reward）とは、個人が会社に提供したサービスの対価として、会社から個人に支払うもので、会社が従業員に与えうる最も重要なインセンティブである。会社が業績を上げていくためには、個々の従業員のモチベーションに合った報奨制度を提供する必要がある。報奨を決める際には以下の3つの要素を考慮しなくてはならない。

- **報奨水準**：報奨のレベルのことだが、これは特に会社の労働流動性が高いほど重要な意味を持ってくる。同様の仕事であれば、給与の高いほうを選択するインセンティブが働く。また、報奨水準は、会社として負担する人件費を決めることになる。
- **報奨の項目の組み合わせ**：給与あるいは福利厚生としてどのような組み合わせを提供するのかによって、従業員に対するインセンティブが変わってくる。また、会社にとっても、採用する組み合わせによって負担すべきコストが変化する。
- **報奨支払いと評価**：評価と報奨は公正に結びついていなければならない。

## 報奨の形態

　報奨には、経済的なものと非経済的なものがある。経済的な報奨には、給与やボーナスなどの直接的なものと、保険や教育、住宅などに対する補助などの間接的なもの（福利厚生：フリンジ・ベネフィット）がある。一方、非経済的な報奨としては、従業員の

行動や結果を評価して地位を与えたり、表彰などによって名誉を与えること、また自己実現の場を提供することなどが考えられる。経済的な報奨の具体的な内容は以下のとおりである。

- **給与**：業務評価に基づいた通常の報奨方法であり、評価結果に基づき、資格（等級）と考査結果のマトリックスによるテーブルなどを使って給与を決定していく。
- **福利厚生**：有給休暇や連続休暇制度、安全や健康についての諸制度、教育や住宅などについての補助、年金制度などがある。また、いろいろな福利厚生施策の中から自分で欲しいものを選んで受給できるカフェテリア形式の福利厚生制度もあり、日本企業でも採用する例が増加している。
- **インセンティブ・システム**：代表的なものとしては、プロフィット・シェアリングとストック・オプションがある。**プロフィット・シェアリング**は、ある期間の一定の利益（率）を従業員に配分することを決めておき、従業員が利益向上に努力するよう動機づけることを目的としている。一方、**ストック・オプション**とは、一定数の株式をある一定の価格（ストック・オプションの権利を与えたときの時価）で将来買い取る権利を与えるもので、マネジャーや役員に対するインセンティブ・システムとして代表的なものである。

インセンティブ・システムを採用する際には、そのデメリットについても知っておかなくてはならない。まず、インセンティブのベースとなる業績を事前に予測することが難しいため、その結果として人件費の予測も難しくなり、コストアップにつながる可能性がある。また、業績の測定についても、厳密なシステムを作れば作るほど評価の融通性がなくなる、評価が短期的になりやすく、従業員が長期的な視点を失いがちになるといった欠点もある。さらに、事業部の業績に比重を置きすぎると全社的な視点を失い、個人業績を偏重する結果、組織としてのまとまりが薄れる危険性も出てくる。経営者は、こうしたデメリットについても十分に勘案したうえで、インセンティブ・システムを構築しなくてはならない。

---

**モチベーションとインセンティブ**

　人という経営資源は、能力は同じでも、インセンティブをどう与えるかによって能力の発揮レベルに差が出てくる。したがって、会社が限られた経営資源を使って組織としてのアウトプットを高めるためには、従業員のモチベーションを最も刺激するインセンティブを与えるような仕組みを作ることが重要になる。

それにはまず、人のモチベーションが大きく3つの動機から生まれることを理解しなくてはならない。人によりどれを重視するかは異なるが、すべての人はこの3つの動機を組み合わせて持っている。
- **金銭的動機**：生活のベースとなる金銭を得ようとするもので、最も一般的で根本的な動機である。
- **社会的動機**：集団に帰属することによって安心感を得たいとか、一定の価値観を共有できる集団の中で社会生活を営みたいという動機と、その集団の中で評価されたいという動機のことである。
- **自己実現動機**：学習、成長、社会貢献などを通じて、自らが理想とする自己を実現していきたいという動機のことである。

次に、従業員のやる気、つまりモチベーションを刺激するためのインセンティブも、大きく5つに分けることができる。
- **金銭的報酬**：最も具体的でわかりやすいインセンティブであるが、高いコストを伴う。また、ある一定レベルを超えると、効果が小さくなる。これだけに頼りすぎると、より高い報酬を提示する会社に転職してしまうおそれがある。
- **評価**：従業員の行動や結果を評価することである。具体的には地位や権限、あるいは名誉などを与えたり、ほめたりすることであるが、これによって従業員のやる気を引き出すこともできる。
- **組織と個人の価値観の共有**：従業員が会社の経営理念や経営者の経営哲学に共鳴できるように、それらを明確に設定すると同時に、従業員に対してよく知らせることである。また、そのような理念、哲学に共鳴するような人を採用すれば、使命感を持って仕事をさせることができる。
- **自己実現の場の提供**：教育や仕事の内容、また責任や権限の与え方によって、組織の中で従業員が自分なりに達成感を持って仕事ができるような場を設定することである。このような場を提供することによって、従業員の積極的に働こうという意識を高めることができる。
- **職場の仲間との人間関係やリーダーの魅力などの人的要素**：人間関係が円滑であれば安心感や余裕が生まれるので、組織への帰属意識や活力を高めることにつながる。

会社が従業員に与えるインセンティブについても、1つだけを提供するのではなく、上記の5つをいろいろなパターンで組み合わせる必要がある。また、組織とし

てのアウトプットを高めていくためには、できるだけ多くの従業員を長期的に刺激することが必要となるが、そのためには金銭的報酬や評価などの短期的かつ目に見えるインセンティブだけに頼るのではなく、それ以外のインセンティブも強調していく必要がある。さらに、企業の経営者や管理職は、従業員がそれぞれの動機にどのような序列をつけているのかをよく理解したうえで、効果的なインセンティブを与える必要がある。

## 補 ● EVAとMVA

## 1 ● EVA（Economic Value Added：経済付加価値）

**EVA**®（以下®略）はEconomic Value Added の頭文字を取ったものであり、株主資本という形で会社に資金を供給している株主と、借入金や社債といった形で会社に資金を提供している債権者を合わせた資金提供者の立場から考えて、会社が事業から獲得しているリターンが、資金提供者の要求しているリターンをどの程度上回っているかを表す業績評価指標である。企業の日々の活動を、資金提供者の要求するリターンを上回る儲けを生み出す方向に向けていくためには、このような考え方を組織の業績管理の仕組みに組み込んでいくことが必要になる。EVAは、1982年に設立されたアメリカのコンサルティング会社であるスターン・スチュワート社が提唱しているものであり、同社の登録商標である。具体的には下記のような計算式で表される。

*EVA＝NOPAT（金利差引前ベースの税引後利益、すなわち税引後営業利益）*
　　　　－（有利子負債＋株主資本）　×　WACC

**WACC：加重平均資本コスト**

この計算式のうち、**NOPAT**は、Net Operating Profit After Tax の略称である。これは、減価償却費を差し引いた後を意味するNet、営業利益を意味するOperating Profit、税引後を意味するAfter Taxから構成されている単語で、日本語では税引後営業利益と訳されることが多い。実際には、営業利益をスタートとして、その営業利益に対して直接課税されたと仮定したみなしの税金を計算し、それを差し引いたものである。つまりNOPATは、本業から税引後でどの程度利益を稼ぐことができたのかを示したものである。

ただし、スターン・スチュワート社のEVAでは、営業利益について、保守主義の考え方による費用（利益を抑えるために早めに計上する費用）などを足し戻して、企業の業績をより正確に表すような利益に置き直している。また、アメリカのSECに提出する正式な財務諸表における営業利益であるから、日本の会計ルールによる営業利益とはやや異なり、受取配当金などの営業外収益も含めたものである。

次にマイナスされている部分は、（有利子負債＋株主資本）×WACCである。これは債権者や株主といった資金提供者が借入金、社債、株主資本という形で会社に提供している資金の総額に、その加重平均資本コスト、つまり平均的な調達コストを掛け合わせたものである。このマイナス部分の金額は、債権者と株主が企業に資金を提供している見返りとして要求している税引後のリターンを意味する。

したがってEVAは、会社が本業から獲得した税引後の利益が、資金提供者の要求するリターンをどの程度上回っているのかを表していることになる。ただし、社債保有者や借入金提供者の資本コストである金利は、基本的にEVAの水準に直接関係なく同じだけ発生するので、実際には株主だけが、EVAがプラスあるいはマイナスになった場合の影響を受けることになる。その意味でEVAは、会社の本業の業績が、株主の要求しているリターンである株主資本コストを上回っているのかどうかを測定する指標ということになる。

つまりEVAは、株主の要求する利益水準と、会社の本業の利益水準を毎年比較するためのツールであり、株主から見て満足できる利益水準という目標を業績管理の仕組みに組み込むためのツールなのである。

また、EVAを指標にすることは、会社が利益を上げていても、あるいは増益であっても、株主から見て、その会社の投資リスクに見合う一定のレベルまで利益が到達していなければ、本当の意味では評価しないということでもある。さらに、投資案件の評価指標として利用されるIRRやNPVが、プロジェクトベースで資本コストを上回るリターンを生み出しているかどうかを確認するものであるように、EVAは会社ベースで毎年の業績が資本コストを上回るリターンを生み出しているかどうかを確認するためのツールなのである。

EVAは日本でも、ソニー、花王、キリンビール、三菱商事などが業績評価指標として採用している。また、EVAという名称を使っていなくても、HOYAのようにSVA（Shareholders Value Added）という名称で同様の業績評価指標を採用しているケースもあり、その数は徐々に増加している。またEVAは、90年代の半ばから日本でもかなり使われるようになってきたROE（第1章第2節参照）と比較して、❶明確に資本コストが考慮されている、❷金額で計算されるため規模の観点が入っている、という2つ

の点で望ましいと言える。

それでは、EVAを高めるにはどうすればよいのだろうか。計算式から考えると、以下の3つの方策が考えられる。

**❶NOPATを高める**
本業の儲けである営業利益を高め、実効税率を可能な範囲で低下させる取り組みが中心となる。

**❷投下資本を少なくする**
資金調達額を少なくするために、その使い道である資産の圧縮を行う。

**❸加重平均資本コストを低下させる**
財務的に危険な状態にならない範囲で、借入金や社債による資金調達の比重を高めることが考えられる。

さらに、同じ方向性で考えを広げると、資本コストを基準として、それを上回るリターンを上げられない事業からは撤退し、それを上回るリターンを上げられる事業には積極的に投資を行うという、事業の選択と集中の徹底が重要になる。

なお、スターン・スチュワート社はEVA経営システムの意義を、**評価尺度**（Measurement）、**経営プロセス**（Management System）、**動機づけ**（Motivation）、**思考様式**（Mindset）の4要素にまとめている。このうち評価尺度は、EVAを導入することによって、会社がどれだけの価値を創造または破壊しているかを正確に把握でき

**図表4-8　EVA経営システムの4要素**

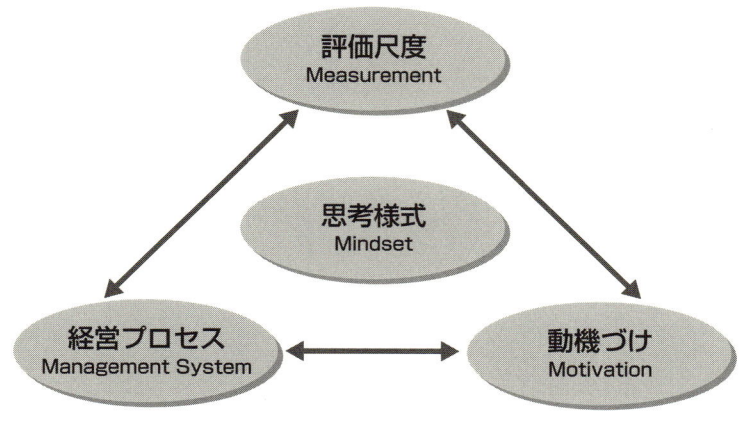

出典：パトリック・フータウ「『EVA』すべてのステークホルダーの満足を追求する」『ダイヤモンド・ハーバード・ビジネス』1999年10-11月号、P.57を一部修正

るようになることを意味している。経営プロセスは、EVA の導入によって、経営上のあらゆる意思決定プロセスが密接に結びつくようになるという意味である。さらに動機づけは、EVA に基づくインセンティブ制度を導入することによって、意思決定に関する結果責任の側面が強化され、経営の焦点が企業価値最大化という目標の達成に絞られ、EVA 経営システムの一連の流れが強化されることを意味している。そして思考様式は、前述の3要素を実現すべくEVA を活用することにより、組織メンバーの「思考様式」が、価値最大化を焦点としたオーナーシップ（所有者意識）を持てるように変化し、EVA経営システムが確立されることを意味している。

このように考えると、EVA は単なる業績評価指標ではなく、会社を価値創造へ向かって変化させる経営管理システムと一体のものであると考えられる。

## 2 ● MVA（Market Value Added：市場付加価値）

**MVA**はMarket Value Added の頭文字を取ったものであり、株主が企業に提供している資金である貸借対照表上の株主資本の簿価を、株式の時価総額がどの程度上回っているのかを表したものである。これもEVAと同じくスターン・スチュワート社が提唱しているものである。具体的には下記のような計算式で表される。

$$MVA = 株式時価総額 - 株主資本金額（簿価）$$

これは、株主が過去から増資あるいは内部留保などの形で積み上げてきた金額に比較して、株式市場の評価である時価総額がどの程度上回っているのかを表す。つまり、株主が実際に投入している資金に対して、会社がどの程度の付加価値をつけているかを表すものである。

MVAが大きい会社は、株主から預かっている資金を効率よく事業に投入して、大きな付加価値を生み出していることになるため、株主からの評価が高い企業と言える。

MVAはまた、将来期待されるEVAの現在価値を合計したものでもある。ということは、MVAを大きくしていくためには毎年のEVAを拡大していくことが重要であり、EVAはMVAを拡大していくための業績管理ツールという位置づけにもなるのである。

## 補 ● BSC（Balanced Scorecard：バランスト・スコアカード）

**BSC**は、ハーバード・ビジネススクール教授のロバート・S・キャプランとKPMG

のリサーチ部門にいたデビッド・P・ノートンが1992年に発表した、戦略的なマネジメント・システムのツールである。当初は、業績評価システムに位置づけられていたが、実際の企業への導入コンサルティングやそれと並行した研究によって、戦略を実行するための戦略的マネジメント・システムへと発展してきた。

BSCが登場した背景には、80年代に日本の工業製品が高品質かつ低価格を武器にアメリカ市場を席巻したために、多くのアメリカ企業の業績が低迷した事実があったと言われている。こうしたなか、当時のレーガン政権はアメリカ企業の経営体質改善を促進するために、87年に**マルコム・ボルドリッジ国家品質賞**（以下ボルドリッジ賞）を制定した。この賞は、企業の競争力を高めるために、重要な競争要因としての経営品質への理解を深め、経営品質についての情報や戦略の共有を促進するために設けられた。ボルドリッジ賞は、多くのアメリカ企業の90年代における驚異的成長に貢献したと言われている。そしてボルドリッジ賞の審査基準と後述するBSCの4つの視点にはいくつもの共通点が認められることから、BSCの登場の背景にはボルドリッジ賞の存在があったと考えられている。

なお、BSCの名称の中にある「バランス」という言葉には、短期目標と長期目標のバランス、財務的業績評価尺度と非財務的業績評価尺度のバランス、遅行と先行の業績評価指標のバランス、さらに外部的視点と内部的視点のバランスの4つの意味があるとされている。

## 1 ● BSCとは何か

それでは、BSCをその位置づけの変化に沿って簡単に説明していこう。

### ● ─── 業績評価ツールとしてのBSC

BSCが発表された当初は、会社が全体としてのバランスをとりながら、戦略を社内へ浸透させるために使われる、業績評価のためのツールと位置づけられていた。具体的には、会社が戦略達成の面から重要視する財務数値データをまとめた**財務の視点**、会社と顧客との関係を表す数値データをまとめた**顧客の視点**、ビジネスの仕組みの状態を表す数値データをまとめた**内部ビジネスプロセスの視点**、従業員のモチベーションの高さなど、会社の中長期的な強さなどを表す数値データをまとめた**学習と成長の視点**の4つの視点から、それぞれ戦略との関連性が強い数値データを選択する。そして、それらの数値データをモニターすることによって戦略の達成状況を確認し、さらに、それぞれの数

値データの目標を各部門や個人に与えることによって、戦略達成へ向けて組織全体を動かしていくのである。このうち財務の視点においてEVAを採用すれば、EVA増大に向けて会社が向かうべきベクトルを合わせることができる。

なお、BSCは、すべての企業に一律に適用できるような定型的なものではなく、市場環境、製品戦略、競争環境によって異なってくる。BSCの評価尺度の数については、15から20程度が妥当と考えられている。

**図表4-9　BSCの概念図**

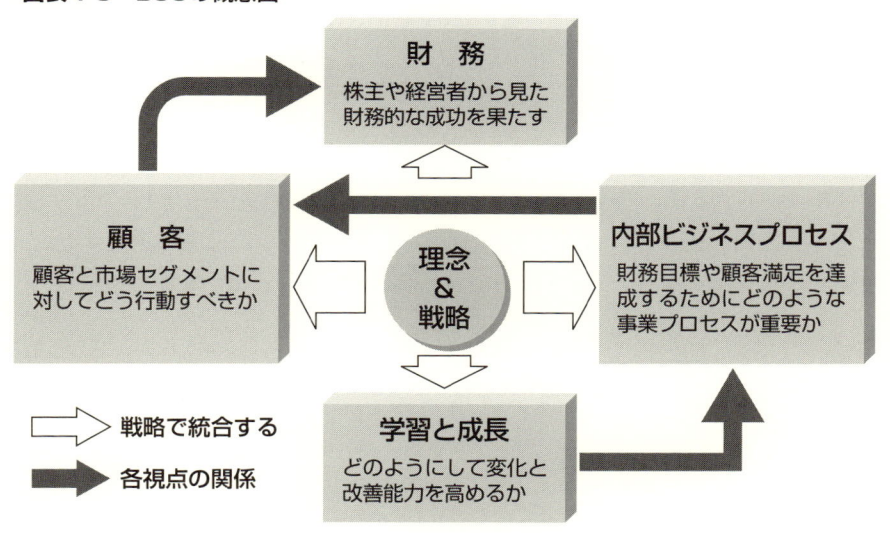

```
                    財　務
              株主や経営者から見た
              財務的な成功を果たす

  顧　客                              内部ビジネスプロセス
顧客と市場セグメントに    理念     財務目標や顧客満足を達
対してどう行動すべきか    ＆     成するためにどのような
                         戦略     事業プロセスが重要か

                  学習と成長
              どのようにして変化と
              改善能力を高めるか
```

⇨　戦略で統合する
➡　各視点の関係

### ● 戦略遂行のためのマネジメント・システムとしてのBSC

その後、キャプランとノートンは、❶BSCは、組織の戦略目標や競争上の必要性に基づいて作られているため、4つの視点から限られた数の重要な指標を選択させることによって、組織を戦略的な目標に集中させることができる、❷BSCは、会社が現在と将来の成功のために何をすべきかを教えてくれる、という2つのメリットを理由に、BSCを会社が長期的に戦略を遂行するためのマネジメント・システムと位置づけていった。つまり、BSCを利用することによって、長期的な戦略を短期的な活動とどのように関連づけるのかといった、伝統的なマネジメント・システムの課題を解決することができると考えたのである。

そして彼らは、BSCを戦略遂行のためのマネジメント・システムとして利用するときの、4つのプロセスを提示した。
　第1のステップは、「ビジョンの明確化と、わかりやすい言葉への置き換え」である。ビジョンの明確化と組織におけるコンセンサスの2つがこのステップでのポイントである。
　第2のステップは、「コミュニケーションと関連づけ」である。ここでは、コミュニケーションと教育、目標の設定、報酬と業績尺度との関連づけの3つをポイントとしている。
　第3のステップは、「事業計画の立案」である。ここでは、目標値の設定、戦略的な実施計画の連携、資源の配分、中間目標の確立の4つをポイントとしている。
　そして第4のステップは、「フィードバックと学習」である。ここでは、共有されたビジョンの明確な表明、戦略的なフィードバックの提供、戦略の検証と学習の活性化といった点をポイントとしている。
　彼らはまた、BSCは、個々の活動が有効であっても全体として十分な結果が出ていないときに、戦略そのものを再検討するためのフィードバック情報を提供できるとし、BSCを利用したマネジメント・プロセスでは、上記4つのステップが何度も繰り返されながらレベルアップしていく、ダブルループの学習効果が期待できると主張している。ビジョンの明確化からスタートし、4つのステップを2周半することによって、事業単位で作成したBSCを、最終的に全員の業務と結びつけるところまでループさせながら進めていく。導入から最終段階まで25〜26カ月の期間がかかるとされる。
　さらにキャプランとノートンは、BSCの進化と並行して4つの視点についても再整理を行った。まずそれぞれの視点について、戦略目標、尺度、目標値、実施項目を定めることが必要であると主張した。そのうえで、「財務の視点」は、「財務的に成功するために、株主に対してどのように行動すべきか」を意味し、「顧客の視点」は、「ビジョンを達成するために、顧客に対してどのように行動すべきか」を意味するとした。また「内部ビジネスプロセスの視点」は、「株主と顧客を満足させるために、どのようなビジネスプロセスに秀でていなければならないか」を意味し、「学習と成長の視点」については、「ビジョンを達成するために、どのようにして変化や改善の能力を維持するか」を意味するとした。
　そして次の段階として、BSCを利用して戦略を管理しながら成功を目指す会社を戦略志向の組織体ととらえ、その特質として、戦略、集中、組織の3つを挙げた。「戦略」は、戦略を中心に組織を位置づけ、BSCを使って戦略を従業員に理解されやすく、行動の指針となるような方法で記述し、伝達することである。「集中」は、BSCをナビゲーターとして利用し、組織体のすべての資源と活動を戦略に向けて方向づけることである。

「組織」は、従業員を以前とは根本的に異なった方法で行動するように活性化し、BSCによってビジネス・ユニット、シェアード・サービス、および個々の従業員との連携を確立するための理論や体系を示すことである。

BSCを使って戦略志向の組織体を作り上げることに成功した会社に共通するパターンとしては、次の5つがある。

❶戦略を現場の言葉に置き換える
❷組織全体を戦略に向けて方向づける
❸戦略を従業員の日々の業務に落とし込む
❹戦略を継続的なプロセスにする
❺エグゼクティブのリーダーシップを通じて変革を促す

◉─── **ストラテジー・マップ**

キャプランとノートンは、BSCにおける個々の要素の因果関係や、ある組織が企業目標や経営資源を有形の成果に変えていく方法を、共通したフレームワークに落とし込んだ。それを視覚的に表現したものが**ストラテジー・マップ**である。

まず、株主価値に直結する「財務の視点」を作成する。財務の基本戦略は、収益の拡大と生産性の向上の2つから成る。前者は、新市場、新製品、新顧客からの収益による収益基盤の確立と、既存顧客とのリレーションシップの強化による既存顧客への価値創造により実現する。後者は、直接費と間接費の削減によるコスト構造の改善と、事業をあるレベルで維持するために必要な運転資本や固定資産の削減による資産の有効活用により実現される。一般的には、後者のほうが早期に結果が表れる。

「顧客の視点」では、どのような価値を顧客に提供するかが重要であり、自社が提供する製品やサービス構成の特色、顧客リレーション、企業イメージをはっきりと示さなくてはならない。そのためには、3つの差別化要因――マクドナルドやデルに代表される「業務の卓越性」、ホームデポや60〜70年代のIBMに代表される「緊密な顧客リレーションシップ」、そしてインテルやソニーに代表される「製品の優位性」――のいずれかを実現する必要がある。

「内部プロセスの視点」については、戦略を実行するうえで不可欠な4種類の組織活動がある。具体的には、❶新製品や新サービスの導入と新規市場の顧客セグメントの獲得によって営業基盤を構築するプロセス、❷既存顧客とのリレーションを深めることによって顧客価値を高めるプロセス、❸サプライチェーン・マネジメントの強化、業務プロセスのコスト、品質、サイクルタイムの改善、資産の活用、能力管理の向上を通じて、

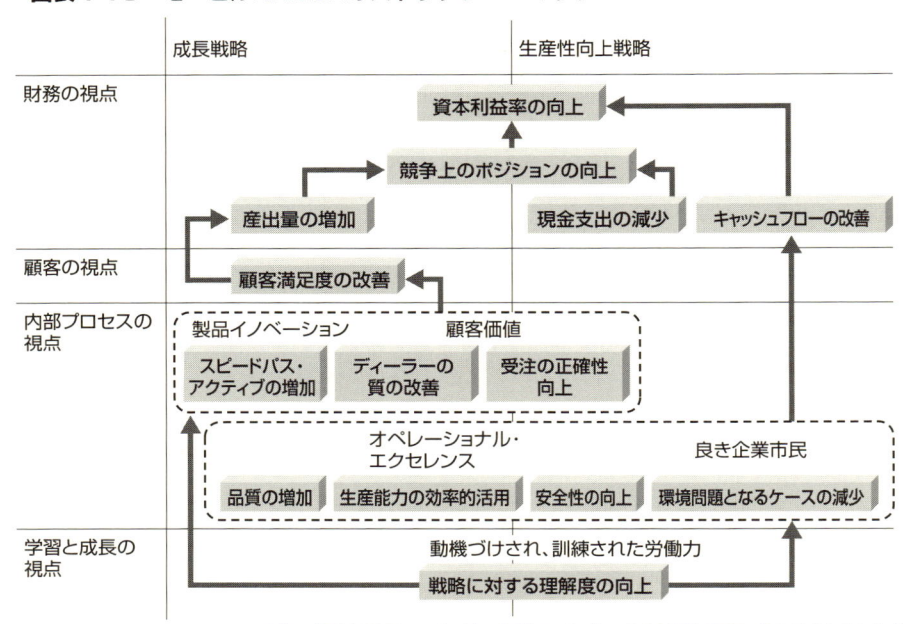

**図表4-10　モービルNAM&Rのストラテジー・マップ**

```
                    成長戦略              生産性向上戦略

財務の視点                    資本利益率の向上
                           ↑         ↑
                      競争上のポジションの向上
                      ↑         ↑
                産出量の増加    現金支出の減少    キャッシュフローの改善

顧客の視点        顧客満足度の改善

内部プロセスの    製品イノベーション    顧客価値
視点         ┌─────────────────────────────────┐
            │ スピードパス・  ディーラーの  受注の正確性 │
            │ アクティブの増加  質の改善      向上      │
            └─────────────────────────────────┘
            ┌─────────────────────────────────────────┐
            │    オペレーショナル・              良き企業市民    │
            │     エクセレンス                          │
            │ 品質の増加  生産能力の効率的活用  安全性の向上  環境問題となるケースの減少 │
            └─────────────────────────────────────────┘

学習と成長の              動機づけされ、訓練された労働力
視点                   戦略に対する理解度の向上
```

出典：『DIAMONDハーバード・ビジネス・レビュー』2003年8月号、P.141をもとに作成

業務の卓越性を実現するプロセス、❹社外のステークホルダーと有意義な関係を構築し、良き企業市民を目指すプロセスの4つである。

そして「学習と成長の視点」については、個人の成長、職能開発、プロセス改善の3つがある（Kaplan and Norton, 2000a）。

このストラテジー・マップを作成することによって、4つの視点が関連づけられ、自社の戦略を全体的かつ体系的に俯瞰できる。同時に、戦略の不備を発見し、経営陣が早期に是正措置を講じることが可能となる。

キャプランとノートンは、ストラテジー・マップと同時に、戦略を遂行する際の焦点として、4つの戦略テーマ——❶新製品・新サービスで革新を起こす、❷顧客価値を向上させる、❸卓越した業務を達成する、❹良き企業市民となる——を提唱している。このうち、新製品・新サービスの革新は長期的なテーマ、顧客価値の向上は中期的なテーマ、卓越した業務を達成することは比較的短期的なテーマと位置づけている（Kaplan and Norton, 2000b, pp.78-81）。

## 2 ● 具体的な導入ステップ

次に、野村総合研究所が10社あまりの日本企業への導入コンサルテーションからまとめた標準的な5つのステップ（森沢，2001）をもとに、BSCの具体的な導入ステップを紹介しよう。

**第1ステップ：基本方針の確定と推進体制の構成**

まず、業績を多面的に定義し、それらのバランスを維持しながら業績を計画し管理するという、BSCの大原則についてのコンセンサスを社内で形成する。同時に、どの組織階層まで導入するか、組織と組織長の業績評価を一体化させるか、評価と報酬を連動させるか、段階的な展開スケジュールをどうするか、といった業績管理制度改革の大きな方針を決定する。

社内の推進体制としては、経営企画部門、人事部門、経理部門、場合によっては情報システム部門から成る部門横断的なプロジェクトチームを作り、必要に応じてコンサルタントなど外部専門家を参画させる。スポンサーとしては、社長あるいは全社経営担当役員が就任することが望ましい。

**第2ステップ：BSCの設計**

次に一部の組織でBSCを作成してみる。その際、年度の売上高、利益予算、重点施策などが記載された組織別の年度方針書を出発点とし、これをプロジェクトチームで検討してBSCの4つの視点に分解し、因果関係を持たせて**成果尺度**と**パフォーマンス・ドライバー**（**成果創造要因**：成果を導き出すための要因）を設定していく。成果尺度の中から特に財務業績へのインパクトの大きさという面で重要と思われるものを**重要業績評価指標**（**KPI**：Key Performance Indicator）として抽出し、合計で100%となるように各指標をウエートづけする。成果尺度は各視点当たり2つから4つ、重要業績評価指標は5つから8つが現実的である。

このとき、方針書の記載内容を網羅的かつ正確にスコアカードへ翻訳することが重要である。それをベースにして、他の組織で策定してもらうための「BSC策定指示書」を作成する。その内容には以下の4つを必ず含む必要がある。

❶BSCによる業績管理制度改革のねらいと改革スケジュール
❷BSCの基本的な考え方、原理原則
❸BSC策定の際の留意事項、指標策定のガイドライン
❹優良BSCの事例

なお、EVAなどのように全社で資本市場にコミットしている経営指標があれば、「全

社共通指標」として収益部門にはすべて含めるべきであり、BSC全体の中での財務の視点のウエートについても、ある程度ガイドラインを与える必要がある。

**第3ステップ：組織ごとのBSCの吸い上げと修正**

導入対象組織の組織長に対してBSCによる業績評価制度改革の趣旨説明を行い、同時にガイドラインを与えて各組織のBSC1次案の作成を依頼する。1次案作成段階での不明点や混乱については、プロジェクトチームが一緒に解決していく。各組織から1次案を吸い上げたところで、横並びに比較検討し、全社の年度方針と各々のBSCをつき合わせて、数値展開、施策展開の網羅性や重複について検討を加える。そのうえで修正案をフィードバックし、必要に応じて、相互に連携を必要とする複数組織を集め、BSCの不整合個所に関する議論を行う。

**第4ステップ：報酬制度とのリンケージの設計および運用インフラの整備**

第3ステップと並行して、プロジェクトチームは組織業績評価結果の活用方法についてルール作りを始める。たとえば、組織業績を組織長の業績考課と一体化するか否か、一体化する場合はどのような段階的アプローチを踏むのか、業績考課は業績連動賞与に反映させるのか否か、そして賞与の財源の算定方法や各部門への分配方式などを詳細に検討する。

ここでは、一定期間、従来の方式とBSCによる方式を併用してフィードバックし、一定期間後に移行するという方法もある。

また、運用インフラ面からは、BSC作成に必要な各種帳票類の改善・確定や、業績を計画・モニタリングする会議体の設計などが不可欠となる。

**第5ステップ：運用および横展開**

実際に各組織でBSCを運用し、その導入効果を見極め、それに要した経営資源や手間ひま、エネルギーなどを比較する。

初期の効果としては、非財務面について戦略の進捗がわかるようになったとの意見が多い。そして2期から3期継続的に運用するなかで効果の評価を行い、その成功体験を組織階層の1段下へ、またグループ会社へと広げていく。このとき、BSCは即効薬ではなく、手間がかかるものであるということを忘れてはならない。

### ●────── BSC導入のボトルネック

上記の5つのステップに対しては、それぞれ下記のようなボトルネックが存在しており、導入を実行する際には注意が必要である。

**ステップ1）** 手法・ツールありきの改革に走りやすい
**ステップ2）** 方針管理制度、目標管理制度が連動せず並存している

**ステップ3）** 経営トップの戦略策定へのコミットメント度が低い
**ステップ4）** 業績評価と報酬のリンケージが不明確になっている
**ステップ5）**「スピード経営」の呪縛からくる焦燥感で拙速に走りやすい
（伊藤・小林，2001，pp.48-61）

## 3● 事例研究：リコー

　それでは日本の大手上場企業の中で1999年度からBSCを導入しているリコーを取り上げ、その導入状況を見ていこう。
　リコーでは機能別の事業本部制を採用しており、その下に製品別の事業部ないし部門が置かれていたが、その51の部門にBSCを導入した。
　まず、1999年8月から、事業部1つと本社機能部門1つに試験的にBSCの導入を開始した。9月には経営戦略会議によってBSCの導入が正式に決まり、全社と部門ごとに説明会が開かれ、コンサルタントの協力も得て実行に移された（伊藤・清水・長谷川，2001，pp.76-79）。
　具体的には、ビジョンと戦略の明確化からスタートした。当時、リコーでは「21世紀の勝利者」をスローガンに、顧客と社会から信頼され、常に新しい価値創造を行うことでトップシェアを獲得し、業界に対する影響力を持ったグローバル優良企業になることを目標としていた。また、それを実現するための3つの戦略として、❶企業価値増大を目指した経営の革新、❷成長を目指した事業・収益構造の変革と技術力の強化、❸キャッシュフロー・マネジメントの強化と低コスト体質の実現を掲げていた。これをもとに単年度の全社方針を作成し、それを部門方針にブレークダウンし、各事業本部および事業部の戦略目標としてBSCの5つの視点に置き換えていったのである（リコーのBSCの特徴は、通常の4つの視点に加えて、「環境保全の視点」が加えられている点である。これは、**環境会計**を導入するなど、環境問題に真剣に取り組もうとしていることの表れと考えられる）。
　業績の審査は、社長、専務、担当役員から構成される業績審議会において行われている。業績審議会の役割は、期初の目標値の決定とトップによる方針管理、診断であり、3～4月初めと9～10月初めの2回開催となっている。業績評価においては目標管理の考え方を重視し、目標達成度で評価することとしている。具体的には、財務、非財務の視点を問わず、目標値を100％達成した場合は100点、95％以上の場合は90点、90％以上の場合は50点、90％未満の場合は0点と定めた。為替変動等の予測困難な原因によるブレについては一定割合で補正し、さらに通常評価でカバーしきれないものは、

トップの加減点で調整することとした。

　財務のウエートについては部門の特性に応じて10%から70%と幅を持たせた。外部への販売が主体の事業部では財務の占める比率は70%、外売りがない事業部ではSBUレベルで60%、GBUレベルでは40%とした。また、本社部門は財務の比重が10〜20%、事業部のスタッフは30%とされた。

　個人の賞与算定については、部門業績評価を個人の報酬と連動させている。具体的には第二賞与を設定して、それに部門業績評価を反映させている。これは、賞与は実質的に生活給の一部となっていて簡単に減らすことはできないため、業務改革の成果を通常の賞与とは区分して配分するためである。

　なお、リコーのBSC導入の成功要因としては、❶社長の明確なコミットメントがあったこと、❷経営企画室のフットワークのよさとクロスファンクショナルチームをまとめ上げていく能力が高かったこと、❸アメリカ型をそのまま導入するのではなく、あくまでもリコー版のBSCを目指したこと、などが挙げられる（森山・正岡・森沢・藤中，2001，pp.192-204）。

## 参考：4つの視点への追加

　リコーの例でもわかるように、BSCの4つの視点については、必ずしもそのまま使う必要はなく、必要に応じて追加するケースも多い。特にヨーロッパの企業の中には、4つの視点はフォーカスしなければならない必要最小限の成功要因であるとし、それ以外に環境の視点、従業員の視点、人的資源の視点、プロセスとサプライヤーの視点、再生ないしイノベーションと開発の視点を加えている企業が少なくない（吉川、2001）。

　また、サービス業においては、従業員満足度を向上させることが顧客の満足度、ひいては企業価値の増大に貢献すると期待されるため、既存の視点の変更や従業員の視点の追加も有効と考えられる。実際、アメリカの運送会社、ユナイテッド・パーセル・サービス社では、従業員と関連性が深い学習と成長の視点の代わりに、従業員の視点を組み込んでいる（Kaplan and Norton, 2000b, pp.239-241）。また、スウェーデンの保険会社スカンディア社のBSCである「スカンディアナビゲーター」では、人的焦点（視点ではなく焦点としている）が、財務、顧客、プロセス、革新開発の中央に位置づけられている。

　各視点のウエートのつけ方についても、いろいろな方法が考えられる。専修大学の櫻井通晴教授は、それぞれの視点の相関関係をもとに財務の視点を強調すべきであるとし、財務を60%、その他を40%とするのが1つの目安であると述べている（櫻井，2000a，pp.49-50）。

補 BSC

## 4 ● BSC導入の課題

　最後に、キャプランとノートンが挙げている、戦略志向の組織体の創造を妨げる3つの問題点を紹介しておこう。

**1）過渡期の問題**
　企業買収などによって、順調に実践されていたBSCが採用されなくなってしまうという問題である。

**2）デザインの問題**
　成果尺度の数が不適切であるとか、パフォーマンス・ドライバーの選択が不適切である、あるいはその改善プログラムがない、戦略との整合性がしっかりとられていないといった、BSCのデザイン上の問題である。

**3）プロセスの失敗**
　BSCを導入する際の組織のプロセスの問題であり、これが最も多く見られる。典型的な失敗には以下の7つがある。
　❶シニア・マネジメントの関与が足りない
　❷あまりにも関係者が少ない
　❸BSCをトップのレベルにとどめてしまう
　❹長すぎる開発プロセス；BSCを一時的現象として扱ってしまう
　❺BSCをシステムのプロジェクトとして扱ってしまう
　❻経験のないコンサルタントを雇ってしまう
　❼BSCを報酬のためだけに導入する

## ●あとがき

　本書は、いまから12年前の1996年に出版された『MBAアカウンティング』、そして2004年に出版された『[新版]MBAアカウンティング』をベースとする改訂3版である。グロービスMBAシリーズは、MBAカリキュラムで教えられる企業経営の各分野について、実践的で役に立つ情報を教科書形式で提供しようとするものだ。1995年の第1弾の『MBAマネジメント・ブック』上梓以来、延べ100万人以上に愛読されている。

　今回の改訂は、「世の中のルールがどんどん変わっているので、それに極力合わせてほしい」との読者の声に応えたものだ。2006年に施行された新しい会社法のルールを反映し、また、内部統制など近年注目を集めているテーマに関する解説を新たに盛り込んだ。もちろん、アカウンティングの持つ意義とその可能性を、経営に関連づけて理解しようとするビジネスパーソンに対し、読みやすく、かつ会計全般の側面を網羅した参考書にしたいとの願いは旧版以来何ら変わっていない。

　グロービスは1992年に社会人を対象としたビジネススクール「グロービス・マネジメント・スクール」（GMS）を開校し、以来、一貫して実践的な経営教育を行ってきた。受講生の方々に支えられ、現在では年間延べ1万人を超える方が受講する、日本でも最大規模の経営教育機関に成長した。

　2003年4月には独自の修了証書であるGDBA（Graduate Diploma in Business Administration）を授与する「社会認知型ビジネススクール」をスタートさせた。その後、小泉内閣により構造改革特別区制度が創設されて教育特区が誕生し、また「専門職大学院制度」が創設されたのを受け、2005年春に東京都千代田区および大阪市に特区申請を行い、2006年4月よりMBAが取得できる「グロービス経営大学院」が開学した。さらにグロービス経営大学院は、2008年4月からは、学校法人立の経営大学院へと移行した。これからも、「アジアNo.1のビジネススクール」を目指して邁進していくつもりだ。

　アカウンティングに関して言えば、さまざまな関連コースを開講しており、いずれも、

あとがき

熱心な受講生が熱い議論を展開する人気コースとなっている。
　グロービスではまた、1993年から企業の組織能力強化を手助けすることを目的に、実践的なトレーニング・プログラムをさまざまな企業に提供するグロービス・オーガニゼーション・ラーニング（GOL）事業を開始し、企業の要望に応じてMBAで学ぶ経営フレームワークや論理思考、リーダーシップ開発などの講座を開講している。
　グロービスはその他にも、第1号ファンド、第2号ファンド、第3号ファンドを手がけるベンチャー・キャピタル事業、実践的な経営に関する知を発信する出版やオンライン経営情報誌「GLOBIS.JP」といった事業を展開している。

　会計というと、ほとんどの人は、専門家だけが知っておけばいい、杓子定規な規則のように思われていたのではないだろうか。しかし、そうした誤解も、本書を最後まで読み通された方は解けたはずである。本書の内容を完全に理解し、常にこうした考え方を抱きながらビジネスのあらゆる側面を眺めるように習慣づけてしまえば、意思決定の効率は格段に上がるはずである。次世代を担うビジネスパーソンが、1人でも多くこうした考え方を習得し、ビジネスの実務にあたられることを切に願う次第である。

グロービス経営大学院

## ●参考文献

■財務会計
松田修一著『ビジネス・ゼミナール　会社の読み方入門』日本経済新聞社、1992年
飯野利夫著『財務会計論』同文舘出版、1993年
永野則雄著『会計記事がわかる財務諸表論』白桃書房、1992年
小島義輝著『ビジネス・ゼミナール英文会計入門（改訂2版）』日本経済新聞社、1998年

■管理会計
西澤脩著『管理会計を語る（増訂版）』白桃書房、1995年
西澤脩著『経営管理会計』中央経済社、1996年
岡本清著『原価計算』国元書房、2000年
M. E. ポーター著『[新訂] 競争の戦略』ダイヤモンド社、1995年
M. E. ポーター著『競争優位の戦略』ダイヤモンド社、1985年
Cooper, Robin and Kaplan, Robert S., "Measure Costs Right: Make the Right Decisions" *Harvard Business Review*, Vol.66, No.5, September-October, 1988, pp.96-103.（「活動基準型原価システム」『ダイヤモンド・ハーバード・ビジネス』1989年5月号、pp.30-38.）
Kaplan, Robert S. and Norton, David P., "Having Trouble with Your Strategy? Then Map It," *Harvard Business Review*, Vol.78, No.5, September-October, 2000, pp.167-176.（伊藤嘉博監訳、村井章子訳「バランス・スコアカードの実践ツール―ストラテジー・マップ」『DIAMONDハーバード・ビジネス・レビュー』2001年2月号、pp.28-41）
Kaplan, Robert S. and Norton, David P., *The Strategy-Focused Organization, How Balanced Scorecard Companies Thrive in the New Business Environment*, Harvard Business School Press, 2000（櫻井通晴監訳『戦略バランスト・スコアカード』東洋経済新報社、2001年）
伊藤嘉博・清水孝・長谷川惠一著『バランスト・スコアカード　理論と導入－事例に学ぶ実践手法』ダイヤモンド社、2001年
柴山慎一・正岡幸伸・森沢徹・藤中英雄著『実践　バランス・スコアカード』日本経済新聞社、2001年
吉川武夫著「戦略経営を支援するバランス・スコアカード」企業会計、2001年、第53巻、第5号、pp.34-39.
櫻井通晴著『管理会計　第2版』同文舘出版、2000年

## ●索引

### ■あ
アウトソーシング ………………127,139
アクティビティ（活動）………………147
アクティビティドライバー ………………147
後入先出法（LIFO）………………89,90
粗付加価値 ………………………………159

### ■い
一時差異項目 ………………………………103
移転価格 ……………………………………219
インセンティブ ……………………………222
インセンティブ・システム ………………222
インタレスト・カバレッジ・レシオ …41,54

### ■う
売上原価 ………………………………………12
売上債権回転期間 ……………………………50
売上債権回転率 ……………………………41,50
売上総利益 …………………………………12,47
売上高 ……………………………………12,21
売上高営業利益率 …………………………41,48
売上高経常利益率 …………………………41,48
売上高成長率 ………………………………41,56
売上高総利益率 ……………………………41,47
売上高当期純利益率 ……………………41,45,48
売上高予算 ……………………………195,196
売上高利益率 …………………………………43
運転資本 ………………………24,172,173

### ■え
永久差異項目 ………………………………103
営業外収益 ……………………………………12
営業外費用 ……………………………………12
営業活動によるキャッシュフロー ……13,24
営業サイクル …………………………………17
営業費予算 ……………………………195,196
営業利益 …………………………………12,32
影響力基準 ……………………………………27
益金 ……………………………………103,108
益出し …………………………………………20

### ■お
オプション ……………………………………36
オペレーティング・リース取引 ……………97

### ■か
回帰分析 ……………………………………133
会計方針 …………………………………84,86
回収期間 ……………………………………180
回収期間法 ……………………………168,180
価格差異 ……………………………………202
学習と成長の視点 …………………………228
確定給付型年金 ……………………………101
確定拠出型年金 ……………………………101
貸倒引当金 …………………………………98
加重平均資本コスト（WACC）……175,224
価値連鎖（Value Chain）………………164
活動基準管理（ABM）……………………150
活動基準原価計算（ABC）…………140,145
活動基準予算管理（ABB）………………150
カットオフ期間 ……………………………180
割賦基準 ………………………………………99
株価収益率（PER）……………………82,183
株価純資産倍率（PBR）……………………82
株主資本 ……………………………………175
環境会計 ……………………………………235
勘定科目法 …………………………………133
間接費 ……………………………………120,145
カンパニー制 ………………………………213
関連原価 ……………………………………156

### ■き
機械運転時間 ……………………………121,146
機会原価 ……………………………………157
期間原価 ……………………………………121
企業結合会計 …………………………………37
企業年金 ………………………………………36
企業の合併・買収（M&A）………………182
技術開発 ……………………………………167
キャッシュフロー ………………………13,171
キャッシュフロー計算書 ……………13,24,36
キャピタルゲイン …………………………176
級数法（Sum of the Years Digits）……108
給付債務 ……………………………………101
給与 …………………………………………222
強制低価法 ……………………………………88
業績の適時開示 ………………………………35
業績単位 ……………………………………215
業績評価 ……………………………………220

競争優位 …………………………………155

■く
偶発債務 …………………………………104
繰延税金資産 ……………………………103
繰延税金負債 ……………………………103
黒字倒産 …………………………………81

■け
経営プロセス ……………………………226
経済付加価値（EVA） ………………41,224
経常利益 ………………………………12,48
継続価値 …………………………………182
継続性の原則 …………………………87,106
限界利益 …………………………119,128,217
限界利益率 ………………………………119
原価差異 …………………………………198
減価償却 ……………………………84,89,96,107
減価償却費 …………………………24,92,159
原価法 ……………………………………88
現金主義 …………………………………100
現実に達成可能な標準原価 ………………200
減損処理 …………………………………97

■こ
貢献利益 …………………………………217
工事完成基準 ……………………………99
工事進行基準 ……………………………99
控除法 ……………………………………158
公正価値 …………………………………100
購買物流 …………………………………166
顧客の視点 ………………………………228
国際会計基準（IAS） …………………32,107
国際会計基準委員会（IASC） ……………32
国際会計基準審議会（IASB） ……………32
コストセンター …………………………214
コストドライバー ………………………147
コストドライバー（配賦基準） …………146
固定資産 ……………………………17,89,107
固定性配列法 ……………………………20
固定長期適合率 ………………………41,55
固定費 ………………………………118,133
固定比率 ………………………………41,54
固定負債 …………………………………18
個別法 …………………………………89,91

■さ
サービス …………………………………167
在庫回転率 ………………………………41
差異分析 …………………………………198
財務活動によるキャッシュフロー ……13,26
財務諸表 ………………………………10,26
財務の視点 ………………………………228
差額原価 ……………………………154,157
差額原価収益分析 ………………………154
差額収益 ……………………………154,157
差額利益 ……………………………154,157
先入先出法（FIFO） …………………89,90
作業時間差異 …………………………203,205
差別化戦略 ………………………………155
残存価額 …………………………………92

■し
仕入債務回転率 ………………………41,51
時価 …………………………………34,100
時価主義 …………………………………34
事業部別組織 ……………………………211
事業部利益 ………………………………217
資金予算 …………………………………195
資源 ………………………………………147
思考様式 …………………………………226
自己金融効果 ……………………………92
自己資本比率 …………………………41,53
自己資本利益率（ROE） ………………40,45
資産 ……………………………………10,122
市場付加価値（MVA） ………………41,227
実現主義 …………………………………99
実効税率 …………………………………172
支配力基準 ………………………………27
四半期開示 ………………………………37
資本金 ……………………………………18
資本コスト ………………………………175
資本資産価格モデル（CAPM） …………176
資本剰余金 ………………………………18
資本生産性 …………………………160,161
資本予算 …………………………………195
社内金利 …………………………………218
社内金利制度 ……………………………218
社内資本金 ………………………………218
社内資本金制度 …………………………220
社内振替価格 ……………………………219
収益 ……………………………………12,98
収益差異 …………………………………198

従業員1人当たり人件費 …………161,162
集中戦略 ……………………………155
重要業績評価指標（KPI）…………233
出荷基準 ………………………………99
出荷物流 ……………………………166
取得原価主義 …………………………20
純資産 ……………………………10,18
純付加価値 …………………………159
準変動費 ……………………………120
純利益 ………………………………217
償却原価 ……………………………100
償却費 …………………………………24
少数株主持分 …………………………19
少数株主利益 ……………………13,23
消費量差異 ……………………202,204
正味現在価値（NPV）…………168,177
職能別組織 …………………………210
人事労務管理 ………………………167

■す
ストック・オプション ……………222
ストラテジー・マップ ……………231

■せ
成果尺度 ……………………………233
成果創造要因 ………………………233
税金等調整前当期純利益 ………12,23
税効果会計 ……………………33,36,102
清算価値 ……………………………182
生産高比例法 ………………………92,95
正常営業循環基準 ……………………18
製造 …………………………………166
製造間接費 …………………………120
製造予算 ………………………195,196
税引前当期純利益 ……………………12
税引前利益 ……………………………32
製品原価 ……………………………121
製品別利益率 ………………………135
ゼロベース予算 ……………………194
全般管理 ……………………………167
全部原価計算 …………………122,123

■そ
操業度差異 …………………………204
総資産回転率 ……………………41,44,50
総資産成長率 …………………………41,57
総資産利益率（ROA）………………40,43

その他利益剰余金 ……………………18
損益計算書（P/L）…………………11,21
損益分岐点 ……………………124,128
損益分岐点比率 ……………………129
損益分岐点分析 ……………………124
損益予算 ……………………………195
損金 ……………………………103,108

■た
貸借対照表（B/S）………………10,13
退職給付会計 ………………………101
退職給付引当金 ………………………98
耐用年数 ………………………………89
たな卸資産 ……………………17,88,158
たな卸資産回転率 …………………41,51

■ち
注記 ……………………………………31
調達 …………………………………167
直接原価計算 …………………122,123
直接材料費 …………………………120
直接作業時間 …………………121,146
直接費 ………………………………120
直接労務費 ……………………120,121,146
賃率差異 ……………………………203

■つ
積上法 ………………………………158

■て
定額控除法 …………………………133
定額法 ………………………………84,92
低価法 …………………………………88
低コスト戦略 ………………………155
ディスカウンテッド・キャッシュフロー
　（DCF）法 ……………………168,177
ディスカウント・レート（割引率）…100,174
定率法 ……………………………84,92,93
手元流動性 …………………………41,54
デリバティブ …………………………37

■と
当期純利益 ……………………………12,32
動機づけ ……………………………226
当座比率 ……………………………41,53
投資活動によるキャッシュフロー …13,24
特別損失 ………………………………12

特別利益 …………………………………12
トップダウン方式 ………………………194

■な
内部収益率（IRR）………………168,177,178
内部統制 …………………………………109
内部ビジネスプロセスの視点 …………228

■ね
年金資産 …………………………………101

■の
能率差異 …………………………………204

■は
パーチェス法 ……………………………105
ハードル・レート ………………………175
売価還元法 ……………………………89,91
倍額定率法（DDB＝Double-Declining Balance
　Method）……………………………107
配当 ………………………………………176
配当性向 ……………………………………82
発生主義 …………………………………100
パフォーマンス・ドライバー …………233
バランスト・スコアカード（BSC）……227
販売費および一般管理費 …………………12
販売・マーケティング …………………166

■ひ
ヒエラルキー型組織 ……………………210
引当金 …………………………………98,108
非危険利子率（リスクフリー・レート）
　……………………………………102,176
ビジネス・プロセス・リエンジニアリング
　（BPR）………………………………140
費用 …………………………………12,116
評価基準 ……………………………………88
評価尺度 …………………………………226
評価単位 …………………………………215
評価方法 ……………………………………89
標準原価 …………………………………199
標準製造間接費 …………………………201
標準直接材料費 …………………………201
標準直接労務費 …………………………201
比率分析 ……………………………………38

■ふ
ファイナンス・リース取引 ………………97
フィードバック …………………………221
付加価値 …………………………………157
付加価値増加率 ……………………160,161
付加価値分析 ……………………………157
付加価値率 …………………………160,161
含み益 ………………………………………20
含み損 ………………………………………20
福利厚生 …………………………………222
負債 …………………………………10,18,175
フリー・キャッシュフロー ……………171
プロジェクトチーム ……………………213
プロフィット・シェアリング …………222
プロフィットセンター …………………214
分権的な組織 ……………………………211
分社化 ……………………………………213

■へ
平均法 …………………………………89,90
ペイバック法 ……………………………168,180
ペイ・フォー・パフォーマンス ………215
ベータ値（β）……………………………176
変動費 ………………………………118,133

■ほ
報奨 ………………………………………221
報奨水準 …………………………………221
法人税、住民税および事業税 ……………12
ボトムアップ方式 ………………………194
本社共通費 ………………………………219

■ま
埋没原価 …………………………………156
前給付原価 ………………………………158
マトリックス組織 ………………………213
マネジメント・サイクル ………………192
マルコム・ボルドリッジ国家品質賞 …228

■む
無関連原価 ………………………………156
無形固定資産 ………………………………17

■も
目標管理法（MBO）……………………220
持分プーリング法 ………………………105
持分法 ………………………………………27

# 索引

モチベーション ……………………222

## ■ゆ
有価証券 ……………………17,100
有形固定資産 ………………………17

## ■よ
予算 ……………………………190,192
予算管理 ………………………192
予算差異 ………………………204
予算差異分析 …………………197
予算統制 ………………………193
予算編成方針 …………………194

## ■り
リース会計 ……………………97,171
利益計画 ………………………192
利益準備金 ……………………18
利益剰余金 ……………………18
リスクフリー・レート（非危険利子率） ……
…………………………………102,176
リスク・プレミアム ……………176
リストラ（リストラクチャリング）……138
理想的標準原価 ………………200
リソースドライバー ……………147
流動資産 ………………………17
流動性配列法 …………………19
流動比率 ………………………41,53
流動負債 ………………………18

## ■れ
連結決算重視 …………………35
連結損益計算書 ………………31
連結貸借対照表 ………………28,31
連結法 …………………………27
連単倍率 ………………………28

## ■ろ
労働生産性 ……………………160,161
労働分配率 ……………………160,162

## ■わ
割引率（ディスカウント・レート）……102,174
ワンイヤー・ルール ……………18

## ■アルファベットなど
ABB（活動基準予算管理） ……………150
ABC（活動基準原価計算） ………140,145
ABM（活動基準管理） ……………150
BPR（ビジネス・プロセス・リエンジニアリング） …………………………………140
B/S（貸借対照表） ………………10,13
BSC（バランスト・スコアカード）……227
CAPM（資本資産価格モデル） ……176
COSOレポート ……………………110
DCF（ディスカウンテッド・キャッシュフロー）法 ……………………………168,177
Double-Declining Balance Method（倍額定率法） …………………………………107
EBIT ………………………………172
EBITDA ……………………………184
EBITDA倍率 ………………………185
EPS（1株当たり利益） ………………183
EVA（経済付加価値） ……………41,224
FIFO（先入先出法） …………………89,90
IAS（国際会計基準） ………………32,107
IASB（国際会計基準審議会） ………32
IASC（国際会計基準委員会） ………32
IRR（内部収益率） ………………168,177,178
KPI（重要業績評価指標） …………233
LIFO（後入先出法） …………………89,90
M&A（企業の合併・買収） …………182
MBO（目標管理法） …………………220
MVA（市場付加価値） ……………41,227
NOPAT ……………………………172,224
NPV（正味現在価値） ……………168,177
PBR（株価純資産倍率） ……………82
PER（株価収益率） …………………82,183
P/L（損益計算書） …………………11,21
ROA（総資産利益率） ……………40,43
ROE（自己資本利益率） ……………40,45
Sum of the Years Digits（級数法）……108
WACC（加重平均資本コスト） ……175,224

## ■数字
1株当たり利益（EPS） ………………183
1年基準 ……………………………18
4P …………………………………155
5つの力（Five Forces） ……………162

## 執筆者紹介

**【監修・執筆】**
**西山 茂**（にしやま しげる）

早稲田大学政治経済学部卒業。アメリカ、ペンシルバニア大学ウォートン・スクール経営学修士課程（MBA）修了。監査法人トーマツにて会計監査・企業買収・株式公開などの業務を担当したのち、株式会社西山アソシエイツを設立し、株式公開支援や企業買収支援などの財務コンサルティングおよび企業研修などの業務に従事。2000年4月、早稲田大学大学院（ビジネススクール）助教授に就任し、現在教授。学術博士（早稲田大学）。公認会計士。
主な著書に『[新版]企業分析シナリオ』（東洋経済新報社）、『英文会計の基礎知識』（ジャパンタイムズ）、『戦略財務会計』『戦略管理会計』（以上ダイヤモンド社）、『M&Aを成功に導くBSC活用モデル』（白桃書房）、『入門ビジネスファイナンス』（東洋経済新報社）などがある。

**【執筆】**
**青山 剛**（あおやま たけし）

グロービス経営大学院大学准教授。グロービス経営大学院、グロービス・エグゼクティブ・スクール、企業内研修において講師を務めるとともに、アカウンティング系科目の責任者として、教材開発および出版物の執筆を行う。
共著書に『グロービスMBAマネジメント・ブック[改訂3版]』（ダイヤモンド社）、『企業価値創造のためのABCとバランスト・スコアカード』（同文舘出版）、共訳書に『キャプランとノートンの戦略バランスト・スコアカード』（東洋経済新報社）、『マネジメント・アカウンティング 第2版』（TAC出版）など。

**【構成・執筆】**
**嶋田 毅**（しまだ つよし）

グロービス メディア事業推進室マネジングディレクター、グロービス経営大学院大学教授。累計100万部を超えるベストセラー『グロービスMBAシリーズ』（ダイヤモンド社）のプロデューサーも務める。
共著書に『グロービスMBAマネジメント・ブック[改訂3版]』『[新版]MBAマーケティング』『MBAビジネスプラン』『MBA定量分析と意思決定』『MBA組織と人材マネジメント』（以上ダイヤモンド社）、『ベンチャー経営革命』（日経BP社）など。共訳書に『MITスローンスクール戦略論』（東洋経済新報社）、『リーダーを育てる会社 つぶす会社』（英治出版）などがある。

**陶久 季彦**（すえひさ としひこ）

東京大学経済学部経済学科卒業。安田信託銀行（現みずほ信託銀行）に入社し、個人・法人向け営業等に従事。その後グロービスに入社、グループ経営管理本部でグロービスおよびグループ会社の財務会計と管理会計の設計・運用業務を担当するかたわら、グロービス・マネジメント・スクールで会計科目の講師も務める。公認会計士。


■新版（2004年2月発行）
**監修・執筆　西山 茂**（にしやま しげる）
**構成・執筆　嶋田 毅**（しまだ つよし）
**執筆　青山 剛**（あおやま たけし）

■旧版（1996年6月発行）
**監修・執筆　西山 茂**
**執筆　グロービス・アカウンティング研究会およびアドバイザー**

| | | |
|---|---|---|
| 渡辺博文（わたなべ ひろぶみ） | 池谷裕之（いけたに ひろゆき） | 鈴木 一（すずき はじめ） |
| 林 朋文（はやし ともふみ） | 宮林葉子（みやばやし ようこ） | 吉安典子（よしやす のりこ） |
| 大瀧直子（おおたき なおこ） | 平林信隆（ひらばやし のぶたか） | 藤井純一（ふじい じゅんいち） |
| 森 正人（もり まさと） | | |

## 編著者紹介

### グロービス経営大学院

社会に創造と変革をもたらすビジネスリーダーを育成するとともに、グロービスの各活動を通じて蓄積した知見に基づいた、実践的な経営ノウハウの研究・開発・発信を行なっている。

グロービスは、以下の活動を通して、社会の創造に挑み、変革を導く。(http://www.globis.co.jp/)

- グロービス経営大学院（経営大学院／東京・大阪・名古屋・仙台）
- グロービス・コーポレート・エデュケーション（法人向け人材育成事業／日本・上海）
- グロービス・キャピタル・パートナーズ（ベンチャーキャピタル事業）
- グロービス出版（出版事業）
- オンライン経営情報誌「GLOBIS.JP」（経営情報サイト運営事業）
- コンファレンス運営（G1Summit／G1Global／G1Executive）

---

### グロービスMBAアカウンティング［改訂3版］

| | |
|---|---|
| 1996年6月27日 | 初版第1刷発行 |
| 2003年3月24日 | 初版第21刷発行 |
| 2004年2月26日 | 新版第1刷発行 |
| 2008年6月23日 | 新版第7刷発行 |
| 2008年8月28日 | 改訂3版第1刷発行 |
| 2014年2月12日 | 改訂3版第8刷発行 |

監修　西山茂
編著　グロービス経営大学院

©2008 Educational Corporation of Globis University

発行所　ダイヤモンド社
http://www.dhbr.net

郵便番号　150-8409
東京都渋谷区神宮前6-12-17
編集　03(5778)7228
販売　03(5778)7240

編集担当／DIAMONDハーバード・ビジネス・レビュー編集部
製作・進行／ダイヤモンド・グラフィック社
印刷／八光印刷（本文）・共栄メディア（カバー）
製本／ブックアート

本書の複写・転載・転訳など著作権に関わる行為は、事前の許諾なき場合、これを禁じます。落丁・乱丁本はお手数ですが小社営業局宛にお送りください。送料小社負担にてお取替えいたします。但し、古書店で購入されたものについてはお取替えできません。

ISBN978-4-478-00632-0　Printed in Japan

# Harvard Business Review

[世界60万人の
グローバル・リーダーが
読んでいる]

DIAMOND ハーバード・ビジネス・レビュー

世界最高峰のビジネススクール、ハーバード・ビジネススクールが発行する『Harvard Business Review』と全面提携。「最新の経営戦略」や「実践的なケーススタディ」などグローバル時代の知識と知恵を提供する総合マネジメント誌です

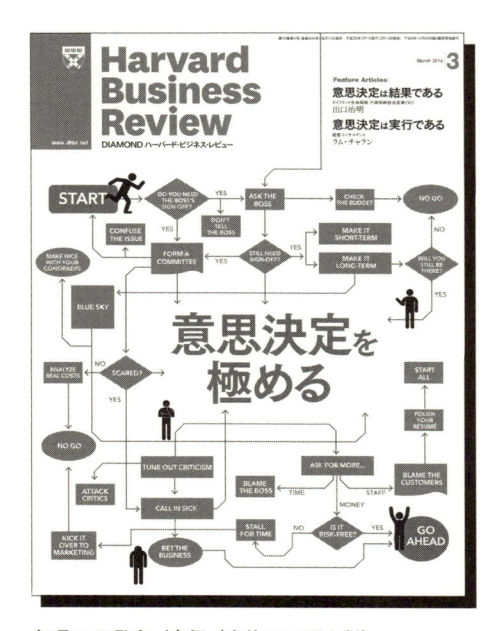

毎月10日発売／定価（本体1905円＋税）

## 本誌ならではの豪華執筆陣
## 最新論考がいち早く読める

◎マネジャー必読の大家

"競争戦略"から"シェアード・バリュー"へ
**マイケル E. ポーター**

"イノベーションのジレンマ"の
**クレイトン M. クリステンセン**

"ブルー・オーシャン戦略"の
**W. チャン・キム**

"リーダーシップ論"の
**ジョン P. コッター**

"コア・コンピタンス経営"の
**ゲイリー・ハメル**

"戦略的マーケティング"の
**フィリップ・コトラー**

"マーケティングの父"
**セオドア・レビット**

"プロフェッショナル・マネジャー"の行動原理
**ピーター F. ドラッカー**

◎いま注目される論者

"リバース・イノベーション"の
**ビジャイ・ゴビンダラジャン**

"ビジネスで一番、大切なこと"
**ヤンミ・ムン**

日本独自のコンテンツも注目！

バックナンバー・予約購読等の詳しい情報は
http://www.dhbr.net